高等教育教学改革融合创新型教材·会展专业

新形态教材

Huizhan Shiwu

会展实务

（第六版）

杨劲祥　主　编

钟颖　卢灵　副主编

东北财经大学出版社
Dongbei University of Finance & Economics Press

大连

图书在版编目（CIP）数据

会展实务 / 杨劲祥主编 . —6 版 . —大连：东北财经大学出版社，
2024.1（2024.8 重印）
（高等教育教学改革融合创新型教材·会展专业）
ISBN 978-7-5654-5115-7

Ⅰ. 会… Ⅱ. 杨… Ⅲ. 展览会-高等学校-教材 Ⅳ. G245

中国国家版本馆 CIP 数据核字（2024）第 009915 号

东北财经大学出版社出版
（大连市黑石礁尖山街 217 号 邮政编码 116025）
网 址：http://www.dufep.cn
读者信箱：dufep@dufe.edu.cn

大连日升彩色印刷有限公司印刷 东北财经大学出版社发行

幅面尺寸：185mm×260mm 字数：358 千字 印张：16.25
2024 年 1 月第 6 版 2024 年 8 月第 2 次印刷

责任编辑：魏 巍 责任校对：刘贤恩
封面设计：原 皓 版式设计：原 皓

定价：42.00 元

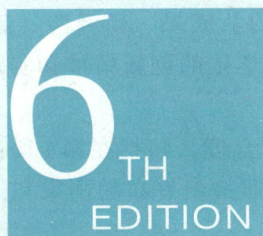

第六版

前言

    2022年，党的二十大胜利召开，擘画了全面建设社会主义现代化国家的宏伟蓝图。面对复杂严峻的国际环境和艰巨繁重的国内改革发展稳定任务，以习近平同志为核心的党中央团结带领全国各族人民迎难而上，在攻坚克难中稳住了经济大盘，彰显了我国经济的强大韧性。

    伴随着经济的好转，会展业也迎来了快速复苏期。2023年以来，商务部会同各地各部门，积极采取各种政策和措施，推动线下展会加快恢复发展。前三季度，我国境内展览市场需求旺盛，展览规模大幅增长，展览业呈现全面恢复态势。商务部统计数据显示，2023年1—9月，我国境内专业场馆共举办各类展会3 248场，同比增长1.8倍，较2019年同期增长32.4%。其中，大型展会1 908场，同比增长2.3倍，较2019年同期增长56.9%；展览总面积7 686万平方米，同比增长1.7倍，较2019年同期增长51.5%，已超过2019年全年展览面积。2023年下半年，两大知名展会——广交会和进博会成功举办，均取得了不俗的成绩。其中，第134届广交会线下参会的境外采购商197 869人，比上届增长53.4%；第六届进博会按年计意向成交创历届新高，金额达784.1亿美元，比上届增长6.7%。正如习近平主席向第六届中国国际进口博览会致信中指出的，"充分发挥推动高水平开放的平台作用，让中国大市场成为世界共享的大市场"。

    在会展业快速复苏的时期，本书迎来了第五次修订。具体来说，本次修订具有以下特点：

    第一，以习近平新时代中国特色社会主义思想和党的二十大精神为指引，积极落实立德树人根本任务，通过完善"素养目标"、增设"价值引领"栏目，融入"高质量发展""文明交流互鉴""守正创新""人民至上""中国式现代化""绿色发展"等思政元素，引导学生坚定"四个自信"，提高服务国家、服务人民的社会责任感，培养造就德才兼备的高素质会展人才。

第二，紧密围绕党和国家事业发展对会展人才培养的新要求，以"四个面向"为引领，全面更新会展案例，及时融入会展行业的新成果、新经验、新规范，如"数字会展""元宇宙营销""会展私域运营"等，培养学生的创新精神和实践能力，使学生更好地服务国家和区域经济社会发展。

第三，完善理论内容，使教材内容结构更合理，包括在第1章补充我国会展管理机构及会展法规；对第5章"会展服务"内容按照最新发布的国家和地方标准重新归类阐述等。

第四，充分利用现代信息技术，创新教材呈现方式，配套丰富数字资源，包括"行业广角""在线测评"等，以便加深学生对所学知识的理解与掌握，助力教与学。

本书由杨劲祥任主编，钟颖、卢灵任副主编。具体编写分工如下：第1、2、4、10章由杨劲祥编写；第3、6章由杨劲祥、钟颖共同编写；第5、9章由杨劲祥、卢灵共同编写；第7章由杨劲祥、罗应机共同编写；第8章由鄂筱曼编写。全书由杨劲祥总纂定稿。

本书在修订过程中，参考和引用了大量的会展法规、国家和地方标准、企业案例，参阅了商务部和各地商务厅（局）的官方网站及文件、展览会网站、微信公众号，还参考了包括《中国会展》《中国贸易报》在内的很多报刊。对此，我们都尽可能进行了引用标注，如果还有疏漏，敬请谅解，也向原作者致以诚挚的谢意。同时，特别感谢东北财经大学出版社魏巍编辑对本书出版的大力支持和帮助。

让本书成为经典教材以飨读者是我们的初衷和孜孜不倦的追求，虽再版多次，每次也都认真修订，无奈我们的水平有限，书中纰漏在所难免，恳请各位专家和读者批评指正，我们不胜感谢！作者联系邮箱：409262412@qq.com。

编　者

2023 年 12 月

Contents

目 录

目录

Contents

数字资源目录

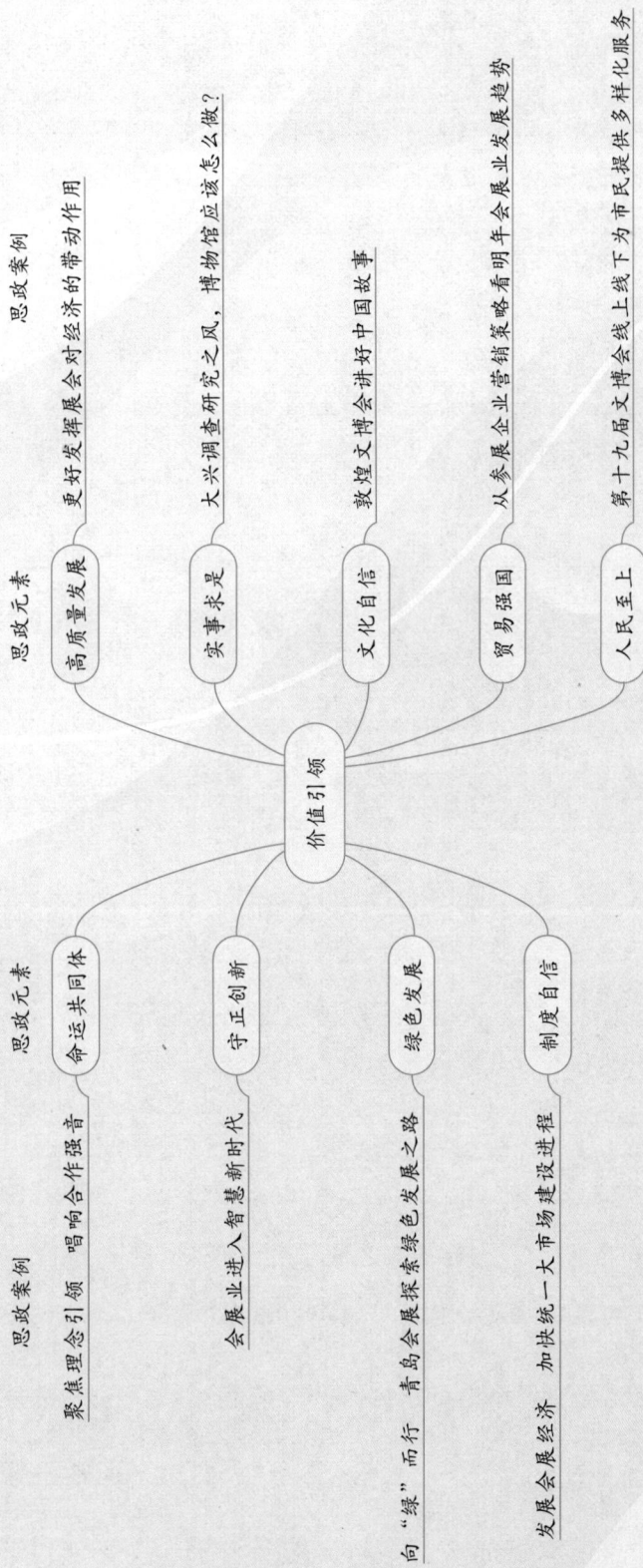

思政导图

思政元素　　　　　　　　　思政案例

- 高质量发展 —— 更好发挥展会对经济的带动作用
- 实事求是 —— 大兴调查研究之风，博物馆应该怎么做？
- 文化自信 —— 敦煌文博会讲好中国故事
- 贸易强国 —— 从参展企业营销策略看明年会展业发展趋势
- 人民至上 —— 第十九届文博会线上线下为市民提供多样化服务

价值引领

思政元素　　　　　　　　　思政案例

- 命运共同体 —— 聚焦理念引领 唱响合作强音
- 守正创新 —— 会展业迈入智慧新时代
- 绿色发展 —— 向"绿"而行 青岛会展探索绿色发展之路
- 制度自信 —— 发展会展经济 加快统一大市场建设进程

第 1 章 会展与会展业

知识目标

- 熟知会展的含义及展会的类型。
- 明确展会活动的主体及其相互关系。
- 了解会展管理机构及有关会展法规。
- 了解会展业的特点及发展趋势。

技能目标

- 能够在会展工作中熟练运用会展法规。
- 能够分析会展业的发展趋势。

素养目标

- 热爱会展专业，树立守正创新意识。
- 厚植家国情怀，坚定道路自信、理论自信、制度自信、文化自信。

知识导图

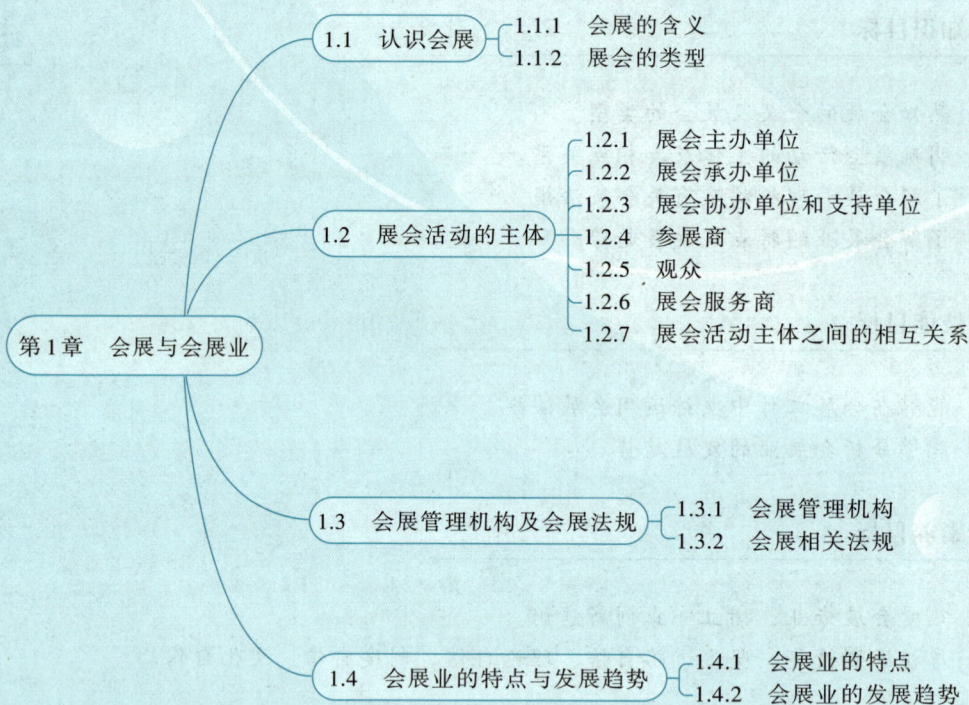

第1章　会展与会展业

1.1　认识会展
- 1.1.1　会展的含义
- 1.1.2　展会的类型

1.2　展会活动的主体
- 1.2.1　展会主办单位
- 1.2.2　展会承办单位
- 1.2.3　展会协办单位和支持单位
- 1.2.4　参展商
- 1.2.5　观众
- 1.2.6　展会服务商
- 1.2.7　展会活动主体之间的相互关系

1.3　会展管理机构及会展法规
- 1.3.1　会展管理机构
- 1.3.2　会展相关法规

1.4　会展业的特点与发展趋势
- 1.4.1　会展业的特点
- 1.4.2　会展业的发展趋势

| 引例 | **进博会展现了中国市场的巨大潜力和对外吸引力** |

2023年11月7日，上海研究院与社会科学文献出版社联合发布了《进博会蓝皮书：中国国际进口博览会发展研究报告No.5》（简称"蓝皮书"）。

蓝皮书课题组指出，在国内国际双循环背景下，强大的国内市场是应对错综复杂的国际环境的"稳定器"，也是我国繁荣国内经济、带动世界经济复苏的优势所在。中国国际进口博览会（简称进博会）的成功举办，展现了中国市场的巨大潜力，中国大市场对世界的吸引力进一步彰显，中国供应链对全球的影响力也逐步提升。

进博会推动中国制造业投资升级

蓝皮书课题组指出，进博会在推动中国制造业投资升级的过程中起到了重要作用。实体经济是现代化经济体系的"底座"和"根基"，制造业是国家经济命脉所系。在这种背景下，进博会从供给侧及需求侧两端，切实促进制造业投资升级，扭转了国内投资需求低迷的现状；通过市场竞争、供应链结构升级、技术改进投资拉动、超大规模市场投资促进、营商环境改善五大路径，发挥正面溢出效应。

进博会自2018年首次举办以来，企业商业展签约面积不断扩大，意向成交额也保持逐年增长态势，为促进我国制造业高质量发展做出了贡献。具体来看，第一，进博会的成功举办，使得制造业投资总额占全社会固定资产投资总额的比重从2017年的30.21%上升到2022年的46.44%。第二，得益于进博会的推动作用，我国制造业吸收外资的质量进一步提升，越来越多的外国资本投向高新技术领域。我国规模以上外商投资工业企业的研发投入从2012年的1 763.6亿元增至2021年的3 377.4亿元。第三，进博会不断调整展区设置，为我国制造业投资指明了方向。

进博会推进高水平对外开放

蓝皮书课题组认为，作为一个全新的以进口为主题的高水平展会，进博会无疑是新时代我国全面推进高水平对外开放的重要着力点之一。2022年第五届进博会在展示内容上更为多样，新设立了"中国这十年——对外开放成就展"综合展示区，包括成就专区、省区市专区和展商变投资商专区。不仅如此，新设立的农作物种业专区、人工智能专区、优化能源低碳及环保技术专区等都高度贴合《中华人民共和国国民经济和社会发展第十四个五年规划和2035年远景目标纲要》，新设立的进博文化展示中心大大强化了进博会的品牌效应，使进博会从贸易交流平台进一步发展为展示我国对外开放成就的文化地标。此外，"数字进博"平台为没有条件到场的个人和企业搭建了远程参展交流平台，该平台以云展示、云发布、云直播、云洽谈等方式为我国高水平对外开放提供了新思路。

优化进博会举办方式　强化虹桥论坛的引领效应

蓝皮书课题组同时指出了进博会尚需精进之处。

对于国家展，除了贸易投资推介之外，进博会应更注重对中外优秀文化与发展成就的展示，更注重对开放型世界经济、人类命运共同体等理念的宣扬。例如，在"一带一路"倡议提出10周年之际，可以将共建"一带一路"成果进行重点展示，借助新媒体、新技术手段，生动呈现各国的建设经验与成效，以展现我国开放包容、推动构建人类命运共同体的大国担当。

对于企业展，进博会应根据全球产业和消费的最新趋势及时优化展区设置。其一，继续重视体现绿色低碳、可持续发展的生产和消费理念，广泛吸引全球顶尖企业展示新技术和新产品，与中国建立更广、更深的技术合作关系和人才联系，引领全球绿色低碳的生活方式，彰显大国使命与担当。其二，突出数字经济展示，利用我国在数字经济领域的先发优势和在抗击新冠肺炎疫情中积累的中国经验，推动数字贸易、跨境电商、电子支付、智慧配送等领域的全球化进程，提升我国对国际数字经济与贸易规则的影响力。其三，适应线上办展的特点，增加服务贸易展馆的占比和规模，并提供与网上洽谈交流、合同履约相配套的知识产权服务和技术保障措施。

对于虹桥论坛，进博会应利用数字化手段提升论坛影响力。一方面，可以通过互联网平台对虹桥论坛各场活动进行全球直播，提高虹桥论坛的参与度和影响力。另一方面，建立虹桥论坛与其他国家级论坛的沟通协调机制，及时就每年（届）各大论坛年会的主题议题、嘉宾人选、互动形式等进行沟通协调，推动彼此错位发展、优势互补，完善我国主场外交的总体布局。

资料来源　徐蔚冰. 进博会展现了中国市场的巨大潜力和对外吸引力［EB/OL］.［2023-11-09］. https://www.cet.com.cn/wzsy/ycxw/3474379.shtml.

这一案例表明：我们必须将"四个自信"作为我们的思想根基和信念支撑，坚定走中国式现代化之路，在遵循会展业发展规律的基础上，发挥好会展对国民经济的重要促进作用，向世界讲好中国故事、传播好中国声音。

1.1　认识会展

会展业是一个对世界经济和政治有着巨大影响力的产业，并且随着世界经济的发展不断壮大。在我国，会展活动已成为经济活动的重要组成部分，在一些区位条件优越的地区，会展业甚至已经成为经济支柱产业，是推动经济发展的主要动力。然而，会展作为一门学科，其研究的历史也只有数十年，对会展如何下定义，至今在学界、业界还未形成一致的观点。

1.1.1　会展的含义

会展的含义从狭义上理解，即会议和展览的简称。在国际上，会展还通常表示为MICE，即 Meeting（会议）、Incentive（奖励旅游）、Conferencing/Convention（大型会议）、Exhibition/Exposition（展览会）和 Event（节事活动），这是从广义上理解的会展含义。此外，对于不同身份的人，会展有不同的含义。对组展者来说，会展能产生直接和间接的经济价值，是促进市场繁荣、调节市场供需关系的重要经济管理手段之一；对参展商来说，会展是企业宣传形象、树立品牌、开拓市场、招商引资、进行洽谈合作的贸易平台；对观众来说，会展是了解市场行情，与组展者、参展商进行信息沟通、技术交流的最佳场所，是获取自身所需信息或产品的有效渠道。

本书采用狭义的会展含义，将会展定义为一种以商业化运作方式和专业化运作手段在特定空间和时间内以会议、展览为基本活动形式的集体性和综合性活动。

另外，我们还经常可以听到"展会"一词，它特指展览会，是指在一定地域空间和有限时间内举办的，以产品、技术、服务的展示、参观、洽谈和信息交流为主要目的，有多人参与的群众性活动。虽然目前很多大型展览和会议出现了融合的趋势，"展中有会，会中有展"，但也有纯粹的展览和纯粹的会议。所以，我们仍要注意区分"会展"和"展会"的含义。

1.1.2　展会的类型

根据不同的分类标准，展会可以分为不同的类型，通常有以下几种：

1）按照性质的不同，展会可以分为贸易展和消费展

贸易展是为制造业、商业等行业举办的展览会，展览的主要目的是交流信息、洽谈贸易。贸易展的展期一般为3～5天，举办日期及地点相对稳定、有规律。贸易展重视观众的质量，参展商和观众的主体是企业。

消费展的主要目的是直接销售，展出内容主要是消费品。消费展的展期比贸易展的展期长，一般为10～15天。消费展重视观众的数量，是对消费者开放的展览会。

2）按照内容的不同，展会可以分为综合展和专业展

综合展是指包括全行业或数个行业的展览会，也被称为横向型展览会，如工业展、轻工业展等。综合展既展出工业品，也展出消费品。

专业展是指仅展示某一行业甚至某一项产品的展览会，如钟表展等。专业展的突出特征之一是常常同时举办研讨会、报告会，以介绍新产品、新技术等。

3）按照规模的不同，展会可以分为国际展、国家展、地区展以及单个企业的独家展

这里的规模是指参展商和观众所代表的区域规模，而不是指展览场地的规模。不同规模的展览具有不同的特色和优势。

4）按照时间的不同，展会可以分为定期展和不定期展

定期展有一年四次、一年两次、一年一次、两年一次等。

不定期展则视需要和条件而定，分为长期展和短期展两种。长期展可以是3个月、半年甚至常设，短期展一般不超过1个月。

5）按照场地的不同，展会可以分为专用展览馆展、巡回展和流动展

大部分展会是在专用展览馆举办的。展览馆可以分为室内场馆和室外场馆两种。室内场馆多用于展示常规展品，如纺织展、电子展等；室外场馆多用于展示超大、超重展品，如航空展、矿山设备展等。

巡回展是指同一题材的展览项目通过时间、地点的转换来达到扩大目标市场目的的展览会。巡回展往往以某地为起点，围绕一个规划好的路线进行一系列展览活动。

流动展比较特殊，是指利用飞机、轮船、火车、汽车或组合房屋等作为展览场地的展览会。

6）按照形式的不同，展会可以分为现实展和虚拟展

现实展即传统展览，展品直观展示，真实可触摸，参展商与观众面对面直接交流。

虚拟展也称网上展览，是一种通过互联网在虚拟的展览环境下进行物品展示的展览会，展品看得见、摸不着，参展商与观众通过网络媒介交流。世界上第一个虚拟博览会于1996年10月在英国伦敦开幕，展期一年。这场展会没有场地，没有工作人员，没有真实的展品，人们只要在网上输入博览会的网址，即可进入展厅浏览。2020年6月15日至24日举办的第127届中国进出口商品交易会（简称第127届广交会）是超大规模的网上展览会，它充分运用数字技术，在云端展示中外企业的新产品。在网上举办广交会是我国积极应对新冠肺炎疫情影响、努力稳住外贸外资基本盘的创新举措，数十万全球采购商和数以百万计的中国外贸产业人员在10天内24小时进行网上洽谈。

会展链接1-1

UFI（国际展览业协会）对展览会的分类

UFI按照展览内容的不同，将展览会分为综合性展览会、专业性展览会和消费性展览会三大类。

A：综合性展览会

A1：技术与消费品展览会；A2：技术展览会；A3：消费品博览会。

B：专业性展览会

B1：农业、林业、葡萄业及设备展览会；B2：食品、餐馆和旅馆业、烹调及设备展览会；B3：纺织品、服装、鞋、皮制品、首饰及设备展览会；B4：公共工程、建筑、装饰、扩建及设备展览会；B5：装饰品、家庭用品、装修及设备展览会；B6：健康、卫生、环境安全及设备展览会；B7：交通、运输及设备展览会；B8：信息、通信、办公管理及设备展览会；B9：运动、娱乐、休闲及设备展览会；B10：工业、贸易、服务、技术及设备展览会。

C：消费性展览会

C1：艺术品及古董展览会；C2：综合地方展览会。

1.2 展会活动的主体

展会活动的主体包括展会主办单位、展会承办单位、展会协办单位和支持单位、参展商、观众、展会服务商等。

1.2.1 展会主办单位

所谓展会主办单位，是指组织、策划、运营展会，在法律上拥有展会的所有权，并对展会活动承担主要责任的组织。在实际操作中，展会主办单位有三种形式：一是拥有展会的所有权并对展会承担主要法律责任，负责展会的实际策划、组织、操作与管理工作；二是拥有展会的所有权并对展会承担主要法律责任，但不参与展会的实际策划、组织、操作与管理工作；三是仅作为名义主办单位，既不参与展会的实际策划、组织、操作与管理工作，也不对展会承担法律责任。

常见的展会主办单位有以下几种：

（1）政府部门。政府部门在展会活动中常以主办单位的身份出现，代表国家和地方的利益，因此具有十分重要的作用。例如，举办世界博览会能够给举办国带来巨大的经济效益和社会效益，可以提升举办国的知名度，以及促进社会的繁荣和进步，因而世界博览会的申办单位和主办单位通常由各国中央政府担任。又如，中国进出口商品交易会由中华人民共和国商务部和广东省人民政府联合主办。

（2）行业协会、专业学会与商会。行业协会、专业学会与商会作为非营利性的行业组织，其主要功能是按照市场经济的要求开展行业服务、行业自律、行业协调、行业规划、行业统计、行业研究以及国内外经济技术交流与合作等工作，通过会员的自律行为和行业的制裁措施实现行业的自我约束与自我协调，从而建立起行业的正常秩序，使行业走上健康的发展道路。行业协会、专业学会与商会作为政府和企业以外的"第三部门"，是维护行业秩序、促进社会经济健康发展的重要力量。

例如，广东省美容美发化妆品行业协会成立于1989年，是我国第一家省级行业协会。它创办的美博会致力于打造中华民族品牌，现已成为全球规模最大的美容美发化妆品展示订货中心之一，吸引了众多国家及地区展团、全国各地品牌制造商及优秀代理商前来观摩、洽谈、采购。

（3）专业性展览公司。专业性展览公司的大量出现，是会展业形成的主要标志。专业性展览公司是指专门从事展览业务的公司，具体服务内容包括展会策划、展览设计、展位搭建、会议策划、产品发布等。

专业组展企业是指主办或承办展览会，独立进行展览会的策划、组织、实施与管理工作，在市场监督管理部门登记的具有法人资格的企业。专业组展企业不包括组展代理商。专业组展企业的资质分为AAA、AA、A三个等级，其中AAA级最高，A级最低。A级专业组展企业由省、自治区、直辖市、计划单列市等级评定机构负责评定，同时向全国展览业等级评定机构推荐AA级、AAA级专业组展企业；AA级、AAA级专业组展企业由全国展览业等级评定机构进行评定。

会展链接1-2

励展博览集团

励展博览集团是全球领先的展会活动主办机构，它将展会上的面对面商务交流与数据及数字产品相结合，旨在为个人、行业社群和企业建立业务，帮助客户在励展博览集团主办的跨越43个行业、22个国家的400多场展会活动中了解市场信息、寻源产品和完成交易，从而提升面对面活动的影响力。励展博览集团是励讯集团的成员之一，励讯集团是一家提供基于信息的分析和决策工具的全球供应商，其客户遍布全球180多个国家，在全球约40个国家设有办事处。

励展博览集团大中华区是享誉中国的专业展览会主办机构，在中国拥有多家成员公司，如北京励德展览有限公司、国药励展展览有限责任公司、励展华博展览（深圳）有限公司、北京励展华群展览有限公司、上海励欣展览有限公司、励展华百展览（北京）有限公司、上海励扩展览有限公司和励进展览（上海）有限公司等。

目前，励展博览集团大中华区每年举办约70场贸易展会，聚焦7个行业集群，包括汽车制造、电子制造、智能制造、礼品与零售、医疗与健康、印刷包装、餐饮与娱乐。

资料来源　根据励展博览集团大中华区官方网站资料整理。

（4）展览场馆经营单位。展览场所是指可供举办展览活动的场地及建筑物，包括独立的永久性的场地或建筑物，博物馆、科技馆、图书馆等永久性场所为展览活动提供的专门场地，以及临时搭建的用于举办展览活动的场地。展览场馆（也称展馆或场馆）是指以举办展览活动为主要功能的永久性建筑物。

现代的展览场馆往往被称为会展中心或会议中心。会展中心是指用于展示、演示和举办定期或不定期的会展活动，并且能够提供相应服务的场所，它包括展览厅、会议厅、室外展场、停车场等，同时配套有智能化信息系统和相关后勤保障设施。会议中心主要用于举办各种规模和形式的会议活动，它包括多个不同规模的会议室及宴会厅、报告厅、停车场、商务中心，以及会议附带展览需要的室内展览区域等设施。会展中心和会议中心均可用于举办展览会或会议，但前者的功能侧重于展览，后者的功能侧重于会议。

展览场馆是会展产业发展的前提和基础，是各类会展活动的载体，因此展览场馆经营单位在策划或参与会展活动项目时具有不可替代的重要作用。

（5）大型企业。一些大型企业也会主办展览会，主要目的是提升企业形象、发布新产品信息、进行科技交流、提高企业效益等。

例如，中联橡胶股份有限公司是在橡胶领域颇具影响力的公司，目前主要从事橡胶行业的会展及贸易业务。会展业务主要包括主办中国国际橡胶技术展览会（RubberTech China）、大湾区国际橡胶技术展（RubberTech GBA）、RubberTech 品牌系列海外国际橡胶专业展览会、中国汽车文化风尚秀（GT Show），同时提供海外10多个国家相关专业展会的组展或组团服务；贸易业务主要包括橡胶原辅材料的进出口和国内销售。中国国际橡胶技术展览会自1998年开始创办，截至2023年已举办21届，聚集了来自世界近30个国家和地区的展商810余家，展览面积达50 500平方米，是橡胶行业相关企业不可错过的年度盛会。中国国际橡胶技术展览会既是进行信息沟通、新技术交流的通道，也是国际橡胶工业发展的风向标和促进剂。

1.2.2　展会承办单位

展会承办单位即受主办单位委托，具体承担展会的组织、策划、实施与管理，并承担展会主要经济责任的组织。此外，大部分展会承办单位还要负责展会的招商和宣传推广工作，因此展会承办单位对展会的顺利举办具有重要影响。表1-1列示了我国部分展会的主办单位与承办单位。

行业广角 1-1

2022年中国实际投入运营可租面积超过20万平方米的展览场馆

表1-1　　　　　　　　　　　　我国部分展会的主办单位与承办单位

展会名称	主办单位	承办单位
中国国际进口博览会	中华人民共和国商务部 上海市人民政府	中国国际进口博览局 国家会展中心（上海）有限责任公司
中国国际供应链促进博览会	中国国际贸易促进委员会	中国国际展览中心集团有限公司
中国进出口商品交易会	中华人民共和国商务部 广东省人民政府	中国对外贸易中心
中国国际高新技术成果交易会	中华人民共和国商务部 中华人民共和国科学技术部 中华人民共和国工业和信息化部 中华人民共和国国家发展和改革委员会 中华人民共和国农业农村部 国家知识产权局 中国科学院 深圳市人民政府	深圳市中国国际高新技术成果交易中心（深圳会展中心管理有限责任公司）

　　政府部门、专业性展览公司、大型企业以及行业协会、专业学会和商会等在作为展会主办单位的同时，也可作为展会承办单位。近年来，一些地方政府还设立了博览局，专门操作当地的大型展览会。

　　根据《关于出国（境）举办招商和办展等经贸活动的管理办法》第九条的规定，展会承办单位的职责包括布置展场、运送展品、安全保卫、广告宣传、现场活动、安排人员食宿交通、办理出国手续、收取费用等。

1.2.3　展会协办单位和支持单位

　　除了主办单位和承办单位外，有的展会还有协办单位和支持单位。

　　所谓协办单位，是指协助主办单位（或承办单位）举办展会的组织。协办单位承担展会的部分招展、招商和宣传推广工作，一般不承担财务责任。

　　所谓支持单位，是指向展会或其相关活动提供有效资源的组织，如展览场馆、媒体、行业协会、赞助企业等。支持单位有时候也参与展会的招商和宣传推广工作，但基本上不参与展会的招展工作，也不对展会承担任何财务责任。

1.2.4　参展商

　　参展商是指与展会主办单位签订参展合同，在展会期间通过固定的展位展示其产品、技术和服务的组织。参展商必须具有合法的经营资格，其经营活动应当符合国家法律、法规的规定。

　　参展商可以是政府机关、企事业单位、非营利组织、权利人。

参展商按地域来源的不同，可以分为境内参展商和境外参展商。境内参展商是指合法注册地在中华人民共和国境内的参展商，外商独资企业除外。境外参展商是指境内参展商以外的参展商。

展团是指经统一组织，具备共同特性的参展商的集合。根据展团内参展商的共同特性，展团可分为××国家展团、××地区展团等。

参展商在会展价值链中处于核心地位，在商业性展会中，组展单位的收入主要来自参展商，参展商连续参展是组展单位的利益所在。展会活动的效益是综合性的，包括经济效益和社会效益两个方面，而参展商的参展收益是展会效益的重要组成部分。参展商的参展收益高，组展单位的效益才会有保障；参展商的参展收益低，即使展会其他方面取得了较好的效益，展会的综合效益也是畸形的，组展单位将无法长期维持与参展商的关系，展会也可能难以生存。

1.2.5　观众

观众是指展会期间参观展品的人员。观众不包括主办单位、场馆方、服务商、参展商的工作人员。

（1）根据身份的不同，观众可以分为专业观众和普通观众。

专业观众是指出于收集信息、采购洽谈、联络参展商等专业或商业目的参加展会的观众，包括贸易商、采购商、批发商、科研教育人士、政府官员等，其中很多人都能参与企业的决策。中国国际贸易促进委员会（CCPIT）对展览市场进行的专项调查显示，75%以上的专业观众在单位具有一定程度的决策权，20%的专业观众虽然没有决策权，但是具有建议权。这也是当代展会更多地面向专业观众的根本原因。

普通观众就是一般的社会公众。一般来说，如果不是主办单位有意控制，一个展会除了有专业观众外，还会有一定数量的普通观众，这主要取决于展会的性质和定位。通常情况下，大型博览会在展期最后一天都会向普通观众开放。一方面，可以增加普通观众对展会在当地举办的自豪感；另一方面，参展商往往需要处理一些难以带走的展品，普通观众是重要的购买者。

（2）根据地区来源的不同，观众可以分为境内观众和境外观众。

境内观众是指登记且有效的通信地址及身份证明均为境内的观众。境外观众是指登记且有效的通信地址或身份证明为境外的观众。

1.2.6　展会服务商

展会服务商是指为展会提供服务的组织。主场服务商是展会服务商的重要组成部分，是指由展会主办单位指定，为展会提供现场服务的组织。展会是一个大型的社会活动，它需要多种资源以及多方面的配合、协调才能成功举办。广义的展会服务，既包括与展览直接相关的展品运输、展位搭建、展览器材租赁、广告、餐饮、安保、清洁、仓储等专业服务，也包括旅游、住宿、交通等相关行业的配套服务。主办单位和承办单位的实力再强，也不可能拥有举办一个展会所需的所有资源，因此必须把一些展会服务项目承包给其他专业机构，以便为参展商和观众提供更专业的服务。这些专业机构就是展会服务商。

展会服务商在展会活动中与参展商和专业观众直接发生交易关系，是参展商和专业观众评判展会活动配套服务是否全面、专业的直接依据，因此展会服务商的优劣不仅直接影响参展商和观众对展会服务质量的评判，而且直接影响组展商与参展商的合作关系。

1.2.7　展会活动主体之间的相互关系

展会活动是组展单位搭建的平台，参展商与观众在这个平台上进行充分的交流，参展商展示展品，观众参观展品。参展商和观众之间存在潜在的买卖关系，而要达成交易，就需要这样一个可以交流的平台。展会服务商则可以为其他展会活动主体提供所需服务。例如，参展商需要将展品运输到场馆，运输服务商则可以提供这方面的服务；又如，承办单位、参展商需要搭建展台，展台设计搭建商则可以提供这方面的服务。总之，展会活动的各个主体作为独立的个体而存在，并为实现各自的利益相互联系、相互协调。

1.3　会展管理机构及会展法规

会展活动的开展面临着复杂多变的环境，因此需要有相应的组织来协调。会展管理机构可以制定有关会展的各种法规，这些法规对于加强行业间的了解、交流、合作，以及促进世界会展业的健康、有序发展起到了重要的作用。

1.3.1　会展管理机构

1）国际会展管理机构

（1）国际展览业协会。国际展览联盟（Union of International Fairs，UFI）于1925年在意大利米兰成立，最初由欧洲的20家展览公司组成。前期只有举办展览会的展览公司才能成为其正式会员；从1994年起，会展相关机构（如贸易协会，展览服务、管理、统计、研究机构，专业报刊等）也可成为其会员。UFI的总部设在法国巴黎，其法人代表为主席，日常事务由秘书长处理，日常运行的资金主要来自会员缴纳的会费。为了适应会展业发展的需要，2003年10月20日在开罗举行的第70届会员大会上，该组织决定更名为国际展览业协会（The Global Association of the Exhibition Industry），简称仍为UFI。UFI是迄今为止世界展览业最重要的国际性组织。

对国际性展会进行权威认证是UFI的核心任务。展会举办公司只有在其举办的展会至少有一个被UFI认证后，才有可能成为UFI的正式会员。一个展会要想获得UFI认证，其服务、质量、知名度等都要达到一定的标准。UFI对于申请注册的展会的规模、办展历史、国外参展商比例、国外观众比例等都有极其严格的要求，按其规定的注册标准，国际性展会必须至少连续举办3次，至少要有2万平方米的展出面积、20%的国外参展商、4%的海外观众。UFI认证是高品质展会的标志，被展览界公认为展会走向世界的桥梁，有"会展行业奥斯卡"的美誉。UFI在审核新会员和认证展会的过程中，并不只依靠由中介机构提供的数据。UFI会在不通知申请人的情况下，派专人去展会现场进行实地考察，亲身感受展会的服务和管理。考察人员非常注重细节，如观众数据是如何登记的、采用什么办法招徕观众，甚至连广告的投放占收入的比例也会进行监测。考察人员还会观察观众指示牌是否正确、现场配套设施是否完善等。截至目前，UFI所拥有的840个会员来自世界87个国家和地区，获得UFI认证的国际性展览会或贸易博览会超过895场。①

每年10月底或11月初，UFI会在世界主要展览城市举行全体会员参加的年会，内容包括一系列专业委员会和各地区分部的会议、有关经济和展览业务的专题报告及相关讨论会，并对UFI的重大决定及主席和副主席的改选进行表决。UFI第73届年会于2006年11月8日至11日在北京举行，这是UFI首次在中国内地城市举办重大活动，也是中国展览业发展史上的一件大事。UFI第83届年会于2016年11月10日在国家会展中心（上海）开幕。自2006年在北京举行UFI年会以来，中国会展业经历了翻天覆地的变化。UFI的一项调查显示，中国每年的B2B展会净面积超过1 100万平方米，这表明亚洲一半以上的B2B展会净面积都在中国。2023年12月1日，2023UFI中国会员年会、2023中国会展创新者大会在重庆国际博览中心举行。UFI首席执行官贺庭凯在视频致辞中说，截至目前，已有超过230家来自中国的会展企业成为UFI会员，超过220个中国的展览项目获得UFI认证，中国已成为亚洲最大的会展市场。

（2）国际展览局。国际展览局（International Exhibitions Bureau，BIE）是专门从事监督和保障《国际展览会公约》的实施、协调和管理举办世博会并保证世博会水平的政府间国际组织，总部设在法国巴黎。BIE下设执行委员会、行政和预算委员会、条法委员会、信息委员会4个专业委员会；主席由全体大会选举产生，任期2年，可连任。

自1851年首届世博会在英国伦敦举办后，欧美国家频频举办世博会，从而加重了参展国的财政负担。为了维护世界博览会的正常秩序，促进世界博览会的健康发展，1928年11月，31个国家的代表在巴黎开会并签订了《国际展览会公约》。该公约后来经过多次修改，成为协调和管理世博会的国际公约，BIE依照该公约的规定应运而生。

BIE的成员为各缔约国政府。联合国成员国、不拥有联合国成员身份的国际法院章程成员国、联合国各专业机构或国际原子能机构的成员国都可申请加入BIE。加入BIE的申请必须由申请国的外交机构正式提出，成员国的代表必须由成员国政府任命。各成员国应派出1~3名代表组成BIE的最高权力机构——BIE全体大会，在该机构决定世博会的举办国时，各成员国均有1票。BIE的一切活动均通过外交途径进行，其收入主要来自申办展览会的注册费和展会举办期间一定比例的门票收入。

中国于1993年5月3日正式加入BIE。中国国际贸易促进委员会一直代表中国政府参与BIE的各项工作。2003年12月，BIE第134次全体代表大会一致选举由中国政府推荐的候选人吴建民（1939年3月30日至2016年6月18日）担任BIE主席。这是第一位

---

① 资料来源　UFI官方网站，http://www.ufi.org。

中国人、第一位亚洲人、第一位来自发展中国家的人士担任这一重要职务。

（3）国际展览与项目协会。国际展览与项目协会（International Association of Exhibitions and Events，IAEE）的前身为成立于1928年的国际展览管理协会（International Association for Exhibition Management，IAEM），2006年11月更改为现名，总部设在美国达拉斯市。

IAEE是面向所有会展从业者的非营利性国际贸易展览会行业组织管理机构和培养会展专业人才的专业机构。其宗旨在于通过举办培训、传播信息、开展调研、出版刊物、组织会议等方式促进国际展览业的发展和交流。IAEE在国际展览界享有盛誉，是国际展览业重要的行业协作组织之一。

IAEE致力于在世界范围内推广全球认可的注册会展经理（Certified in Exhibition Management，CEM）培训体系。中国国际贸易促进委员会与IAEE合作，在中国独家引进了CEM课程体系并将其本土化，使其成为全新的CEM China体系。CEM China的师资由IAEE选派的有多年会展管理及培训经验的美国专家和中国著名商学院的MBA教授共同组成，旨在通过全面、系统的培训体系以及与国际展览管理人士的交流互动，全面提升中国会展人士的专业水平。

2006年，中国国际贸易促进委员会以"团体会员"的身份加入IAEE，推动了中国会展业与国际同业之间的合作与发展，促进了中国在世界范围内的贸易展和综合博览会的顺利开展，为会展人士提供了更多的国际业务往来、合作和信息交流的机会。

（4）国际会议中心协会。国际会议中心协会（The International Association of Congress Centres，AIPC）于1958年成立于比利时布鲁塞尔。AIPC是一个代表全世界会议中心和展览中心的非营利性协会，主要为国际会议和展览场馆服务，旨在通过协会高标准的报告、教育项目以及协会建立的网络关系来支持和鼓励会议中心场馆高水平的管理。AIPC特别关注会务行业面临的问题、机遇和挑战，致力于促进多元化的国际会务产业合作，从而使组织成员保持与会务行业的联系。

AIPC的会员来自全球60多个国家及地区。为了保证会员的质量，申请成为会员必须通过理事会决议。理事会做出决议主要考虑以下因素：申请方有能力或有兴趣参与国际会议市场；申请方与AIPC一样有追求卓越会议场馆管理的理念；申请方有高质量的场馆、设施及管理程序来满足上述两条要求。申请方需要提交材料，从而使理事会能够顺利审核意向会员的信息。这些材料包括：申请方必须承认AIPC质量管理标准，并签字；提供财务信息，表明申请方有国际性业务与营销的战略目标；理事会现场检查场馆设施与服务质量，以确定申请方是否能够满足AIPC会员要求；来自两个AIPC会员的推荐信函。

（5）国际协会联盟。国际协会联盟（Union of International Associations，UIA）创建于1907年，是一个非营利性国际研究组织。UIA发布的《国际组织年鉴》是目前世界上历史最悠久、规模最大和最全面的关于国际组织的信息来源。

UIA规定的国际会议统计标准为：第一，参加者至少有300名；第二，至少有40%的会议代表来自本国之外；第三，会议代表来自5个国家以上；第四，会期至少3天。

截至 2022 年，共有 227 个注册于中国内地的国际组织获得 UIA 认定。[①]

（6）其他国际会展行业管理机构。其他国际会展行业管理机构有国际展览运输协会（IELA）、专业会议管理协会（PCMA）、世界场馆管理委员会（WCVM）、亚洲太平洋地区展览会及会议联合会（APECC）、国际奖励旅游管理者协会（SITE）等。

2）我国会展管理机构

根据中华人民共和国国家标准《国民经济行业分类》（GB/T 4754—2017），会展业属于"L72 商务服务业"中的"L728 会议、展览及相关服务"。会展的功能主要是促进商品、技术和服务的流通，促进行业交流与合作。从这个角度看，会展业的主管部门应该是商务部门。我国对会展业采取"监督为主、审批为辅"的管理模式，相关主管部门介绍如下：

（1）中华人民共和国商务部（简称商务部）。商务部是主管我国国内外贸易和国际经济合作的国务院组成部门，承担制定和实施我国国内外经济贸易政策、推进扩大对外开放的重要职责。

商务部的前身可以追溯到 1952 年成立的对外贸易部和 1961 年成立的对外经济联络总局，1982 年上述两单位与进出口管理委员会、外国投资管理委员会合并，成立对外经济贸易部，1993 年改称对外贸易经济合作部。2003 年，对外贸易经济合作部和原国家计划委员会、原国家经济贸易委员会部分职能司局合并成立商务部。

商务部服务贸易和商贸服务业司负责会展业的促进与管理工作，指导、管理境内对外经济技术展览会和赴境外非商业性办展活动。

（2）地方商务主管部门。各省、区、市会展业管理工作主要由地方商务厅或商务局负责。部分省、区、市在国家和地区相关主管部门的领导下成立博览局，统筹规划、指导和协调地方会展业的发展。

（3）中国国际贸易促进委员会（简称中国贸促会）。中国贸促会成立于 1952 年，是全国性对外贸易投资促进机构。中国贸促会的宗旨是根据中华人民共和国宪法、法律、法规，参照国际惯例，促进中国与世界各国、各地区之间的贸易、投资和经济技术合作，增进中国人民同世界各国、各地区人民和经济贸易界的相互了解与友谊，维护中国公民、法人在海外的正当权益。中国贸促会的职责之一是根据国务院授权，管理出国举办经济贸易展览会；负责我国参加国际展览局和世界博览会相关事宜的组织、协调、监督和管理工作；在国内外主办经济贸易展览会，参加国际贸易博览会和展览会；在境内主办经济贸易展览会和博览会。

（4）会展行业协会。会展行业协会是指从事会议、展览及相关业务的企事业单位自愿组成的非营利性的、行业性的、地方性的社会团体组织，如山东省会展业协会、重庆市会展行业协会、海南省会展产业协会、上海市会展行业协会、贵州省会展行业协会、江苏省会议展览业协会、深圳市会展产业协会等。这些协会广泛团结会展行业相关人士，加强对外联络，提供多元化的服务，为优化市场环境、促进会展业健康有序发展做

---

① 资料来源 张鹏，周滢. 国际协会联盟（UIA）认定的总部在华国际组织调研报告［EB/OL］．［2022-12-06］．https://mp.weixin.qq.com/s?__biz=MzU4MzMxNzkxMQ==&mid=2247538324&idx=1&sn=5772decde57f835ddea42f26e8f41e19&chksm=fda8f66ccadf7f7a562b71f564af73d0752dd4a8ea4c5cefd2816affd7527bcccde6b5ce28c9&scene=27.

了大量扎实有效的工作。

（5）中国会展经济研究会。中国会展经济研究会是由从事或热心会展经济研究和教学的专家、学者以及会展相关行业工作者、社会组织和有关企事业单位自愿结成的全国性、学术性、非营利性社会组织。中国会展经济研究会通过与行业协会、学术组织等广泛合作、各方协调、内引外联，面向会展经济领域从事政策研究、产业研究、理论建立、行业评估、行业协调等工作。

1.3.2 会展相关法规

1）国际会展法规

（1）《国际展览会公约》。《国际展览会公约》是人类历史上第一个关于协调和管理世界博览会的建设性公约。法国政府于1907年首先发出号召，1928年11月22日，来自31个国家的代表在由法国政府召集的巴黎会议上正式签订了《国际展览会公约》。

《国际展览会公约》明确了举办世界博览会的目的：世界博览会是一种展示活动，其宗旨在于教育大众。世界博览会可以展示人类所掌握的满足文明需要的手段，展现人类在某一个或多个领域经过奋斗所取得的进步，或对未来前景的展望。《国际展览会公约》明确规定了世界博览会的分类、举办周期、主办者，以及参展者的权利和义务，还明确了《国际展览会公约》的执行机构——国际展览局的工作职能。

随着社会的发展和举办世界博览会过程中不同问题的出现，国际展览局分别在1948年5月10日、1966年11月16日、1972年11月30日、1982年6月24日和1988年5月31日对《国际展览会公约》进行了修改，并以《修正案》的形式增补，从而使《国际展览会公约》不断完善，也使世界博览会的分类和举办标准不断合理化和科学化。

（2）《奥马章程》。《奥马（AUMA，德国经济展览和博览会委员会）章程》的宗旨是维护德国展览业各方的共同利益，也就是保护德国展览会和博览会的参展者、参观者和组织者的利益，以及保护在外国展览会和博览会上的德国参展者、参观者和组织者的利益，营利性商业企业和代表个别会员特殊利益的机构除外。该章程还对会员资格、机构设置和表决方法等进行了相应的规定，其中最主要的一条是增强市场的透明度。该章程明确指出，将在展览会的类别、展出地点、日期、展期、周期等方面进行协调，以保护参展者、参观者和组织者的利益。AUMA对于使用"国际"称呼的展览会从参展商的组成、观众的组成和展品三个方面进行了规定；对于严重不符合AUMA规定的国际展览会会要求其关闭停办；对于违反德国《反不正当竞争法》的展览会将提交法庭处理。

2）我国国家会展法规

随着会展活动的深入开展，国务院和各有关部门都加强了对会展业的监督和管理，相继发布了一系列相关的法规，并根据需要对一些不适应会展业发展的法规进行了修改，从而使我国会展业的发展走向了规范化、法治化、正规化。我国会展行业的主要法规见表1-2。

表1-2   我国会展行业的主要法规

文件名称	发布时间	主要内容
《国务院办公厅关于对在我国境内举办对外经济技术展览会加强管理的通知》（国办发〔1997〕25号）	1997年7月	为加强管理，就在我国境内举办的对外经济技术展览会（包括国际展览会、对外经济贸易洽谈会、出口商品交易会和境外民用经济技术来华展览会等）的有关问题进行规定
《在境内举办对外经济技术展览会管理暂行办法》（外经贸政发〔1998〕325号）	1998年9月	根据《中华人民共和国对外贸易法》及《国务院办公厅关于对在我国境内举办对外经济技术展览会加强管理的通知》制定，对相关内容进行了细化
《设立外商投资会议展览公司暂行规定》（商务部令2004年第1号）	2004年1月	鼓励外国公司、企业和其他经济组织在中国境内设立外商投资会议展览公司，举办具有国际规模和影响的对外经济技术展览会和会议。鼓励引进国际上先进的组织会议展览和专业交流方面的专有技术设立外商投资会议展览公司，促进我国会展业的发展，创造良好的社会和经济效益
《贸促会、商务部关于修订〈出国举办经济贸易展览会审批管理办法〉的通知》（贸促展管〔2006〕28号）	2006年5月	出国办展须经中国国际贸易促进委员会审批（会签商务部）。组展单位应当向中国国际贸易促进委员会提出出国办展项目申请，项目经批准后方可组织实施
《商务部举办展览会管理办法（试行）》（商贸字〔2006〕181号）	2006年12月	商务部根据集中资源、合理布局、协调发展和市场化导向的原则，按照展览会对推动国民经济和商务工作的重要程度，对展览会实行分类管理。展览会分为重点发展类展览会、参与主办类展览会、支持引导类展览会
《中共中央关于深化文化体制改革　推动社会主义文化大发展大繁荣若干重大问题的决定》（中国共产党第十七届中央委员会第六次全体会议通过）	2011年10月	加快发展文化产业，推动文化产业成为国民经济支柱性产业，构建现代文化产业体系，发展壮大会展等传统文化产业

文件名称	发布时间	主要内容
《商务部关于"十二五"期间促进会展业发展的指导意见》（商服贸发〔2011〕463号）	2011年12月	做大做强几个综合性龙头展会，搞好搞活若干个区域性重点展会，做精做实一批专业品牌展会，培育几个有一定影响力的境外展会，打造若干展览中心城市和核心展馆，造就一批大型办展实体和人才队伍，形成与国际水平接轨、服务体系完备、服务品质优良、市场竞争有序、专业化程度高的会展业发展格局
《中共中央　国务院关于加快推进农业科技创新　持续增强农产品供给保障能力的若干意见》（中发〔2012〕1号）	2012年1月	举办多形式、多层次的农产品展销活动，培育具有全国性和地方特色的农产品展会品牌
《国务院关于加快发展对外文化贸易的意见》（国发〔2014〕13号）	2014年3月	推动文化产品和服务出口交易平台建设，支持文化企业参加境内外重要国际性文化展会
《关于进一步做好贸促系统会展工作的意见》（贸促展〔2014〕715号）	2014年9月	开展贸促系统"大会展"建设，用3～5年的时间，形成系统内横向联动、纵向提升、统一开放、协调有力的办会办展机制，集系统内外力量在境内外打造若干个具有平台作用、溢出效应和国际影响力的品牌会展项目，形成规范有效的办会办展模式
《国务院关于加快发展服务贸易的若干意见》（国发〔2015〕8号）	2015年2月	支持企业赴境外参加服务贸易重点展会。积极培育服务贸易交流合作平台
《推动共建丝绸之路经济带和21世纪海上丝绸之路的愿景与行动》	2015年3月	继续发挥沿线各国区域、次区域相关国际论坛、展会以及博鳌亚洲论坛、中国-东盟博览会、中国-亚欧博览会、欧亚经济论坛、中国国际投资贸易洽谈会，以及中国-南亚博览会、中国-阿拉伯博览会、中国西部国际博览会、中国-俄罗斯博览会、前海合作论坛等平台的建设性作用。办好丝绸之路（敦煌）国际文化博览会、丝绸之路国际电影节和图书展

文件名称	发布时间	主要内容
《国务院关于进一步促进展览业改革发展的若干意见》（国发〔2015〕15号）	2015年4月	鼓励各种所有制企业根据市场需求举办展会，展馆投资建设及管理运营的市场化程度明显提高。加快"走出去"步伐，大幅提升境外组展办展能力，培育一批具备国际竞争力的知名品牌展会。定期发布引导支持展览会目录，科学确立重点展会定位，鼓励产业特色鲜明、区域特点显著的重点展会发展，培育一批品牌展会。支持中小企业参加重点展会，鼓励展览机构到境外办展参展
《商务部办公厅关于切实做好取消部分展览项目行政审批事项后续衔接工作和试运行展览业信息系统的通知》（商办服贸函〔2016〕83号）	2016年3月	做好取消省级商务主管部门负责的境内举办对外经济技术展览会办展项目审批后续衔接工作，加强展览业事中事后监管，优化政府服务
《商务部办公厅　海关总署办公厅关于做好境内举办涉外经济技术展览会备案管理工作的通知》（商办服贸函〔2019〕113号）	2019年4月	对于取消审批的4种涉外经济技术展览会建立备案制度
《国家知识产权局关于印发〈展会知识产权保护指引〉的通知》（国知发保字〔2022〕30号）	2022年7月	从展前、展中、展后等方面，规范展会知识产权保护工作

3）我国地方会展法规

随着我国会展业的快速发展，各地方政府也开始注重加强会展法规的建设，与会展业发展相关的地方性法规陆续出台，如《上海市会展业条例》《成都市会展业促进条例》《郑州市会展业促进条例》《西安市会展业促进条例》等。地方会展法规的出台及完善，能够规范会展活动，维护会展活动各方主体的合法权益，促进会展业的高质量发展，助力当地打造具有国际影响力的会展品牌，建成具有全球影响力的国际会展之都。

1.4　会展业的特点与发展趋势

传统产业经济学观点认为，产业是指"主要业务或产品大体相同的企业类别的总称"，也就是说，一个产业是由同类企业（即经营相同的主要业务或生产同类的产品）

构成的。由此我们可以定义，所谓会展业，是指与会展经济活动相关联的同类企业的总称。

会展业既是一个新兴的服务行业，也是一个发展潜力巨大的产业。在新时期，国家必须大力发展会展业，全面提升会展经济。

1.4.1　会展业的特点

1) 产业关联度高，社会综合效益显著

会展业属于第三产业，影响面广，关联度高。它不仅能够带来会务费、场租费、展位搭建费、广告费、门票等直接收入，而且能够直接或间接带动工业、农业、商贸业等诸多产业的发展，创造购物、娱乐、餐饮、物流、交通、通信、广告、旅游、印刷、房地产等相关收入，产生强大的互动共赢效应。

例如，贵阳市通过实施"品牌化、国际化、特色化、专业化"战略，形成了一批具有较高层次和较强拉动作用的品牌展会。除了贵州人才博览会、生态文明贵阳国际论坛、中国（贵州）国际酒类博览会等原有特色展会，贵阳市还积极争取国家部委和行业协会的支持，成功举办和引进了中国国际大数据产业博览会、中国材料大会、布鲁塞尔国际烈性酒大奖赛、中国机器人大赛暨RoboCup公开赛等重量级展会。这些展会集聚了丰富的人流、物流、资金流、信息流，不仅带来了可观的经济效益和社会效益，而且带动了交通、旅游、酒店、餐饮、商贸、广告等关联行业的发展。

2) 提升城市形象，提供就业机会

会展业的发展会对一个城市或地区的建设发展和社会进步产生重要影响，会展品牌的建立能够带动城市优势产业的升级以及经济结构的优化和调整。成功的展会是一个城市最好的形象大使，能够提升城市的国际、国内形象。会展经济与城市发展紧密联系，能够推动举办地交通运输业、环保业等基础产业的发展，从而全面提升举办地的综合竞争实力。

例如，世界博览会的举办为上海市打造国际知名都市立下了汗马功劳。上海市的生态环境、城市功能因此得到了令人惊喜的改善和提升，基础设施尤其是旅游设施不断健全，城市交通的立体集散能力迅速提高，大型会展场馆的建设为今后上海会展业又好又快地发展铺平了道路。又如，中国国际动漫节的举办打造了杭州"动漫之都"的城市形象，给杭州的动漫创意和休闲旅游等产业注入了活力。再如，义乌会展业起步于1995年举办的中国小商品城名优新博览会（现为中国义乌国际小商品（标准）博览会）。20多年来，义乌依托庞大的实体市场，走出了一条"以贸兴展、以展促贸、展贸互动、共促繁荣"的特色发展道路，"会展经济"已成为义乌经济发展的"助推器"。目前，义乌市已形成了中国义乌国际小商品（标准）博览会、中国义乌文化和旅游产品交易博览会、中国义乌国际森林产品博览会、浙江义乌国际智能装备博览会、中国国际电子商务博览会、中国义乌进口商品博览会等政府主导的展会与民营企业举办的袜机展、框业展、美容展、家居展、汽配展、汽车展等专业品牌展会共同发展的良好格局。

此外，随着会展活动的增多，会展业还能提供大量就业机会。UFI的一项调查显示，每增加1 000平方米的展览面积，就可以增加100个就业机会。美国活动产业理事

会（EIC）与牛津经济研究院2023年5月联合发布的《2023全球商务活动对经济的影响》显示，2019年180个国家和地区共16亿人次参加了各类会展和活动，产生的直接消费达1.15万亿美元，支持了1 090万个直接工作机会。

3）行业导向性强

许多划时代的发明创造，如电话机、蒸汽机、电视机等，都是通过展览会最先传播出去的。这说明会展活动具有行业导向性，会展活动中的讲演、讨论或展示参观能够推广和展示新技术、新产品、新观念和新知识。

4）集聚性强

会展作为一种集体性和综合性的活动，能够带来大量的人流。例如，瑞士虽然是一个只有800多万人的内陆国家，但是每年在瑞士举办的国际会议超过2 000个，有几万家企业在瑞士参加展览，参观者达千万人次。每年1月在瑞士东部山区小镇达沃斯举行的世界经济论坛，有来自世界各地的著名政要、学者和新闻媒体记者近3 000人出席。又如，2023年上半年，广州市重点场馆共举办经贸类展览140场，展览面积近560万平方米，接待参展参观人数超过766万人次，接待来自213个国家和地区的境外客商近25万人次。

会展业带来的大量人流为举办国和举办城市带来了巨大的信息流、技术流、商品流和财富流，极大地推动了国民经济的发展和社会的进步。

▶ 会展案例1-1

世园会给延庆带来了什么？

中国北京世界园艺博览会（简称世园会）于2019年4月29日至10月9日在北京市延庆区举办。世园会的举办为延庆提供了良好的发展机遇，给当地的社会发展与居民生活带来了多方面的积极影响。

总体影响良好。根据调查可知，认为世园会给延庆带来非常正面影响的受访居民占38.7%，认为世园会给延庆带来正面影响的受访居民占55.5%，认为世园会对延庆没有影响的受访居民占5%，认为世园会对延庆有负面影响的受访居民占0.8%。可见，延庆区居民对世园会的举办非常认可，大多数居民给予世园会正面评价。

地区知名度提升。97.4%的受访居民认为世园会对提升本地区知名度有正面影响，其中44.8%的受访居民认为这种影响非常正面；认为世园会对提升本地区知名度没有影响的受访居民只占2.6%。从以往经验来看，举办世园会这种大型国际活动对于提升本地区的知名度有显著影响。延庆区居民对此也已形成共识，认为延庆的品牌形象通过世园会的举办已经得到明显提升。

人民自豪感增强。96.3%的受访居民认为世园会对提升居民自豪感有正面影响，其中46.9%的受访居民认为这种正面影响非常显著；3.7%的受访居民认为世园会对提升居民自豪感没有影响。这表明世园会的举办明显提升了当地居民的自豪感与自信心，振奋了当地居民的精神面貌。

社会文明程度提升。95.6%的受访居民认为世园会对提升居民文明程度有正面影响，其中认为这种影响非常显著的受访居民占38.4%；只有4.3%的受访居民认为世园会对提升居民文明程度没有影响，另有0.1%的受访居民认为世园会对提升居民文明程度存在负面影响。总体来看，延庆区居民普遍认同通过举办世园会，居民文明程度有比较明显的提升。

生活设施得到改善。85.3%的受访居民认为世园会有助于改善当地的交通设施，79.6%的受访居民认为世园会有助于改善居民的居住条件，70.3%的受访居民认为世园会的举办有助于改善当地的医疗设施，77.8%的受访居民认为世园会有助于改善当地的教育设施，95.2%的受访居民认为世园会有助于改善环境质量，87.9%的受访居民认为世园会有助于改善当地的商业设施，85.9%的受访居民认为世园会有助于改善当地的娱乐设施。综合来看，认为环境质量得到改善的受访居民最多，其次是认为商业设施、娱乐设施和交通设施得到改善的受访居民。

对地区发展的影响加深。对于世园会后延庆地区各产业的发展，高达90%的受访居民认为旅游业将会获得很好的发展，58.5%的受访居民看好餐饮住宿业。同时，世园会的举办也可以带动其他行业的发展，如25.3%的受访居民看好交通运输业，19.9%的受访居民看好房地产业，说明这两个行业也被认为具有较好的发展潜力。此外，农业、建筑业、会展业、商业服务业、教育业以及文化体育业也都有10%左右的受访居民看好。相对而言，看好批发零售业、信息技术业和金融业发展前景的受访居民数量较少。

根据以往国内外世园会的举办经验，旅游业是受到世园会影响最大的产业，也是在世园会后最具发展前景的产业。因此，在世园会后，延庆应积极利用好世园会遗产，根据当地特点进一步改善各项旅游设施与提高服务质量，将旅游及相关产业做大、做强，巩固并加强其作为本地区支柱产业的地位，增强其带动其他产业融合发展的能力，不断推动当地社会发展，提升当地居民的生活水平，践行"绿水青山就是金山银山"的重要理念。

资料来源 年炜. 互联网时代北京市世园会的社会与消费影响调查研究［J］. 消费电子，2020（3）.

分析提示：一个好的展会往往具有很强的导向性和集聚性。北京世园会的专业化操作、国际化视野以及创新性和高水平的服务对北京的城市形象、地区知名度、社会文明程度等都起到了巨大的提升作用。

1.4.2 会展业的发展趋势

随着科学技术的不断进步和人们生活水平的提高，会展业的发展也越来越迅速，并且呈现出新的趋势。

1）专业化和品牌化

近年来，会展业由综合性向专业化和品牌化方向的转变明显加快。许多综合性展会已更名为大数据、物联网、智能制造等新型专业性展会，有的综合性展会被分解为几个专业性展会。目前，我国专业展览已经覆盖15个经济门类，其中日用消费品及居民服务专业展占31%，房屋建筑装饰及经营服务专业展占17%，工业与科技领域专业展占12%。

专业化达到一定程度，展会就会走向品牌化。例如，上海国际汽车工业展览会、中国（广州）国际建筑装饰博览会、中国国际铸造博览会，以及上海国际汽车零配件、维修检测诊断设备及服务用品展览会等都已成为世界品牌展会。

2）集团化和国际化

目前，市场对会展活动在资金、人力资源、国际网络等诸多方面的要求越来越高，这必然使得会展公司加大投入力度。因此，小型会展公司往往力不从心，纷纷被大型会展公司兼并、收购，从而形成了会展公司集团化的趋势。例如，在法国展览市场上，众多小型展览公司被励展博览集团、博闻集团等几家大型展览公司兼并。

随着经济全球化的发展，在一国举办的会展已不能满足于吸引本国的观众和参展商，还要在更大的地域范围内寻找观众和参展商。为了生存和发展，已具有一定品牌影响力的展会必须努力提高自身的国际化水平，不断增加国外观众和参展商的比例，争取成为区域的龙头展，甚至全世界的龙头展。

3）线上线下融合发展，展览方式创新多元

随着数字技术的发展，特别是互联网、大数据、云计算、元宇宙等技术的广泛应用，线上线下融合发展成为会展业创新发展的方向。中国国际进口博览会、中国进出口商品交易会、中国国际服务贸易交易会、中国国际中小企业博览会等一批大型知名展会纷纷开设"网上展厅"，形成线上线下相融合的一体化展览服务模式。展会组织者可以通过建立智能化管理系统，对参展商、专业观众进行大数据分析，开展创新调查、精准营销、个性化服务。

特别是随着多媒体、VR（虚拟现实）、AR（增强现实）等技术的应用，展览方式更加丰富逼真，互动性更强。例如，利用高清投影将展品映射在展墙上，可以呈现出逼真的三维图像；利用VR技术，可以使观众仿佛置身于真实的场景中；利用手势识别、触摸屏等技术，可以让观众与展品进行互动。

价值引领 1-1　　　　　　　　更好发挥展会对经济的带动作用

展览面积超过历届，参展的世界500强企业和行业龙头企业数量再创新高……第六届中国国际进口博览会展示了中国市场的强大"磁力"。

大型国际展会盛况空前，专业领域、细分行业的展会也门庭若市。2023年9月11日，中国国际眼镜业展览会在北京拉开帷幕。短短3天，近700家国内外厂商参展，近8万人次观展，一些展区人头攒动、十分热闹。

展会是观察经济发展活力的一个重要窗口。2023年以来，随着我国经济社会全面恢复常态化运行，一场场展会接连举办：从2 400余家企业线下参展、累计入场近28万人次的中国国际服务贸易交易会，到超10万名境外采购商前来的广交会第一期，再到主题鲜明的中国（深圳）跨境电商展览会、北京国际风能大会暨展览会、上海国际运动时尚潮服展等，吸引了大量业内人士参与。商务部统计数据显示，2023年上半年境内专业展馆举办展览活动1 947场，同比增加3.9倍；展览规模4 719.6万平方米，同比增加4.7倍。

展会接连举办，彰显了中国经济回升向好的态势。

对于产业来说，展会是连接供给与需求、流通与消费的重要平台。一场场展会，为广大企业提供了展示新技术、新产品、新服务的舞台，能够聚合人流、商流、信息流，助力买卖双方达成交易。例如，在福建省福州市举办的2023中国海洋装备博览会，会期4天，落实交易签约金额436亿元，许多海洋装备企业收获了订单、拓展了市场。

对于地方来说，展会是聚拢人气、扩大影响、招商引资的重要抓手。在四川德阳市举办的2023世界清洁能源装备大会上，德阳市与一批行业领军企业达成多项合作协议，签约项目73个，签约金额达2 322亿元，为当地清洁能源装备产业的发展积蓄了后劲。抓住世界互联网大会举办机遇，浙江乌镇打造国际互联网小镇，吸引互联网龙头企业纷纷落户；借助世界VR产业大会连续举办机遇，江西南昌市逐步成长为虚拟现实产业高地，5年签约项目303个，投资总额超2 000亿元……近年来，不少地方围绕当地主要产业举办了许多颇具特色的行业性展会，吸引了上下游企业关注，促成了一系列优质项目落地。

资料来源　韩鑫. 更好发挥展会对经济的带动作用［N］. 人民日报，2023-11-15（18）.

思政元素：高质量发展　国内国际双循环

思政感悟：党的二十大报告指出："我们要坚持以推动高质量发展为主题，把实施扩大内需战略同深化供给侧结构性改革有机结合起来，增强国内大循环内生动力和可靠性，提升国际循环质量和水平，加快建设现代化经济体系。"办好一个展，带活一条链，提升一座城。展会作为生产性服务业，在畅通经济循环、撬动产业升级、推动区域经济发展中的作用正越发凸显。会展从业者应因地制宜、精耕细作，打造更多有特色、有影响力的展会，为实体经济发展提供更有力的支撑。

知识掌握

⊙ 选择题

1）消费展的主要目的是（　　）。

A.直接销售　　　　B.交流信息　　　　C.洽谈贸易　　　　D.展示形象

2）组织、策划、运营展会，在法律上拥有展会的所有权，并对展会活动承担主要责任的组织是（　　）。

A.展会主办单位　　B.展会承办单位　　C.展会协办单位　　D.展会支持单位

3）受主办单位委托，具体承担展会的组织、策划、实施与管理，并承担展会主要经济责任的组织是（　　）。

A.展会主办单位　　B.展会承办单位　　C.展会协办单位　　D.展会支持单位

4）与展会主办单位签订参展合同，在展会期间通过固定的展位展示其产品、技术和服务的组织称为（　　）。

A.观众　　　　　　B.参展商　　　　　C.服务商　　　　　D.组展商

5）具有（　　）认证是高品质展会的标志。

A.UFI　　　　　　B.安全　　　　　　C.ISO　　　　　　D.BIE

在线测评1-1
选择题

⊙ 简答题

1）常见的展会分类方法有哪些？

2）简述会展活动主体之间的相互关系。

3）会展业的特点是什么？

4）简述会展业的发展趋势。

知识应用

◉ 案例分析

第六届敦煌文博会成果丰硕

第六届丝绸之路（敦煌）国际文化博览会（简称第六届敦煌文博会）于2023年9月6日至7日在甘肃省敦煌市隆重举办。第六届敦煌文博会由中共中央宣传部指导，甘肃省人民政府、文化和旅游部、国家广播电视总局、中国贸促会共同主办。大会以习近平新时代中国特色社会主义思想为指导，深入贯彻习近平总书记关于共建"一带一路"的重要论述和在文化传承发展座谈会上的重要讲话精神，以"沟通世界：文化交流与文明互鉴"为主题，聚焦共建"一带一路"、传承弘扬敦煌文化、赋能经济社会发展三个方面，举办了开幕式、敦煌论坛、文化展览、文艺演出、招商推介等30项主题活动，以及多场次的双边会见活动。第六届敦煌文博会是一次深化文明交流互鉴、助力共建"一带一路"的盛会，是一次展示甘肃新形象、凝聚发展新动能的盛会，得到了国际社会的广泛赞誉，取得了丰硕的文化和经济成果。

一是隆重举行开幕式，汇聚八方宾朋、拉开活动序幕。中共中央政治局委员、中宣部部长李书磊出席开幕式并发表主旨演讲，甘肃省委书记、省人大常委会主任胡昌升，文化和旅游部副部长、国家文物局局长李群，主宾国土库曼斯坦代表阿什哈巴德市副市长古尔班诺夫·巴以拉穆拉特，上海合作组织副秘书长尼亚扎利耶夫，马达加斯加共和国国民议会副议长让·布鲁奈尔分别致辞。甘肃省委副书记、省长任振鹤主持开幕式。共有来自56个国家、地区和国际组织，以及国内28个省（区、市）的1 200多名嘉宾（其中境外嘉宾326名）出席第六届敦煌文博会开幕式及论坛、展览、演出等相关活动，135家媒体的388名记者参与大会报道。

二是高规格举办敦煌论坛，传递中国声音、凝聚广泛共识。以敦煌论坛为统一名称，举办了传承丝路文化与构建文明新形态论坛、敦煌学研究弘扬的世界意义学术研讨会、敦煌舞的创新与发展论坛、第二届文明古国友好组织对话会、推进智慧广电建设论坛、国际青年文化论坛、中国-中亚和东盟发展合作论坛、联合国教科文组织保护非物质文化遗产公约20周年论坛、丝绸之路国际商协会（敦煌）会议、2023文化交流与合作论坛、丝绸之路影视剧创作论坛、广播电视和网络视听艺人经纪人研讨会等12场论坛会议。580多名中外嘉宾应邀出席各论坛，中央和国家部委有关领导、知名专家学者等在论坛上发表重要主张和学术观点，大家集思广益、深入交流，从不同文化背景、不同领域、不同角度深入阐述文明交流互鉴的重要作用、主要特征及实现途径，为落实全球文明倡议、推动共建"一带一路"高质量发展、创造人类文明新形态贡献了真知灼见。

三是高层次举办文化展览，荟萃艺术精品、共享文化成果。统筹策划了九大类具有代表性的专题展览，布展面积近1.1万平方米，展出了20多个国家和地区的文化、艺术、文物等领域的10万件展品，展示了丝路沿线国家和地区文化交流和文明互鉴的成果。其中，土库曼斯坦展示了该国的文化艺术、传统工艺、旅游资源、风土民俗等内容，表达了进一步加强与中国在文化、旅游、艺术领域友好合作的愿望。新疆维吾尔自治区展示了近年来新疆文化和旅游高质量发展的成果和新疆社会稳定、人民安居乐业的良好成就。世界文化遗产保护典范和敦煌学研究高地建设成果展以"数字化沉浸式+"的形式，展示了敦煌文物保护、敦煌学研究及敦煌文物数字化的最新成果。敦煌文化主题展通过洞窟复原模型、彩塑制作、经卷绢画复制、汉简仿制、多媒体技术等方式，展现了敦煌文化的特殊地位与作用，展示了丝路文化交流成果。巴基斯坦犍陀罗艺术展展示了古代犍陀罗文明的发展脉络，展现了犍陀罗艺术在丝绸之路沿线文明不断交流互鉴中焕发出的活力与创造力。丝绸之路绘画艺术精品展示了中国美术馆收藏的法国、俄罗斯等14个国家及中国近现代名人绘画艺术精品，展现了"各美其美、美美与共"的丝路艺术魅力。上海合作组织国家儿童画展展出了11个国家近200幅儿童绘画作品，推动了不同国家间少年儿童的交流交往，增进了相互理解，促进了民心相通。丝绸之路简牍文物展展示了敦煌汉简、悬泉汉简、武威汉简、居延汉简等简牍文物，讲述了古丝绸之路的简牍历史文化。《读者》品牌专题展重点展示了代表甘肃文化发展成就的精品出版、文化创意、文化服务及品牌开发等文化产业发展成果。

四是高水平举办文艺演出，深化交流互鉴、实现美美与共。挖掘丝绸之路文化内涵，通过3场精彩的文艺演出，为各国嘉宾奉献了一道丰富多彩的文化盛宴，得到与会嘉宾的一致好评。音乐剧《飞天》音乐会撷取音乐剧《飞天》的精华曲目，将绚烂恢宏的敦煌壁画以浪漫诗意的音乐表达呈现于舞台之上，展现了敦煌文化的博大精深，展示了中华优秀传统文化的独特魅力。中国音乐家协会2023金钟之星"一带一路"民族音乐会以共建"一带一路"国家代表性的音乐素材为主线，以中国音乐金钟奖评委和金奖选手为主要演出阵容，展现了民族音乐艺术成果，推动了中华优秀传统音乐文化走出去。"相约敦煌"文艺演出是一场中外艺术家联袂打造的连接历史与当代、世界与中国的文化盛宴，展现了别具特色的民族风情和交相辉映的多元文化，谱写了美美与共、和合共生的丝路乐章。

五是高质量举办招商活动，赋能经济发展、促进互利共赢。举办招商引资大会，邀请了119家企业、240多位知名企业家、金融家、旅行商参会，签约重点项目26个，签约金额达106亿元，涵盖文旅康养、文旅综合体、文旅科技、文化创意、文化演艺、景区提升等多个方面。组织文创产品和文旅装备展销活动，集中展示了3 600多件甘肃特色文创精品及300余件传统与现代相结合的文旅装备产品，促进了甘肃文创产品与文旅装备研发加快向产业化、规模化、品牌化转型升级，加快培育消费热点，推动文旅产业提质增效。

资料来源 何效祖. 第六届丝绸之路（敦煌）国际文化博览会成果通报新闻发布会实录［EB/OL］.［2023-09-07］. https://gansu.gansudaily.com.cn/system/2023/09/07/030870110.shtml.

问题：

（1）国家发展战略与会展之间是什么关系？

（2）敦煌文博会与国内其他文博会相比有什么特点？

（3）谈一谈敦煌文博会对社会经济的拉动作用。

会展调研实务

知识目标

- 了解会展调研的概念及分类。
- 熟悉会展调研的内容。

技能目标

- 能够运用多种调研方法，撰写会展调研报告。
- 能够设计会展调研问卷。

素养目标

- 培养爱岗敬业、知行合一的职业素养。
- 培育和践行社会主义核心价值观，具有良好的职业道德。

知识导图

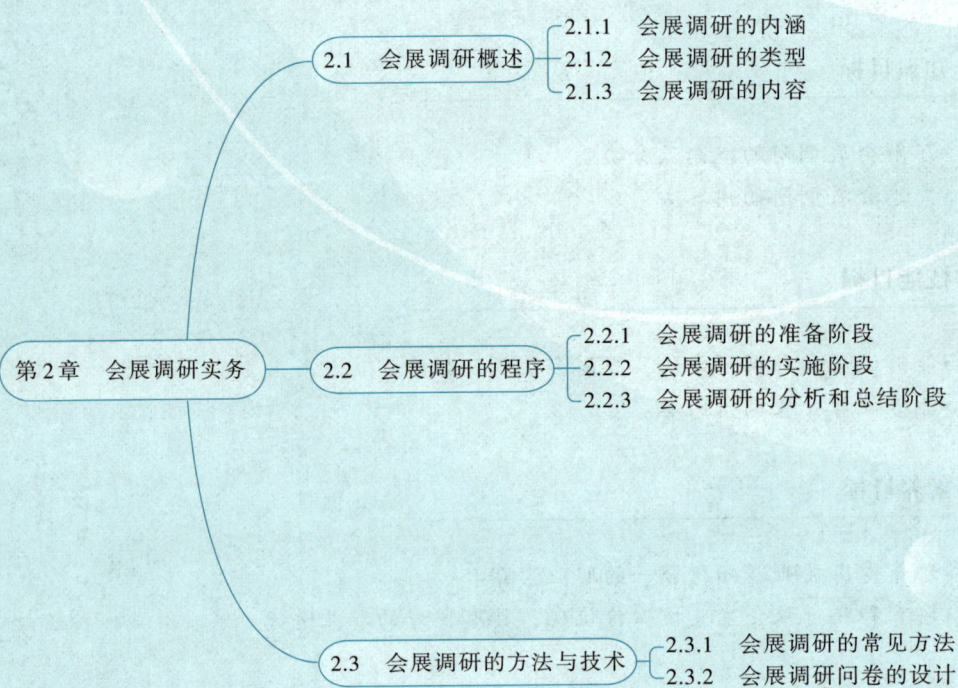

	2.1 会展调研概述	2.1.1 会展调研的内涵
		2.1.2 会展调研的类型
		2.1.3 会展调研的内容
第2章　会展调研实务	2.2 会展调研的程序	2.2.1 会展调研的准备阶段
		2.2.2 会展调研的实施阶段
		2.2.3 会展调研的分析和总结阶段
	2.3 会展调研的方法与技术	2.3.1 会展调研的常见方法
		2.3.2 会展调研问卷的设计

| 引例 | 中国民企海外办展的破题之"道" |

2012年12月13日至15日，亚洲国际陶瓷工业展览会在印度古吉拉特邦举办。展会规模接近5 000平方米，展位超过250个，吸引了来自中国、意大利、西班牙、英国、美国、泰国、日本、印度等国家的100多家机械、原料及色釉料供应商的龙头企业参展，共有来自10多个国家的5 263名专业买家入场参观采购。

中国民营企业很早就曾试图到海外办展，但终因种种原因而夭折，展会规模超过2 000平方米的项目可谓凤毛麟角。为此，AUMA公共关系部部长Harald Kotte曾给中国民营企业泼了一盆冷水："中国在境外办展方面的经验仍比较欠缺，部分企业境外参展过于盲目。"那么，2012年亚洲国际陶瓷工业展览会是如何在海外成功举办的呢？

亚洲国际陶瓷工业展览会主办方广东新之联展览服务有限公司（简称新之联公司）总经理韩秀萍说："由于是首次到海外办展，因此我们早在几年前就针对印度市场进行了周密的市场调研，详细研究了印度市场的潜力以及世界陶瓷行业发展的大趋势，同时和印度当地与陶瓷相关的政府部门、工商会、陶瓷协会及新闻媒体建立起了良好的合作关系。"

"通过多方面的考察和研究，我们将展会时间定在12月份，展览地点则选择在印度古吉拉特邦的大学展览馆。为什么会选择在12月份来办展呢？因为在12月份，古吉拉特邦的气候最宜人，平均气温18~21℃，是印度全年最舒适的时节。"韩秀萍介绍说，"每年印度历最后一天（公历11月末）是印度最重大的节日——排灯节，其重要程度相当于中国农历新年。大多数印度企业会在节后恢复生产经营，编制新一年的生产、销售、采购计划和财务预算。"

韩秀萍说，12月份正值印度陶瓷设备、原辅材料以及技术的采购旺季，是展示产品和技术的最佳时机。古吉拉特邦是印度最大的陶瓷生产基地，这里聚集了数十家陶瓷生产巨头以及上千家中小型陶瓷企业，这里的陶瓷生产总量占印度全国陶瓷生产总量的75%以上。古吉拉特邦绝对是在印度举办陶瓷展览会的最佳地点。

"确定好时间和地点后，我们通过既有的关系物色了一家在当地颇具实力和背景的展览公司，与之结成战略合作伙伴关系，并借助该公司在当地的资源优势和关系网络，进一步加强展会在印度各大中小陶瓷产区的宣传推广和买家组织力度，确保展会在印度所有陶瓷企业中的知晓度，从而保证了展会的观众来源。"韩秀萍说。

韩秀萍告诉记者，在印度举办展览会必须得到印度贸易促进组织（ITPO）的展览会批文。"在印度合作伙伴的协助下，加上本公司的实力优势，我们很顺利地拿到了举办展会所需要的ITPO批文，这也为参展商展品的通关提供了便利条件。"

据了解，新之联公司去印度办展的想法源于几年前对行业巨头客户的拜访，装备企业建议新之联公司高度关注印度陶瓷行业的发展动态，尽快把广州工业展的成功办展模式移植到印度去，在印度举办一场高品质的陶瓷工业展览会，以帮助更多的中国企业开拓印度市场。对此，新之联公司并没有盲目行动，而是通过几年时间的不断调研及考察，最终成功立项、办展。

资料来源 吕刚. 印度"陶"金——中国民企海外办展的破题之"道"[J]. 中国会展，2013（5）.

这一案例表明：会展调研非常重要，有效的会展调研是展会成功的重要保证。

2.1　会展调研概述

会展调研是会展项目成功举办的基础和先决条件，在会展营销活动中扮演着极为重要的角色。一项大型会议或展览，从选题、立项策划，到展位定价、招展招商，再到会展服务的全过程，都离不开广泛、深入的市场调研。如今，越来越多的会展企业已经意识到，要想在竞争激烈的领域取得更大的成功，必须通过市场调研来帮助自己做出更好的决定。

2.1.1　会展调研的内涵

会展调研是指会展活动的组织者利用市场调研的方法和手段，对与本会展项目相关的市场信息进行系统收集、整理、分析和评价的过程。这一定义可从以下三个方面来理解：

（1）会展调研是一个动态过程，旨在为处在动态市场竞争环境中的会展主办方制定相关决策提供依据。

（2）会展调研的成果既可以是直接的调研统计数据，也可以是市场调研分析报告，在实际工作中往往以后者居多。

（3）会展调研必须有明确的调研目的，并且利用特定的调研方法与手段，以保证调研结果的客观性和准确性。

2.1.2　会展调研的类型

1）为会展主办方提供会展策划必要资讯的调研

为了成功举办会展活动，会展主办方必须亲自完成或委托完成一些基本调研，这主要包括以下几个方面：

（1）项目调研。项目调研是指为了解决选择什么样的项目作为城市发展会展业的基点这一问题而进行的调研。通过此类调研，会展主办方可以全面了解本地或本区域的经济结构、产业结构、地理位置、交通状况、展馆条件等因素，优先考虑本区域的优势产业、主导产业、重点发展的行业和政府扶植的行业，具体分析行业市场状况，摸清行业归属，掌握办展资源，如资金、人力、物力、信息（包括目标客户的信息、合作单位的信息、行业信息等）和其他社会资源（包括政府主管部门、全国及海外合作伙伴、招展组团的代理机构、专业传媒和大众传媒等）。

（2）主题调研。会展项目确定之后，会展策划人员还必须就会展活动的主题进行相关的研究与分析。会展活动的名称、基本理念和具有延续性并相互独立的主题等都应在相关调研的基础上予以确立。主题调研不仅可以研究已有会展活动的主题性质与分类，而且可以广泛了解和听取市民的意见。

（3）场馆调研。近年来，国内许多大型城市纷纷建设会展场馆，但不同会展场馆的规模、设施、地点、服务水平等存在很大差异。场馆调研的内容具体包括：

①硬件条件，如场馆地点、交通情况、周边住宿条件、停车位数量、场馆空间规

模、内部空间使用的便利程度、陈列道具的种类、多媒体设备条件、照明、空调、消防等。

②软件条件，如网络通信的便利程度、邮政电信的便利程度、管理系统等。

③服务水平，如基本设计制作水平、场馆内部搭建改造水平、施工水平等。

（4）参观人数预测。参观人数预测会直接影响场馆选择、门票定价、办展时间、预算等一系列重大决策。即便对于已经举办多年的固定展会来说，参观人数预测仍非易事，诸多不确定性因素都有可能导致预测失误，如天气条件、突发事件、同类展会的竞争等。因此，参观人数不能仅仅依据往届实际参观人数进行预测，而应该在会展活动筹备之前通过科学的定量调研进行预测。

（5）同类展会竞争者调研。随着会展业的发展，同类展会竞争者不断涌现。就国内而言，最著名的一对儿竞争对手就是北京国际汽车展览会和上海国际汽车工业展览会。在相同的行业、相同的主题下，要想成功举办展会，就必须对竞争展会的规模、具体参展商、展会时间、效果、满意度等进行详尽的调研，不仅要知己知彼，而且要取长补短，避免恶性竞争。

（6）市民意识调研。会展活动的举办会对场馆附近，甚至整个城市普通市民的生活造成影响。特别是举办开闭幕式和论坛时，频繁有重要领导甚至国家元首参加，这都会对市民的工作、学习、交通、餐饮等方面造成影响。当地市民的态度和认识将在很大程度上影响会展活动的效果。热情好客的市民不仅可以很好地配合会展主办单位的各项安排，积极参与会展活动，为会展活动制造人气，而且可以给参展商留下美好的印象；相反，市民的抵触情绪会给会展活动带来麻烦。因此，会展主办单位应特别强调对市民意识的调研，发现问题尽早疏导和解决，从而给会展活动营造出最佳的外部环境。

（7）环境影响调研。会展活动期间，交通工具和流动人员激增，将在一定程度上影响城市环境；大量宣传品从会展活动现场被带出，将在相当大的范围内造成环境污染；声、光、电的污染也会高于平常。撤展后，会展活动现场遗留的垃圾将给卫生清洁工作带来巨大的压力，增加城市的清洁环保投入。一般来说，政府有关部门会要求会展主办单位在会展活动申报时提交环境影响调研结论及解决方案。此外，一些民间组织还会对会展活动的全过程进行监督。

会展链接 2-1 ◀

对展会项目相关法律法规的调研不可少

展会是在国家和地区有关法律法规的约束下进行的，如果忽视有关法律法规，则可能导致灾难性的后果，因此法律法规信息的收集也是展会前期准备工作中重要的一步。相关法律法规信息收集到以后，还要了解透彻，这样才不会出现麻烦。一般来说，与展会项目相关的法律法规主要有以下几种：

第一，审批或备案规定。例如，在我国举办展会，需要经过相关部门的审批或备案。

第二，海关有关规定。海关有关规定主要是针对一些出国展和入境展而制定的，其

行业广角 2-2

我国展会的
审批与备案

对展览品的范围、出境、入境、关税、滞留时间、展后处理、毁坏丢失等方面进行了详细的规定。

第三，知识产权保护制度。为了保护展会期间参展商的利益，许多大型展会都出台了有关知识产权保护的制度。例如，广交会制定了《广交会关于网上参展内容涉嫌侵犯知识产权投诉及处理的暂行规定》《广交会涉嫌侵犯知识产权的投诉及处理办法》等规定，据此处理广交会线上线下融合办展期间的知识产权投诉。

第四，地方有关展会的政策法规。

资料来源　根据网络资料整理。

2) 为参展商提供会展选择与决策依据的调研

对参展商而言，展会是有效实施营销计划的平台之一。参展商在选择展会时必须遵守"恰当"原则，即选择恰当的地点、恰当的时间、恰当的价格、恰当的主题以及恰当的形式。也就是说，参展商应选择能够在各方面实施有效控制的展会。

近年来，展会数量与日俱增，同一主题的展会遍地开花、良莠不齐，商业展会更是如此。在众多展会中，参展商常常很难做出选择，因此开展此类调研对参展商来说非常重要。

此外，开展此类调研也是国内会展咨询业发展的有利契机。会展咨询公司可以采用媒介监测手段，对各种展会进行分类监控，然后向参展商提供调研数据。

3) 展会评估调研

展会评估是指对展览环境、工作效果等进行系统、深入的考核和评价，它是展会整体运作管理过程中的一个重要环节。科学有效的展会评估应当以数据库为基础，通过建立数学模型，得出客观公正的评估结论。然而在实际工作中，展会评估调研大多流于形式，调研内容也比较肤浅，仅包括参展商数量、参观人数、收入及利润等，并没有深入挖掘下去。此外，每一届展会举办的宏观环境都不同，这种变化也必然会导致展会评估调研的内容和方式发生变化。

基于以上考虑，展会评估调研的内容主要包括：

（1）展会基本情况调研：创办时间、办展周期、办展时间、主办方、办展展馆、联系电话、展览互联网地址、主要服务内容、主要参展产品、开幕时间、门票价格、场地面积、同期举办的展会、参展面积、参展商、参展商分布统计、参展商产品行业分布、观众来源、观众分布统计、观众关注行业统计、签约项目数、成交金额等。

（2）展会主题调研：主题是否明确、主题是否服务地方经济、主题的延续性、主题的推广效果等。

（3）展示设计调研：展示手段、多媒体技术使用情况、展示种类分布、展台设计、科技含量、展示效果、展示成本分布等。

（4）招商招展调研：招商招展方式、招商招展成本、招商招展时间等。

（5）广告宣传调研：展会前期广告宣传手段与策略、广告投入、新闻宣传策略、新闻稿数量、促销活动等。

（6）展会后勤服务调研：展场指南、食宿安排、交通服务、展会会刊等。

（7）经济与社会效益调研：交易额、协议数量与金额、参展商满意度、相关行业受益情况、社会反响、市民认知度等。

4）以展会为平台进行的调研

展会是市场调研的重要舞台，因为展会具有许多方面的优势：首先，在展会中，生产商、批发商、零售商、消费者、政府主管人员、行业主管人员、专家大量聚集，市场调研（特别是访谈）中许多不易接触到的对象都有可能集中出现在展会上，这使得调研成本大大降低，调研效果大大提升。其次，在展会中，参展商往往能够在相当宽松的环境下公开产品、生产、营销等商业信息，以吸引新客户、实现新订单，这为商业情报的收集提供了很好的机会。最后，消费者可以直接接触产品和生产企业，进而可以直接反馈产品性能、定价等方面的问题。

以展会为平台进行的调研主要包括以下内容：

（1）产品调研：新产品的接受度与潜力、新兴产品测试、新产品的包装与价格、竞争产品等。

（2）企业调研：短期预测、长期预测、行业趋势、进出口情况、公司内部员工情况等。

（3）消费调研：购买行为、使用习惯、态度等。

（4）销售与市场调研：市场潜力、市场份额、市场特性、销售分析、分销渠道、促销等。

（5）民意调研：生活形态、价值观念等。

（6）其他调研：政策调研、生态影响调研、企业公众形象调研等。

2.1.3 会展调研的内容

会展调研的内容包括很多方面，下面详细介绍会展市场环境调研、目标客户调研和竞争情况调研三个方面。

1）会展市场环境调研

会展市场环境调研主要是指对影响会展活动的各种宏观与微观市场环境的调研。其中，宏观环境包括与会展活动密切相关的政治、法律、经济、社会文化、自然资源、地理环境等因素；微观环境包括与会展活动密切相关的会展服务商（如场地提供商、酒店、展品运输商、展位承建商、展会资料印刷商等）、各种营销中介机构（如招展代理商、广告公司等）、目标客户（主要是参展商和专业观众）、竞争对手（与本展会构成直接竞争关系的其他同类展会）以及社会公众等因素。

2）目标客户调研

目标客户调研主要是指对参展商和专业观众的调研。由于参展商是会展主办方最重要的利润来源，因此会展主办方常常把工作重点放在展位营销上，从而忽视了对专业观众的组织与招揽，出现了"重招展、轻招商"的问题。其实，招展和招商是相辅相成、互动双赢的。招展效果好，则参展企业多，进而专业观众的数量就会很多；招商效果好，则观众特别是专业观众的数量多且质量好，进而参展商的展出效果就会好，参展商对展会的满意度也会相应提高。所以，筹备会展活动时，应同时对参展商和专业观众及其需求进行充分有效的调研。目标客户调研主要包括以下内容：

（1）目标客户基本情况调研。会展主办方的目标客户基本上都是机构客户，目标客户基本情况调研的内容主要包括企业的性质、规模、地理区位、所属行业及生产经营状况等。

（2）目标客户购买行为调研。目标客户的购买行为直接关系到会议或展览的规模和市场价值，会展主办方通过对目标客户购买行为的调研，可以了解目标客户购买行为的特点及影响因素，进而制定有效的经营决策。这方面调研的内容主要包括目标客户的参展状况（如参展频率、参展方式、参展费用）、参展目的、对会展活动的认知度、参展决策过程、对价格的敏感程度、了解会展活动信息的渠道等。

（3）忠诚客户调研。忠诚客户能够为会展活动带来更多盈利，是会展主办方必须高度关注的优质客户，因此会展主办方应将更多的资源（如市场调研、市场推广、客户联络等）投放到这类客户身上，为其量身定制营销方案，并提供有针对性的服务。这方面调研的内容主要包括忠诚客户的生产经营动态、参展状况、对会展活动的满意度及总体评价、对会展活动服务和价格等方面的具体意见和要求、有无尚未满足的需求等。

3）竞争状况调研

《孙子兵法·谋攻篇》中说："知彼知己，百战不殆。"因此，竞争状况调研是会展调研中必不可少的一项工作。会展主办方应了解与本会展项目形成直接竞争关系的其他同类会展项目，分析其市场竞争能力以及市场占有情况，进而明确自身的竞争地位，制定行之有效的竞争策略。竞争状况调研的主要内容包括：

（1）地区会展行业的竞争态势及市场结构。

（2）主要竞争者的基本情况，包括资金实力、运作经验、管理模式、社会资源、技术手段、人才及信息资源等。

（3）主要竞争者开展会展营销活动的情况，包括项目规模、项目定位、展位价格、招展及招商方式、客户（参展商和专业观众）构成情况、市场占有率情况、市场营销策略、与己相比有哪些优势等。

（4）一定地域范围内未被发现的市场机会。

价值引领2-1   大兴调查研究之风，博物馆应该怎么做？

1.调查研究文物保护的真实情况

文博机构大兴调查研究之风，应该调研些什么？首先当然是摸清摸透文物的情况。要把博物馆、考古院（所）馆藏文物的实际情况弄清楚：有多少数量？分别是什么等级？来源是哪里？保存状况如何？展出状况如何？此外还有文博机构本身的情况：有多少展厅和库房？能进行什么类型的展览？有什么设备和人才？还需要什么设备和人才？数字化程度如何？如果连自己的"家底"都不清楚，大量的馆藏文物长期深藏在库房里无人知晓，又怎么能让文物活起来呢？

经过几代文物保护工作者的努力，相信绝大多数文博机构的文物保护工作是到位的。适逢和平盛世、中华民族走向伟大复兴，历史文物得到妥善保管和收藏，这实在是全民族的幸事。但同时也要看到，不同地区文物保护的程度存在较大差异，有些地方历史古迹和出土文物数量多，但资金保障捉襟见肘，大量的文物藏在库房里得不到展示和利用；有些经济发达地区则馆藏文物较少且种类单一，想要办展却"巧妇难为无米之炊"。

大兴调查研究之风，就是要摸清楚各地文物保护的真实情况，做到全国一盘棋，互通有无，资源互补，让文物保护、文物利用真正活起来。

2.调查研究社会公众的真实需求

除了要调查研究清楚文物的情况，还要调查研究社会公众对文物保护、博物馆使用的真实需求：当前的场馆够不够？展览展示有没有做到雅俗共赏？文物展出有没有突出地方特色？学术性、交互性、教育性如何？是否融入了爱国主义精神和中华优秀传统文化？信息资源是否足够公开？预约等服务是否便捷？观众更希望在博物馆里看到、体验到什么？

随着国家加大对文化的投入力度，各地纷纷建成了更新更大的博物馆、美术馆，人民群众去博物馆越来越方便，也越来越多了，"打卡博物馆"成为人们日常文化生活的一部分。与此同时，群众对博物馆的要求也越来越高了，不仅想要看到文物，而且希望通过更多维度来体验历史文化。《中国文化遗产数字化研究报告》指出，68.1%的受访者曾通过手机软件游览遗产地。在数字时代，人们对文化数字化体验的接受程度越来越高，也对博物馆的数字化建设提出了更高的要求。

3.调查研究有助于博物馆数字化建设

说到博物馆数字化，有的人以为照搬一些优秀博物馆的成功经验就可以了，其实不然。因为每个博物馆都有自己的特殊情况，如果照搬照抄，就如同穿不合脚的鞋，吃力又不讨好。同时，每个地方的博物馆首先是服务当地老百姓的，各地的观众都有独特的口味，"千馆一面"的做法必然无法满足人民群众日益增长的精神文化需求。广州龙联科技研发的"龙联数字化博物馆云平台系统"符合国家文物局发布的《文物统计管理办法（试行）》的要求，并严格执行《国家文化大数据体系标准》，是通用的博物馆管理后台，能以较低的成本满足大部分文博机构的需求。除了标准化的基础功能，该云平台系统还可以根据不同博物馆的独特需求进行个性化定制，助力打造与众不同的、具有地方文化特色的数字博物馆。

资料来源　龙联数字技术．大兴调查研究之风，博物馆应该怎么做？［EB/OL］．［2023-04-04］. https://baijiahao.baidu.com/s?id=1762204724384291086&wfr=spider&for=pc.

思政元素：大兴调查研究　坚持实事求是

思政感悟：调查研究是我们党的传家宝。党的十八大以来，以习近平同志为核心的党中央高度重视调查研究工作。习近平总书记强调，"调查研究是谋事之基、成事之道，没有调查就没有发言权，没有调查就没有决策权""正确的决策离不开调查研究，正确的贯彻落实同样也离不开调查研究""要在全党大兴调查研究之风"。党的二十大报告指出："促进党员干部特别是领导干部带头深入调查研究，扑下身子干实事、谋实招、求实效。"因此，会展从业者应重视调查研究，提高履职本领，强化责任担当。

2.2　会展调研的程序

会展调研的程序是指一项具有一定规模的会展调研活动，从准备到结束全过程的具体步骤和先后次序。在进行会展调研时，应建立一套系统、科学的调研程序，这样有助于提高调研工作的效率和质量。会展调研的程序一般包括准备、实施、分析和总结三个阶段，每个阶段又可分为若干具体步骤，如图2-1所示。

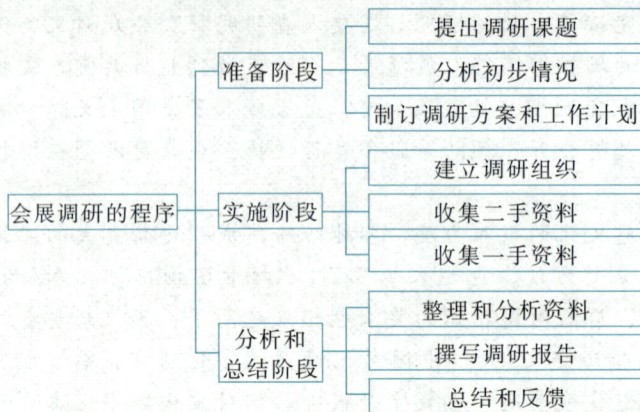

```
                                    ┌─ 提出调研课题
                         准备阶段 ──┼─ 分析初步情况
                                    └─ 制订调研方案和工作计划
                                    ┌─ 建立调研组织
会展调研的程序 ───────── 实施阶段 ──┼─ 收集二手资料
                                    └─ 收集一手资料
                                    ┌─ 整理和分析资料
                         分析和 ────┼─ 撰写调研报告
                         总结阶段    └─ 总结和反馈
```

图2-1 会展调研的程序

2.2.1 会展调研的准备阶段

准备阶段是会展调研的开端。准备是否充分，对调研质量的影响很大。一个良好的开端，往往可以起到事半功倍的效果。准备阶段的工作重点是解决调研的目的和要求、调研的范围和规模、调研力量的组织等问题，在此基础上制订一个切实可行的调研方案和工作计划。这个阶段的工作步骤如下：

1）提出调研课题

在开展调研之前，调研人员必须明确调研的问题、目的和要求是什么。也就是说，调研人员应根据会展企业决策、计划的要求，或者会展市场的新情况和新问题，提出需要调研的课题。

2）分析初步情况

调研人员针对需要调研的课题，收集有关资料，做进一步的分析研究；同时，要根据调研的目的，考虑调研的范围和规模多大才合适，调研的力量、时间和费用是否有保证，也就是从经济效益和社会效益两个方面来衡量这次调研是否可行。如果原来提出的课题不切实际，或者调研的范围过宽、内容过多，无法在限定时间内完成调研任务，则应当如实进行调整。

分析初步情况时应主要考虑以下几点：一是确定的调研课题是否为关键问题，不是关键问题就应舍弃；二是确定的调研课题应能够取得充足的信息资料，否则就应更换课题；三是确定的调研课题如果费用高、收效小，也应舍弃。

3）制订调研方案和工作计划

对会展调研课题进行初步分析后，如果决定要进行正式调研，就应制订调研方案和工作计划。

会展调研方案是对调研本身的设计，它是指导调研实施的依据。会展调研方案的内容包括：一是需要收集哪些信息资料才能达到调研目的；二是如何运用数据分析问题；

三是获得答案及证实答案的做法是什么；四是信息资料从哪里取得，用什么方法取得；五是评价调研方案设计的可行性及核算费用的说明；六是调研方案进一步实施的准备工作。

会展调研工作计划是指对会展调研的组织领导、人员配备、工作进度、完成时间、费用预算和考核评价等的预先安排，目的是使调研工作有计划、有秩序地进行，保证调研方案的实现。

会展调研方案和工作计划各有不同的作用。一般来说，对于大型的会展调研，需要分别制订调研方案和工作计划；对于内容简单、范围较小的会展调研，仅制订一个调研计划（见表 2-1）即可。

表 2-1　　　　　　　　　　　　　调研计划

调研目的	为何要做此项调研，需要了解什么，调研结果有何用途等
调研方法	询问法、观察法、实验法等
调研地区	调研对象所在地区和范围
调研对象及样本	调研对象的确定、样本数量、样本选取方法等
调研人员	参加调研的具体人员、负责人等
调研时间	开始日期、完成日期
调研内容	围绕调研目的展开的具体调研项目
分析方法	统计方法、集体论证等
提交调研报告	报告提交的形式、份数等
调研进度	策划、实施、统计分析、提交报告等的具体进度安排
调研费用	各项开支的金额、总费用等

2.2.2　会展调研的实施阶段

会展调研方案和工作计划经有关部门和领导批准以后，就进入了调研实施阶段。这个阶段的主要任务是组织调研人员深入实际，按照调研方案或工作计划的要求，系统收集各种可靠资料和数据，听取被调研者的意见。这一阶段的具体工作步骤如下：

1）建立调研组织

会展调研部门应当根据调研任务，建立调研组织，配备好调研人员。对于规模较大的调研，可以建立调研大队或调研大组，下面再分设若干调研小队或调研小组；对于规模较小的调研，成立一个调研小组即可。调研人员可以是本企业调研部门的专职人员，也可以是从其他部门抽调过来的人员。调研人员确定以后，企业需要对他们进行集中培训。对于临时抽调过来的调研人员，企业更需要对他们进行培训。

培训的内容主要包括：

（1）明确调研方案；

（2）掌握调研技术；

（3）了解有关的方针、政策、法规；

（4）学习必要的经济知识和业务技术知识。

2）收集二手资料

会展调研所需的资料，可以分为原始资料（又称一手资料）和现成资料（又称二手资料）两大类。一手资料是指需要通过实地调研才能取得的资料，取得这部分资料所花的时间较长、费用较高。二手资料是指从机关、企业等单位或个人手中取得的资料，取得这部分资料比较容易、花费较少。

在实际调研中，调研人员应当根据调研方案提出的资料范围和内容，尽可能多地收集二手资料。本企业内部资料可以责成有关人员提供；外部资料可以根据其性质，确定向哪些单位或个人收集；有些市场信息资料，可以从各种图书、文献、报刊中取得。在收集二手资料时，调研人员必须保证资料的准确性和可靠性。对于统计资料，应该弄清指标含义和计算口径，必要时应调整计算口径，使之符合调研项目的要求；对于某些估计性的数据，应了解其估算方法和依据，以及可靠程度。此外，对于保密资料，应当根据有关保密规定，由专人负责收集、保管，严防泄密。

3）收集一手资料

在会展调研过程中，光收集二手资料是不够的，还必须通过实地调研收集一手资料。调研人员应当根据调研方案的内容，首先选择好调研对象，然后运用各种不同的调研方法取得一手资料。调研人员可以采用的调研方法主要有询问法、观察法和实验法等。

2.2.3　会展调研的分析和总结阶段

会展调研的分析和总结阶段，是得出调研结果的阶段。这一阶段的工作如果做得不好，也会导致整个调研工作功亏一篑。这一阶段的工作主要包括以下步骤：

1）整理和分析资料

通过会展调研获得的大量信息资料往往是分散的、零星的，某些资料甚至可能是片面的、不真实的，必须进行系统的整理和分析，只有经过去粗取精、去伪存真、由此及彼、由表及里的加工，才能客观反映被调研事物的内在联系，揭示问题的本质和各种市场现象间的因果关系。这一步的工作内容主要包括以下几点：

（1）资料的检查、核实和校对。对于会展调研所得资料，调研人员首先要检查资料是否齐全、是否有重复或遗漏之处、是否有可比性、是否有差错、所得数据与实际情况是否相互矛盾，一旦发现问题，应及时复查核实，予以更正、删改和补充。在实地调研过程中，调研人员应当边调研、边检查，以便及早发现问题，及时核实更正。调研告一段落后，调研人员应将资料再仔细核实一遍，力求资料真实、可靠。

（2）资料分类汇编。凡经过核实、校对的资料，都应当按照调研方案的要求，进行分类汇编，并以文字、数字或符号的形式进行归类，以便归档、查找和使用。

（3）资料的分析和综合。会展调研所得的各种资料，反映了客观事物的外部联系。为了透过现象看本质，调研人员要用科学的方法，对大量资料进行分析和综合，弄清调研对象的情况和问题，找出客观事物的内在联系，从中得出符合实际的结论。对于调研所得数据，可以运用多种统计方法加以分析，并制成统计表。对于调研中发现的情况或问题，可以通过集体讨论的方式加以分析论证。

2）撰写调研报告

会展调研报告是对课题进行调查研究之后所撰写的书面报告，是调研的最终结果，是对所调研的问题进行系统的分析说明后提出的结论性意见。

会展调研报告的结构多种多样，没有固定的格式，一般由导言、主体、附件组成。导言部分介绍调研课题的基本状况，是对调研目的简单而基本的说明；主体部分概述调研的目的，说明调研运用的方法及其必要性，以及调研结果和分析结果；附件部分是用来论证、说明主体部分有关情况的资料，如资料汇总统计表、原始资料来源等。

会展调研报告的具体内容包括：

（1）调研目的、方法、步骤、时间等说明。

（2）调研对象的基本情况。

（3）所调研问题的实际材料与分析说明。

（4）对调研对象的基本认识。

（5）提出的建设性意见和建议。

（6）统计资料、图表等必要附件。

撰写会展调研报告应当注意以下几个问题：

（1）实事求是。调研报告要坚持实事求是的原则，如实反映情况和问题，对于报告中引用的事例和数据资料，要反复核实，必须使之准确、可靠。坚决反对弄虚作假，不能隐瞒真相或者夸大谎报。

（2）集思广益。从分析材料、草拟报告提纲和初稿，直到最后修改定稿，都要听取调研组内、外各方面的意见，以提高调研报告的质量。

（3）重点突出。调研报告的内容必须紧扣调研主题、重点突出，结构要条理清楚，语言要准确精练，务必要把所说的问题写得清楚、透彻。

（4）结论明确。调研结论切忌模棱两可、不着边际，要善于发现问题，敢于提出自己的见解，以供决策者参考，从而发挥调研报告应有的作用。

3）总结和反馈

会展调研结束后，调研人员应认真回顾和检查各个阶段的工作，做好总结和反馈，以便改进今后的调研工作。

总结的内容主要包括以下几个方面：

（1）调研方案的制订和调研表的设计是否切合实际；

（2）调研方法和调研技术的实践结果，有哪些成功的经验可以推广，有哪些失败的教训应当吸取；

（3）实地调研过程中还有哪些问题没有真正搞清楚，需要继续组织追踪调研；

（4）对参加调研工作的人员进行考核，表彰先进、鞭策后进，以促进调研队伍的建设，提高调研水平和工作效率。

2.3   会展调研的方法与技术

2.3.1   会展调研的常见方法

对会展调研而言，选择合适的调研方法是非常重要的。会展调研包括定性调研和定量调研两大类。定性调研常用的方法有文案法、小组访谈法、观察法等，定量调研常用的方法则是问卷法，不论是通过电话、信函、互联网还是面对面交谈，都可以得到有价值的数据。在具体操作过程中，调研人员通常将多种调研方法组合使用。

1）文案法

文案法是指收集前人为了其他目的而收集的数据或得出的结论，并对其进行定性研究的一种方法。采用文案法收集的是二手资料，这些资料的来源包括内部和外部两个方面（见表 2-2）。

表 2-2   文案法的资料来源

文案法的资料来源	内部		业务部门、人力资源部门、财务部门、档案部门
	外部	专业机构	专业调研咨询机构
		社会组织	行业协会、消费者组织、群众组织、国际组织
		公共机构	图书馆、档案馆、信息中心、科研院所、学术团体、大专院校、政府机构、驻外使领馆、外国驻华机构
		新闻出版物	报纸及杂志、统计公报、企业名录
		网站	政府网站、门户网站

2）小组访谈法

小组访谈法作为一种定性调研方法，在会展调研实践中也经常被采用。小组访谈法又称座谈会，即邀请 6~10 名被调研者组成焦点小组，在主持人的引导下，焦点小组按照一定的谈话路线回答主持人的问题，并且互相进行讨论。

具体来说，小组访谈法需要遵循以下步骤：

（1）拟定访谈提纲。根据访谈主题和调研对象的特点，拟定访谈提纲或谈话路线。

（2）选择参加者。焦点小组的组员是调研对象的代表，可以通过抽样获得，也可以由调研机构通过主观判断筛选获得。

（3）选择主持人。主持人需要了解调研主题，具有协调和掌控讨论过程的能力。

（4）选择或布置环境。重要的小组访谈要求在有摄像设备的场所进行，录下讨论过程以备事后分析。

（5）访谈过程控制。在访谈过程中，主持人负责协调并引导小组讨论，从而使讨论尽量按照访谈提纲进行，记录员要做好讨论记录。

（6）分析访谈结果。对访谈结果进行整理分析，并编写访谈报告，有时还需要进行补充调研。

3）观察法

观察法是指在被调研者不知情的情况下，通过观察被调研者的活动取得一手资料的调研方法。采用观察法时，调研人员不与被调研者正面接触，被调研者感觉不到测试压力，完全是一种自然状态下的测试，因此常能获得令人信服的调研结果。

在实施观察法前，调研人员通常要制订一份比较详细的观察计划，包括拟观察的对象、观察时间、观察地点、观察内容、难点及克服方法、所需材料与设备等。实施观察法时，调研人员既可以在现场直接观察，也可以借助摄像机、监测仪等设备记录被调研者的行为，如观众沿途参观了哪些展台、哪些展品吸引了观众驻足停留、参展商对观众的反应等。

观察法可以使会展主办方从客户（参展商和专业观众）的视角来分析问题，能够在真实的环境中观察客户的行为，调研结果比较真实可靠，因此在自己的展会或竞争对手的展会中都可以运用这种方法。然而，观察法也存在一些缺陷：其一，调研成本较高；其二，只能观察或记录被调研者的表面行为，而不能了解其内在心理变化，如观众沿途参观了哪些展台，忽略了哪些展台，通过观察法可以给出统计意义上的结果，但无法说明观众为什么对某些展台感兴趣，而对某些展台兴趣不大。鉴于此，调研人员常常将观察法与其他调研方法如访谈法配合使用，以便获得更有价值的调研资料。例如，调研人员发现某家参展商展台前人流稀少，便可以询问周围的观众为什么不停下来看看。

4）问卷法

问卷法是指首先由调研机构根据调研目的设计调研问卷，然后抽取调研样本，由调研人员对样本进行访问，以完成事先设计的调研问卷，最后通过统计分析得出调研结果的方法。

在会展调研实践中，问卷法是被会展主办方广泛采用的一种调研方法。例如，在进行会展服务满意度调研时，问卷法是一种常用方法，对参展商及观众均适用。按照问卷传达方式的不同，问卷法又可分为邮寄问卷调研法、电话访问调研法、电子邮件调研法、留置问卷调研法和拦截访问调研法（见表2-3）。

2.3.2　会展调研问卷的设计

采用问卷法时，问卷的设计是一个非常关键的环节。会展调研问卷的设计是否科学合理，决定了问卷的回收率、有效率，进而影响着会展调研的效果。

表2-3   不同类型问卷法的介绍

分类	具体做法	优点	缺点
邮寄问卷调研法	将设计好的问卷邮寄给被调研者，由被调研者按照要求填妥后寄回	①调研区域广、范围大； ②调研成本低，样本数目较多； ③被调研者有充裕的时间回答，且不受调研人员倾向性意见的影响	①问卷回收率较低； ②获取资料的时间较长； ③资料的真实性、可靠性不易评价
电话访问调研法	调研人员在电话一端按照调研问卷的内容，逐条询问被调研者，以获得调研资料与数据	①可在短时间内调研较多的样本； ②成本较低； ③可听到被调研者对所提问题的反应	①受通话时间限制，不适合询问复杂的问题； ②不能与被调研者见面，观察不到被调研者的表情； ③不易得到对方的合作
电子邮件调研法	利用网络用户的电子邮件地址，采取随机抽样的方式，向被调研者发送问卷，然后使用电子邮件催请被调研者回答	①调研效率高； ②成本极低； ③接触效果好，调研表回收率高； ④调研资料的统计分析快捷	①只能反映网络用户的意见，样本不一定完整； ②被调研者多回答感兴趣的问题，样本代表性不高
留置问卷调研法	调研人员将问卷当面交给被调研者，并详细说明调研目的和要求，然后将问卷留在被调研者处让其自行完成，最后由调研人员在约定时间收回	这是介于拦截访问调研法和邮寄问卷调研法之间的一种折中办法，它既弥补了邮寄问卷调研法回收率低的缺点，也弥补了拦截访问调研法下被调研者不愿意或没有时间填写问卷的不足	①与前三种问卷法相比，调研的地域范围易受限制； ②调研成本较高
拦截访问调研法	由调研人员在特定地点，随机拦截访问被调研者	①能当面听取被调研者的意见并观察其反应； ②直接接触实物资料，可随时提出问题； ③问卷回收率高； ④调研资料比较真实、可靠	①调研成本高； ②对调研人员素质的要求较高； ③不利于对调研人员的工作进行控制； ④被调研者可能不愿意或没有时间接受拦截访问

1）会展调研问卷的基本结构

一份完整的会展调研问卷包括以下几个部分：问卷标题、封面信、主体调研内容、被调研者的基本情况。

（1）问卷标题。问卷标题一般由调研对象+内容+"调研问卷"组成，如"第十九届科博会观众满意度调研问卷"。问卷标题应简明扼要、清楚明确、主旨突出。

（2）封面信。封面信一般应包括如下内容：

①称呼、问候语，如"××先生/女士，您好"；

②调研人员的自我介绍，包括调研主办单位及个人身份；

③本次调研的目的、意义的简要说明；

④填写问卷所需的时间说明；

⑤保证回答对被调研者无负面作用，并替他保守秘密；

⑥向对方的合作表示真诚谢意。

会展案例 2-1

××展会调研问卷的封面信

尊敬的先生/女士：

您好！

感谢光临××展会。

耽误您几分钟，我们是××展会组委会统计信息组的调研人员，为了收集您对本届展会的宝贵意见和建议，进一步改进并完善我们的服务、组织工作，烦请您在百忙中协助我们填写本调研问卷。问卷为不记名形式，不会泄露您的个人信息，您可以放心填写！感谢您的合作！

××展会组委会

分析提示：该封面信的要件齐全，语言亲切有礼、简洁明快，态度真诚，能使被调研者消除顾虑，乐于配合填写问卷。

（3）主体调研内容。主体调研内容包括具体问题、备选答案、回答说明和编码。其中，具体问题是围绕调研主题而设计的一系列问句。备选答案是针对封闭式问题给出的可供选择的范围。回答说明包括对问题的填答方法、跳答指示等。编码是指问句的题号、备选答案的编号，这些都会用在后面资料预处理部分的编码表中。

（4）被调研者的基本情况。对于参展商或采购商来说，基本情况包括单位性质、所属行业、单位规模、单位所在地理区域等；对于个人观众来说，基本情况包括性别、年龄、文化程度、从事的职业等。有的调研问卷把该部分放在主体调研内容之前，还有些调研问卷出于降低敏感性的考虑，把该部分放在主体调研内容之后，这些都是可以的。

2）调研问题的设计

会展调研问卷中涉及的问题主要采用两种形式：封闭式问题和开放式问题。

（1）封闭式问题。封闭式问题是指对所提出的问题给出可供选择的答案，被调研者只能在既定的答案中进行选择。

①封闭式问题的优点：答案是预先设计的、标准化的，这不仅有利于被调研者正确理解和回答问题，节约回答时间，提高问卷的回复率和有效率，而且有利于调研人员对回答进行统计和定量研究。封闭式问题还有利于询问一些敏感问题，被调研者对于这类问题往往不愿写出自己的看法，但对于已有的答案则可能进行真实的选择。

②封闭式问题的缺点：设计比较困难，特别是对于一些比较复杂的、答案很多或不太清楚的问题，很难设计得完整、周全，一旦设计存在缺陷，被调研者就无法正确回答

问题；回答方式比较机械，没有弹性，难以适应复杂的情况，难以发挥被调研者的主观能动性；对于不懂甚至根本不了解的问题，被调研者很有可能随意填写，从而降低了回答的真实性和可靠性。

会展链接2-2

封闭式问题的类型

封闭式问题的类型多种多样，常用的有以下几种：

（1）填空式，即在问题后面的横线上或括号内填写答案的方式。

例如：

①您的职业是_____。

②您有（   ）个孩子。

这种方式适用于答案比较简单的问题。

（2）两项式，即在两个答案中选择其一的方式。

例如：

①您的性别？

男（   ）；女（   ）

②你知道中国（曲阜）国际孔子文化节吗？

A.知道   B.不知道

这种方式适用于互相排斥的两择一式的定类问题。

（3）选择式，即列出多种答案，由被调研者自由选择一项或多项的方式。

例如：

中国（曲阜）国际孔子文化节是融纪念、文化、旅游、学术、科技、经贸于一体的大型国际性节庆活动，你认为该活动还应该增加什么元素，才能更好地达到弘扬中华优秀传统文化的目的？（请在您选择的项目后打"√"，可多选）

A.奖项评选   B.征文比赛   C.培训课堂   D.高校巡讲

E.网络活动   F.其他

这种方式适用于有几种互不排斥的答案的定类问题，在几种答案中，可规定选择一项，也可规定选择多项。

（4）顺序式，即列出若干种答案，由被调研者给各种答案排列先后顺序的方式。

例如：

您认为参加广交会对贵公司有何意义？（请按重要程度给下列问题编号，重要程度最大的为1，重要程度最小的为5）

☐结识了很多国外客户   ☐增加了公司的出口业绩

☐提升了公司的产品质量   ☐增加了公司的利润

☐提高了公司的管理水平

这种方式适用于具有先后顺序或轻重缓急之分的定序问题。

（5）等级式，即列出不同等级的答案，由被调研者根据自己的意见或感受选择答案的方式。

例如：

您认为广交会的承办工作做得如何？（请根据您的感受在相应的方格内打"√"）

□非常好　□好　□一般　□较差　□很差

常用的表示等级的词语还有：非常喜欢、比较喜欢、无所谓；讨厌、非常讨厌；完全同意、同意、中立、不同意、坚决不同意、无可奉告；经常、有时、没有、不适用；很好、可以、不好、很差、无所谓。此外，还可以用数字来表示等级。

例如：

赞成　　□　□　□　□　　不赞成

同意　　□　□　□　□　□　不同意

满意　　□　□　□　□　□　不满意

高兴　　□　□　□　□　□　不高兴

喜欢　　□　□　□　□　□　不喜欢

　　　2　　1　　0　　-1　　-2

其中，"2"表示非常赞成，"1"表示一般赞成，"0"表示无所谓、不知道或不适用，"-1"表示不赞成，"-2"表示坚决不赞成。被调研者只需要在相应的方格内打"√"就行。

这种方式适用于需要表示意见、态度、感情的等级或强烈程度的定序问题。

（6）矩阵式，即将同类的几个问题和答案排列成一个矩阵，由被调研者对比着进行回答的方式。

例如：

请您对中国–东盟博览会的满意程度进行评价。

评价内容	很满意	满意	一般	不满意	很不满意
专业观众人数	5	4	3	2	1
专业观众质量	5	4	3	2	1
整体展出效果	5	4	3	2	1
客户服务中心服务	5	4	3	2	1
展前服务	5	4	3	2	1
撤展工作	5	4	3	2	1
展品运输服务	5	4	3	2	1
展会交通安排	5	4	3	2	1
参展手续办理的方便性	5	4	3	2	1

这种方式适用于同类回答方式的一组定序问题。

（7）表格式，即将同类的几个问题和答案列成一个表格，由被调查者回答的方式。

例如：

请指出您是否同意以下对本次展会的评价（以下每一项请只在其中的一栏内打"√"，见表2-4）：

表2-4   展会评价表

项目	非常同意	同意	不同意也不反对	反对	非常反对
展会地点交通便利					
展会举办场所设备良好					
展会按时间、日程进行					
展会组织情况良好					
展会组织者/工作人员乐于助人、彬彬有礼					
个人需要得到了满足					

与矩阵式一样，这种方式也适用于同类回答方式的一组定序问题。

资料来源 杨劲祥. 节事活动营销［M］. 重庆：重庆大学出版社，2015.

（2）开放式问题。开放式问题是指对所提出的问题不给出备选答案，被调研者可以畅所欲言，不受限制地回答问题。

例如：您对本届展会在组织、服务方面有哪些建议？

①开放式问题的优点：其一，调研者拟定问题比较容易；其二，被调研者回答问题时思路不受限制，调研者可以获得更为广泛的信息和建设性意见。

②开放式问题的缺点：其一，回答时间较封闭式问题长，易被拒答；其二，对答案的审核、编码、分析烦琐，不便于数据整理和计算机统计分析。

鉴于此，在设计会展调研问卷时，应控制开放式问题的比例。

3）会展调研问卷的设计要领

总体来说，一份有效的会展调研问卷应具备三个显著特征：相关、简洁、明了。

相关是指所有调研问题都必须围绕调研目标展开，无关的问题不应出现在问卷中。

简洁是指问题及答案的描述应简明扼要，不能复杂冗长。

明了是指问卷中的措辞应清楚明白，便于被调研者理解及回答。

设计会展调研问卷时应遵循以下基本原则：

（1）准确性原则。准确性是指问卷中的问题表达清楚明白，便于被调研者对问题做出准确回答；答案选项完整、准确，避免相互交叉或包容。问卷设计不准确通常表现为：

①用词含糊不清、模棱两可。

例如：您是否多次参观××展会？

A.是   B.否

由于不同的被调研者对"多次"的理解是不同的，有人认为两三次就可以算"多次"，而有人认为每届都参观才能算"多次"，因此调研结果必然会出现偏差。

②一题多问。

例如：您对本次展览及专项交流活动是否满意？

A.很满意   B.满意   C.一般

D.不满意   E.很不满意

该问题包含了展览和专项交流活动两个主题，其结果可能是"对展览不满意"、"对专项交流活动不满意"以及"对两者都不满意"的被调研者都回答"不满意",从而导致调研结果出现偏差。因此,该问句应分两个问题询问。

③答案选项含义模糊或相互交叉。

例如:您参观××展会的主要目的是:

A.信息沟通　　　　B.贸易洽谈　　　　C.寻找项目　　　　D.参观

该问题的答案选项含义模糊且相互交叉,被调研者很难从中做出选择,以准确表达自己的意见和看法,从而影响了调研结果的科学性。

(2)简单性原则。一份好的会展调研问卷应使被调研者能答、爱答、易答。要达到这个目的,问卷设计必须简单。简单性原则是指问题的设计通俗易答,符合被调研者的知识水平和理解能力;控制问卷的长度,拦截访问问卷的答题时间不宜超过5分钟。

(3)逻辑性原则。逻辑性原则是指应先问一般性的问题,因为这些问题相对简单,被调研者易于回答,同时这些问题也是被调研者回答其他问题前的一个热身;思考性的问题放在中间;敏感性的问题放在最后,并采取一定的提问技巧。这样的排序符合人的逻辑思维顺序。

(4)中立性原则。中立性原则是指问卷中的用词应该是"中性"的,避免使用引导性或暗示性的词句。

例如:本届展会规模宏大、影响深远,贵企业是否准备参展?

这样的问题易使被调研者受到引导而得出肯定的结论,或者引起被调研者对问题的反感而得出否定的结论,从而不能反映被调研者的真实态度和真实意愿,最终导致结论缺乏客观性。

此外,问卷的外观及版面设计也非常重要。整个问卷应印刷精美、排版整齐,要对每一部分的问题进行区隔,力求层次清晰而不杂乱。文字部分的字体及字号是否适宜、问卷说明是否使用了突出显示字体、开放式问题是否留足回答空间等细节问题也应认真考虑。

行业广角 2-3

中国会展
主办机构
数字化调研
(2023)

情景模拟 2-1

场景:你设计了一份会展调研问卷,开始进行会展市场调研。调研过程中会发生各种情况。

操作:请一个学生扮演调研者,另一个学生扮演被调研者,被调研者要表现出不合作的姿态,让调研者应对。

知识掌握

○ 选择题

1)收集二手资料的方法称为(　　)。

A.实地调研法　　　B.观察法　　　　C.文案法　　　　D.问卷法

2)只能了解被调研者的行为而不能了解其心理活动的调研方法称为(　　)。

A.小组访谈法　　　B.观察法　　　　C.文案法　　　　D.问卷法

3)介于邮寄问卷调研法和拦截访问调研法之间的折中调研方法是(　　)。

A.电话访问调研法　　　　　　　　　　B.电子邮件调研法

C.文案调研法　　　　　　　　　　　　D.留置问卷调研法

4）一份完整的调研问卷包括（　　　）。

A.问卷标题　　　　　　　　　　　　　B.封面信

C.主题调研内容　　　　　　　　　　　D.被调研者基本情况

5）下面不属于封闭式问题的优点的是（　　　）。

A.有利于被调研者正确理解问题

B.便于调研人员统计

C.有利于询问敏感性问题

D.调研者拟定问题比较容易

6）设计会展调研问卷时应遵循的原则包括（　　　）。

A.准确性原则　　　　B.简单性原则　　　　C.逻辑性原则　　　　D.中立性原则

在线测评2-1

选择题

◎简答题

1）如何理解会展调研的内涵？

2）会展调研有哪些类型？

3）会展调研包括哪些主要内容？

4）简述会展调研的程序。

5）会展调研有哪些方法？试总结各种方法的优缺点。

6）会展调研问卷设计包括哪些原则？

知识应用

◎案例分析

中国-东盟经贸合作企业信心与展望调研报告（节选）

本次调研共计收获220家企业代表的回复，主要通过问卷形式进行，并辅以访谈。为使调研更具有针对性，本次调研面向中国企业和东盟企业分别采用了不同的28道问卷题目，集中了解了受访者在中国与东盟间进行贸易、投资的现状和对未来参与中国-东盟经贸往来的计划和展望。成果摘要如下：

一、中国企业

（一）现状

•在参与调研的中国企业中，有61%的受访者已与东盟地区建立了贸易往来，并集中在制造业企业和非国有企业，主要贸易往来的东盟国家分别是马来西亚、印度尼西亚和新加坡。其中，有50%的受访者与东盟的贸易业务占其国际贸易业务的比重超过了10%，并有30%的受访者认为东盟贸易业务的重要性位列其整体国际业务前三位。

•有38%的受访者目前已对东盟进行了投资，其中制造业企业占比为42%，国有企业占比为33%。调研同时反映出缺乏国际化人才和国际化运营管理经验，以及东盟部分国家的市场准入限制是制约中国企业投资东盟的主要原因。

（二）未来

•在参与调研的中国企业中，有50%的受访者认为东盟市场重要或非常重要，有

57%的受访者具有针对东盟的未来商业计划，其中56%的受访者将东盟作为出口目标市场。

•有46%的受访者表示有计划在未来3年内增加对东盟的投资，其中，29的受访者为制造业企业，88%的受访者将投资方向定位于企业现有主业或上下游业务，51%的受访者选择以联合经营或绿地方式完成投资，选择并购作为市场进入方式的受访者比例较低。在更长的时间跨度下，则有66%的受访者表达了投资东盟的意向，获取东盟市场和战略多元化配置是相关意向的核心动力，税收优惠、资金流动便利、人才、市场开放则是相关企业对于投资东盟所需要的主要支持。

二、东盟企业

（一）现状

•在参与调研的东盟企业中，有65%的受访者目前已与中国开展贸易业务，其中，与中国贸易往来超过其全球贸易量10%的受访者占比为61%，将中国作为第一大贸易市场的受访者占比则超过了44%，并且主要集中在制造业。

•已对中国进行投资的受访者较少，仅占全部受访者的25%，主要来自新加坡、泰国和马来西亚，并且以制造业企业为主。缺乏对中国市场的了解和中国的市场准入限制是延缓东盟企业对中国投资的主要原因。

（二）未来

•在参与调研的东盟企业中，有57%的受访者对中国市场具有进一步的商业规划，其中，计划将中国纳入供应链环节的受访者最多，其次是将中国作为出口目标市场的受访者。

•虽然仅有25%的受访者有未来3年内投资中国的计划，但这些受访者中有33%是计划新增投资，并且行业分布平均，主要投资内容除设立销售或采购中心外，亦将设立生产工厂作为重点。长三角经济带、粤港澳大湾区、京津冀地区、海南自贸区，以及西部陆海新通道沿线（尤其是成渝地区双城经济圈）则是最受关注的在华投资区域。在对华投资支持方面，除外商税收优惠外，东盟企业还非常关注法规透明性、市场开放度和竞争公平性。

•在参与调研的东盟企业中，愿意接受中国投资的受访者较多，占比达到45%，其中泰国企业最多，其次是新加坡企业，并且集中在制造业、房地产、矿产和能源行业。资金、市场和技术则是东盟企业最希望中国投资者能够提供的资源。

资料来源　普华永道. 中国-东盟经贸合作企业信心与展望调研报告［R/OL］.［2021-09-01］. https://cos-gw.caexpo.org.cn/604683523466510336/1682561271775-2678b4e2-494f-455a-ba89-c1323320c62b.pdf.

问题：

（1）这份调研报告采用了哪些调研方法？

（2）这份调研报告为政府机构、企业和投资者提供了哪些指引？

⊙实践训练

以某个展会为例，对其举办情况进行调研。

要求：综合运用多种调研方法，写出调研报告并在课堂上进行交流。

展会策划实务

学习目标

知识目标

- 熟知展会策划的先进理念。
- 了解展会策划的原则、内容和流程。
- 明晰展会可行性研究的重点内容。
- 掌握展会主题策划、立项策划、相关活动策划的方法。
- 掌握展会工作方案策划的要点。

技能目标

- 能够策划展会主题及相关活动。
- 能够制订展会项目进度计划。

素养目标

- 坚持守正创新，传承工匠精神。
- 坚定文化自信，传承和弘扬中华优秀传统文化。

知识导图

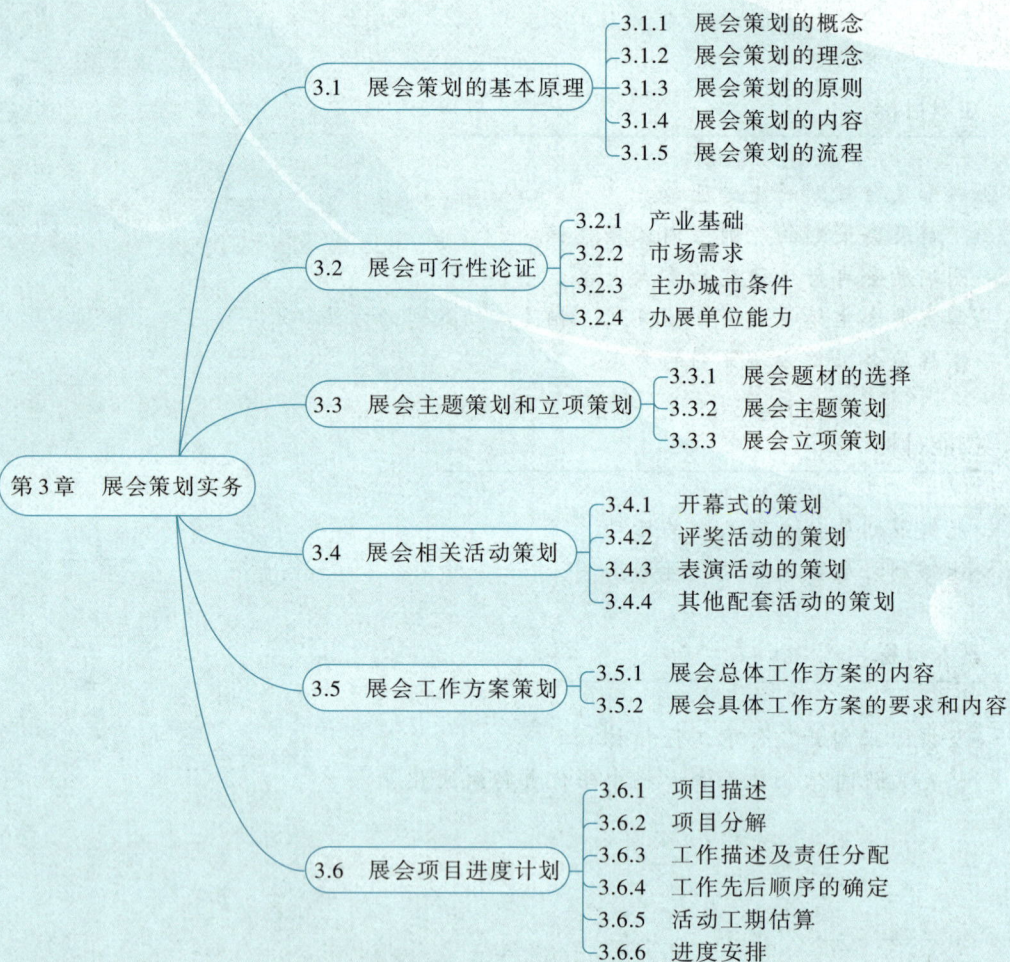

- 3.1 展会策划的基本原理
  - 3.1.1 展会策划的概念
  - 3.1.2 展会策划的理念
  - 3.1.3 展会策划的原则
  - 3.1.4 展会策划的内容
  - 3.1.5 展会策划的流程

- 3.2 展会可行性论证
  - 3.2.1 产业基础
  - 3.2.2 市场需求
  - 3.2.3 主办城市条件
  - 3.2.4 办展单位能力

- 3.3 展会主题策划和立项策划
  - 3.3.1 展会题材的选择
  - 3.3.2 展会主题策划
  - 3.3.3 展会立项策划

第3章 展会策划实务

- 3.4 展会相关活动策划
  - 3.4.1 开幕式的策划
  - 3.4.2 评奖活动的策划
  - 3.4.3 表演活动的策划
  - 3.4.4 其他配套活动的策划

- 3.5 展会工作方案策划
  - 3.5.1 展会总体工作方案的内容
  - 3.5.2 展会具体工作方案的要求和内容

- 3.6 展会项目进度计划
  - 3.6.1 项目描述
  - 3.6.2 项目分解
  - 3.6.3 工作描述及责任分配
  - 3.6.4 工作先后顺序的确定
  - 3.6.5 活动工期估算
  - 3.6.6 进度安排

引例　　　　　　　　　　　**数贸会：促进建设商业新秩序**

第二届全球数字贸易博览会（简称第二届数贸会）于2023年11月23日至27日在杭州国际博览中心举办，主宾国为芬兰、南非，中国福建省、贵州省、重庆市担任主宾省（市）。数字贸易是数字经济的重要组成部分，代表了全球贸易发展的新趋势，是全球贸易增长的新引擎，为促进世界经济增长注入了新活力。

三方面实现创新

作为国内唯一以数字贸易为主题的国家级、国际性、专业型展会，第二届数贸会将在三个方面实现创新：

一是专业化。第二届数贸会设置1个综合馆，前沿趋势馆和丝路电商馆2个特色馆，以及数字技术馆、数字服务馆、数字内容馆、数智出行馆4个专业馆。

二是国际化。第二届数贸会海外企业的占比较高，参展企业国际化率超过20%，其中1/7为世界500强企业。展会期间，"丝路电商"伙伴国大使和代表将出席"丝路电商日"主题活动。

三是市场化。第二届数贸会与国内外多家会展机构进行深入合作，通过定向邀约，组织800多家国际采购商，助力参展企业开拓市场。在会议方面，"以会引商"，联合金融机构等战略合作伙伴引入市场资源，策划100多场商务活动；在精准对接方面，突出数字赋能，打造功能完备的线上数贸会，参展商、采购商均有专属的数字身份和永久编号，通过精准画像、智能搜索匹配需求信息，提升参展商、采购商的获得感和满意度。

推出首发、首秀、首展

第二届数贸会期间将推出100多个数字贸易领域的全球全国首发、首秀、首展，如遥望科技将发布遥望的主题公园，打造全国首创的IP跨界店铺集群。

第二届数贸会期间还将举办2023"丝路电商"国际合作论坛、第二届全球数字贸易法治论坛、数字经济知识产权国际治理论坛等10场主题论坛，重点讨论交流"丝路电商"国际合作机制如何落地见效、贸易数字化和数字贸易的法治体系如何建设、数字经济知识产权国际治理如何完善等前沿热点话题，从而形成更多数字贸易领域的国际共识。

第二届数贸会还将进一步升级3D沉浸式云上展览，为参展商、观众提供数字化服务。

发出《数字贸易发展与合作杭州倡议》

第二届数贸会期间将发出《数字贸易发展与合作杭州倡议》，举办全球数字贸易创新大赛，设立全球数字贸易智库、全球数字贸易联盟，率先在全国开展数字贸易地方性立法，联合国际（地区）组织、数字贸易龙头企业等，参与全球数字贸易治理，推动数字贸易领域合作；还将推出更多数字应用新场景，如首次运用人工智能、AR/VR等数字技术，创造出10个重量级嘉宾的数字分身与观众现场互动，让与会者现场感受数字分身带来的科技魅力；引入"数字新闻官"，每日播报数贸会热门新闻话题和特色展项。

第二届数贸会将通过数字平台，为与会嘉宾、参展商、采购商提供"无感化"入场服务。

资料来源　兰馨. 数贸会：促进建设商业新秩序［N］. 中国贸易报，2023-10-26（A5）.

这一案例表明：一个成功的展会需要从客商的满意度出发，以专业的水准为客商提供服务。

3.1　展会策划的基本原理

3.1.1　展会策划的概念

1）策划

策划是指人们为了达到某种特定的目标，在调查、分析有关材料的基础上，遵循一定的程序，对未来某项工作或事件预先进行系统、全面的构思、谋划，制订和选择可行的方案，并根据目标要求和环境变化进行修改、调整的一种创造性的社会活动过程。

2）展会策划

展会策划是对展会整体战略与策略的统筹规划，是对提出展会战略和计划、实施并检验展会决策的全过程进行预先考虑与设想。展会策划不是具体的展览业务，而是展会决策的形成过程，是将展会目标具体化的过程。

3.1.2　展会策划的理念

展会组织者、参展商、观众构成了展会的价值三角，展会策划必须围绕着参展商和观众的需求进行。

1）策划的核心是为参展商提供优质服务

赢得参展商的参与是展会成功举办的开始。展会组织者要吸引参展商，首先要让参展商了解展会的举办目的，并且能够为参展商提供一系列专业、周到的服务。

此外，展会组织者要明确与参展商建立长期合作关系是展会发展的根本。长期稳定的合作关系对展会组织者和参展商都有非常大的好处：对展会组织者而言，长期稳定的合作关系可以减少参展商的流失，从而减少招展费用，获得稳定的利润来源；对参展商而言，长期稳定的合作关系可以使其获得优惠的价格和优先服务，节省选择的精力和成本等。而建立长期稳定合作关系的前提就是展会组织者能够提供优质的服务，满足客户的需求。

2）高质量的观众是展会生命力的保障

在某种程度上，展会能否成功，主要取决于观众的质量。展会需要的是专业观众，专业观众是展会组织者的目标观众，也是参展商的潜在客户。参展商参展是为了拓展销路和市场，如果观众少且质量不高，那么参展商将无法获得参展收益，下次可能就不会参展了。因此，展会组织者要在组织专业观众上下功夫，只有高质量的观众才能给展会带来"票房"价值。

当前，专业展已成为展会发展的趋势，市场细分的结果是：参展商更明确产品的市场定位和客户定位，不会随意参加展会；展会组织者要明确展会的主题，要知道应该邀请哪些参展商，以及应该邀请哪些专业观众。在这方面，香港贸易发展局有成功的经验。香港贸易发展局建立了世界一流的厂商资料库，根据不同行业对厂商进行分类，举办展会时，向相关厂商发出邀请，并给获邀厂商寄送入场条码磁卡，这样就将随意或者凑热闹的参观者挡在了专业展会门外。

总之，展会的成功举办离不开参展商、专业观众的参与，品牌展会的提升、发展更离不开参展商、专业观众的长期支持。

3.1.3　展会策划的原则

1）目的性原则

任何一项展会的举办都有特定的目的，或是提升地区形象，促进地区经济增长和社会发展，或是传递信息、交流观点。在进行展会策划时，首先要明确举办展会的主要目的，然后在此基础上开展市场调研，有目的、有针对性地做好展会项目决策、营销推广、实施运作等工作。

2）可操作性原则

展会策划要为展会提供策略指导，以及具体的行动计划，因此它必须具备可操作性。

首先，展会在筹备过程中涉及的财务、人员、场馆设施、政策法规等都需要遵循可操作性原则。

其次，应全面考察与展会相关的各方面信息，并充分研究展会涉及行业的竞争能力、发展潜力，评估展会对行业原有状况的影响，以免"只见树木，不见森林"。

3）效益原则

举办展会的目的多种多样，但大多数展会的举办都是为了获取效益，这是展会是否成功的重要评价指标，也是关系到展会能否持续发展的重要因素。这里所说的"效益"主要指经济效益，当然也包括社会效益、生态环境效益等。展会组织者在进行展会策划时，应关注效益实现的方式和途径，尽量选择投入产出比高、投入产出周期短的展会，追求微观效益与宏观效益、近期效益与远期效益的统一。

4）创新性原则

创新是事物得以发展的动力，是人类社会不断发展的主要途径。在当今激烈的市场竞争环境中，新策划的展会若想脱颖而出，吸引大量的参与者，必须有独特新颖之处；一个规律性的展会若想保持吸引力和生命力，也必须不断创新，结合社会经济发展的热点，拟定新主题，开展新活动。

行业广角 3-1

东博会服务客商创新举措

▶ 会展案例 3-1

广交会强势回归为外贸注入新动力

第134届广交会线下展于2023年11月4日在广州圆满闭幕。本届广交会各项指标显示，被誉为"中国第一展"的广交会正在强势回归，同时也彰显了中国外贸的新气象。广交会组委会公布的数据显示，本届广交会线下出口成交额达223亿美元，比第133届增长2.8%，呈恢复性增长态势。品牌企业出口成交额达63.5亿美元，比第133届增长7.8%，占出口成交总额的28.5%。

本届广交会展览总面积达155万平方米，参展企业超2.8万家，展位总数共7.4万个，展览规模创新高。15天展期累计到会境外采购商19.8万人，比上届增长超50%。在当前全球贸易持续疲软、外贸承压前行的背景下，规模更大、质量更优、创新更强、成效更好的"中国第一展"成功举办，对于中国外贸行业而言，无疑是一剂"强心针"。

第134届广交会在七个方面呈现出新变化：

一是首发功能凸显，尽显"中国创造"

本届广交会在线上线下举办了400多场新品首发、首展、首秀活动，凸显了展会的功能。这说明广交会平台价值高，企业愿意在广交会上首发、首展、首秀产品；同时彰显了广交会的平台功能越来越全面，从产品交易到信息交流，包括理念、技术、趋势等，这是展会发展越来越完善的必然结果。

二是科技元素吸睛，助推企业转型

本届广交会参展企业中，拥有专精特新"小巨人"、高新技术企业等称号的优质企业约4 600家。参展企业展示的新展品超70万件，其中新能源、工业自动化等高技术含量、高附加值的新展品数量约10万件，高科技产品数量创历年新高。以科技创新为引领的高科技、智能化产品成为本届广交会的新亮点。从小而美的消费新品到高精尖的前沿科技，从单纯代工到自有品牌出海，从销售产品到提供解决方案，从传统行业到新兴领域，中国企业不断向产业链的中高端攀升。这彰显了中国企业从小到大、从大到强的转变，诠释了中国外贸企业转型升级的路径。

三是品牌企业扩容，彰显中国产品竞争力

本届广交会品牌展位规模增至1.45万个，占总展位数的20%；评选出品牌企业2 584家，占参展企业总数的9%。这说明广交会参展品牌规模进一步扩容，我国对外贸易产品品质持续提升。

四是绿色会展标杆，顺应国际趋势

本届广交会展出绿色低碳产品约43万件、智能化产品约11万件。绿色低碳产品在广交会上大放异彩，显示了中国外贸企业走绿色低碳之路的趋势与决心。同时，广交会在绿色展位100%达标的基础上，首次实现绿色用电全覆盖、用电零排放，这是发展的必然结果，也是践行绿色会展的又一个重要进展。

五是进口功能拓展，促进双循环发展

2007年第101届广交会首设进口展区，增加进口功能。如今，第134届广交会进口展共有来自43个国家和地区的650家企业参展。广交会进口展为知名品牌企业搭建了进军中国市场的快速通道，让这些企业共享广交会的"超级流量"；同时，中国企业也结识了大量来自世界各地的客户，为其拓展全球市场带来了新机遇。

六是服务乡村振兴，落实国家战略

本届广交会第三期继续免收脱贫地区企业展位费，线上展也设立乡村振兴专区，并为乡村振兴企业提供了外贸专业知识辅导、现场免费翻译等服务。借助国际采购商的优势，广交会为乡村产业寻找国际市场、推动乡村产业走向国际发挥了独特作用。广交会乡村振兴特色产品展区将吸引全世界的目光关注中国乡村振兴，吸引更多国外资源投入中国乡村振兴领域。这也是广交会发挥平台效应的一个体现。

七是"双线"完美融合，科技赋能会展

如今，线上广交会的功能日益完善，流量持续上升，线上广交会已经成为广交会不可或缺的组成部分。广交会线上与线下双线完美融合，能够更好、更长久地服务参展企业。本届广交会线上平台累计访客数789万人，其中境外访客数660万人，占比84%。本届广交会闭幕后，线上平台将继续开放，除展商连线、预约洽谈功能外，其余功能全年常态化运营。广交会将根据供采双方需求，组织系列贸易对接和行业主题活动。

广交会这艘"巨轮"从历史中驶来，与时代同步，一路乘风破浪、勇往直前，经受住了许多重大考验。相信广交会将继续秉承创新理念，引航国际经贸新未来。

资料来源 刘松萍. 广交会强势回归为外贸注入新动力［EB/OL］.［2023-11-09］. https://www.chinatradenews.com.cn/content/202311/09/c153639.html.

分析提示：创新是展会策划的灵魂，无论是展会主题、内容还是形式，都必须进行创新，这样才能吸引目标受众。

5）可行性原则

可行性是指展会策划方案可以实施并能取得预期的效果，同时展会的实施主体应完全具备举办展会所需的条件或要素。一个策划方案是否可行，主要从以下四个方面进行分析：一是利害性分析，即分析展会带来的利益、效果、风险等；二是经济性分析，即分析举办展会所需的成本及能够取得的经济效益；三是科学性分析，即考察策划方案是否建立在科学理论的基础上，是否以科学理论为指导；四是合法性分析，即分析策划方案是否符合当地的法律法规，是否符合当地的民风民俗。

6）权变原则

权变原则是指在展会策划过程中，要及时准确地掌握标的对象及环境变化的信息，并据此及时调整策划方案。展会运作过程中，参与的单位非常多，工作也纷繁复杂，有时还会遇到一些意外情况，因此策划展会时一定要做好应急预案。

3.1.4 展会策划的内容

展会策划是一项系统工程，涉及多方面的内容。一般说来，展会策划的内容主要包括展会调研与立项计划、展会运作与实施计划、展会总结与评估计划三个方面。

1）展会调研与立项计划

展会调研与立项计划是展会策划工作的依据和基础，是判断展会是否可行、能否顺利达到预期目标的决定性因素。展会调研与立项计划的工作内容包括：确定调研方向和目标；拟订调研方案；收集、分析相关信息；得出结论，撰写调研报告、立项策划书和可行性研究报告；计划项目立项与审批。

对于新办展会，由于调研工作涉及面广，因此需要对新的项目题材领域有全面的认识，对目标客户市场有深入的了解，对相关机构（如政府部门、新闻媒体、竞争对手等）密切关注。对于已举办过的展会，要对项目题材领域的产业政策有全面的把握，对竞争环境有清醒的认识，对老客户的需求和建议有深入的了解，以便及时调整展会的主题方向和实施方式。从某种意义上来说，展会调研工作往往也是展会营销工作的起点。

在调研的同时，展会组织者也应明确项目立项、报批的相关政策法规，从而对这一工作进行计划和准备。

2）展会运作与实施计划

展会运作与实施计划是展会策划工作的中心环节，是展会运营管理的指南与依据。展会运作与实施计划的工作内容包括：编制可行性预算方案；制订营销推广方案；撰写项目筹办计划；确定媒体策略；筹划现场服务和管理方案；制订场地、物流、通信与供应计划等。

3）展会总结与评估计划

展会总结与评估计划是展会策划工作的必要环节，是全面了解展会实施效果、总结经验和教训的有效手段。对展会的总结与评估都具有回顾、分析的性质，但前者侧重于总结展会运作过程中的操作方法、数据资料、难点问题、经验教训、运作结果，通常由展会组织者自行完成；后者则强调将展会的运营效果与预期目标进行比较分析，同时评价展会的效益与工作绩效等，既可以由展会组织者自行完成，也可以委托政府管理机构、第三方机构完成。

3.1.5 展会策划的流程

展会组织者在初步确立了办展意向后，往往会成立一个项目团队，并按以下流程开展展会策划工作：

1）信息收集、市场调研与项目可行性分析

在展会策划的第一阶段，要根据办展意向与目标收集各方面的信息，开展有效的市场调研，并根据调研数据和资料，对拟举办的展会项目进行可行性分析。如果分析得出可行的结论，则可以着手开展立项决策工作；反之，则应改变原有意向，重新开始这一阶段的工作。

2）立项决策

在可行性研究通过的基础上，可以对展会项目进行立项和报批，准备好相关的报批文件，同时开始编制预算、制定推广策略等。

3）编制项目预算

在明确立项的前提下，根据项目历史情况、相似项目数据、组织者经验等，编制详细的预算方案。预算不仅是展会运营的指南，也是展会总结评估的重要参照体系。

展会项目预算的主要内容包括：①费用项（固定费用，如营销费用；可变费用，如餐饮费用）；②收入项（如拨款、注册费、赞助费）；③预期利润；④损益平衡分析（可用于确定展会产品价格，如展位价格）等。

4）拟订项目营销与推广计划

展会项目的营销与推广贯穿于项目运营的全过程，从最初的调研到最后的总结，都要充分利用各种机会开展这项工作。完善、系统、动态的营销与推广计划是展会项目成功的关键。

项目营销与推广计划的主要内容包括产品开发和定位策略、产品价格策略、营销渠道策略和促销策略等。一般来说，展会项目的核心工作是招商、招展。

5）制订项目实施方案

项目实施方案主要围绕展会项目的场地安排、现场管理与服务、相关活动安排等展开。实施方案应具有时间性强、程序性强、内容具体详细、表现形式丰富等特点。

6）确定项目后续工作

在展会策划的最后阶段，要确定项目结束后的工作安排，具体包括：展会总结与评估，以掌握展会的总体效果；为客户提供后续服务，以把握客户的需求；保持与相关机构的沟通，明确下届展会的改进方向；为下届展会进行营销宣传。

行业广角3-2

主办方如何为参展企业展台引流？

3.2　展会可行性论证

论证某个展会的可行性时，应重点考虑产业基础、市场需求、主办城市条件、办展单位能力等要素。

3.2.1　产业基础

良好的产业基础有利于城市培育展会品牌。目前，我国珠江三角洲、长江三角洲等区域展览业的发展基本上就是以产业为依托的。深圳作为我国的沿海开放城市，高新技术产业非常发达，其主办的中国国际高新技术成果交易会也逐渐凸显出品牌优势。浙江义乌虽然只是一个小城市，但依托其周边区域繁荣的小商品生产，义乌已连续举办多届中国义乌国际小商品（标准）博览会，成为中国中小城市发展会展业的典范。广东省地处中国南端，是中国改革开放的前沿省份，市场广阔、消费潜力大，其打造的以中小企业为参展主体的中国国际中小企业博览会，有效促进了中国中小企业与国际中小企业的合作与发展。依托优势产业，选择适合的展会主题，是我国多数城市发展展会经济、培育展会品牌最有效的途径。

3.2.2　市场需求

市场需求往往也是选择展会需要重点考虑的因素。现在很多展会之所以选择在北京、上海等大城市举办，一是看中了大城市本身的消费能力，二是看中了这些城市的市场辐射能力。比如，成都虽然地处我国西南部，但在这座城市举办的国际汽车展却是我国五大车展之一，原因之一就是成都及周边地区喜欢车、愿意买车的人非常多。又如，中国和东盟10国是全球发展速度最快的市场之一，中国–东盟博览会有力地促进了中国–东盟自由贸易区的建立和发展，许多国际客商甚至很多国家都从这个展会获得了极大的收益。此外，近些年，各地的文博会吸引了大量的企业参展，现场人气火爆，这与文化消费需求旺盛是密不可分的。

3.2.3 主办城市条件

主办城市条件应考虑基础设施、区位优势、环境气候、政策支持、旅游资源等方面。一般来说，交通便利、城市基础设施和城市功能完善、场馆先进、商业和服务业发达、旅游资源丰富、市场化和国际化程度高的城市对参展商和观众更具有吸引力。例如，交通便利、地理位置优越、开放程度高、市场化程度高的沿海城市在国际性贸易类展会和消费类展会品牌的培育方面具有独特的优势。中国香港的会展业之所以取得了惊人的成绩，主要归功于其城市条件。香港地理位置优越，5个小时的航程就可以从香港到达亚洲大部分地区，并且香港国际机场飞机的起降密度在全球各机场中排名靠前；作为自由港，香港具有便利的通关环境，报关手续简便；在配套制度上，香港是世界上最理想的仲裁中心之一。所有这些因素都推动了香港国际性展会品牌的成长。

3.2.4 办展单位能力

举办展会必须有高素质的人才和有经验的团队，这样才能保证展会的有效组织和长期运营。没有高素质的专业人才，特别是高水平的展览策划、组织人才，高质量的展会是无法实现的。办展单位的能力主要体现在以下三个方面：

1）战略水平

展会项目的选择要极具战略眼光，办展单位的决策者要对国内外相关产业的现状和未来发展有一个全面的了解，要对中外政治、产业政策有一个全面的分析，还要对行业市场动态了如指掌。展会的题材、举办时间、举办地点的选择都要结合以上几个方面来论证。战略水平体现在总目标的制定、各阶段目标的制定以及各阶段战术手段的运用等方面。

2）统筹协调能力

展会涉及的工作环节很多，如客户信息收集、数据库的建立、价格策略制定、招商与招展、场馆布置与装饰、现场服务与管理等，每个环节都要细致管理，统筹协调好各部门之间的关系，让各部门努力的目标和方向一致。

3）诚实守信

办展单位对参展商及专业观众应诚心以待，做出的承诺、提供的资料和展览数据一定要真实，不能为了获得某些参展商及专业观众的参与而虚报事实、数据和资料，也不能为了获取短期利益而"挂羊头卖狗肉"。诚实守信是办展单位培养客户忠诚度的基础。

3.3　展会主题策划和立项策划

展会是一个复杂而系统的工程。在经过充分的市场调查、掌握了足够的市场信息之后，接下来就要进行具体的展会主题策划和立项策划了。

3.3.1　展会题材的选择

展会题材，就是举办一个展会计划要展出的展品范围。一般来说，选择展会题材时应结合展会举办地及其周边区域的经济结构、产业结构、地理位置、交通状况和展览设施等条件，首先考虑本区域的优势产业和主导产业，其次考虑国家或本地区重点发展的产业，最后考虑政府扶持的产业。

1）评估细分市场

现在的展会大部分是专业展，所以在确定了要进入的产业之后，还要选定将在哪个行业举办展会，我们可以通过市场细分的方式来寻找适合进入的行业。市场细分是指办展单位按照一种或者几种变量，把整个市场划分成若干个由具有相似需求和欲望的消费者群体构成的子市场的市场分类过程。办展单位可以选择两类变量对市场进行细分：一是行业属性；二是地理因素。行业属性可以反映准备进入的行业的发展前景、规模大小、企业数量和产品应用范围等，它是办展单位决定是否进入某一行业的重要参考信息；地理因素可以反映该行业的地理分布状况，它对办展单位正确认识行业的区位优劣势具有重要作用。

办展单位可以从以下几个方面对细分市场进行评估：

（1）细分市场的规模和发展潜力。市场规模的大小决定了未来展会参展商的数量，产品使用范围的大小决定了未来展会观众的数量，行业发展前景决定了未来展会的发展空间。因此，办展单位应根据行业企业的目标和自身情况合理选择展会题材。

（2）细分市场的盈利能力。它会影响展会的盈利状况，假如该行业的利润非常薄，那么企业愿意拿出一大笔经费来参展的可能性就会比较小。

（3）细分市场的结构吸引力。某个细分市场可能具备理想的规模和发展潜力，但它未必有吸引力，也就是说，办展单位还应该考虑细分市场的竞争状况、行业特征等因素。假如细分市场中已经有影响力很大的品牌展会或者品牌企业，那么再进入该市场就会比较困难；假如打算进入的行业具有相对垄断性，那么除非办展单位与企业有很好的联系和沟通渠道，否则很难吸引这些企业参展。

（4）办展单位的办展目标和资源。办展单位在进入某一行业办展之前，必须明确办展目标；同时，要评估自身的优劣势，注意扬长避短。例如，是偏重利润目标还是偏重社会效益目标，然后根据目标来整合资源，制订行动计划。

2）展会题材的类型

展会题材通常有四种类型：创新题材、分列题材、拓展题材和整合题材。

（1）创新题材。选择创新题材即将收集到的各种信息进行整理和分析，选定一个本办展单位从来没有涉及的行业作为展会题材。

选择创新题材的好处在于：创新题材很多时候是市场的新兴产业，办展单位可进入一个新产业，开发一个新市场；创新题材的竞争者较少。但是，选择创新题材也会有一定的风险：第一，办展单位进入一个陌生的领域会有一定的风险；第二，办展单位可能缺乏对该题材有所了解的专业人员，对该行业的企业、行业协会等的数量和分布等也不够了解，不利于展会筹备工作的开展；第三，办展单位较难抓住该行业的发展重点和热点，展会可能因此而缺乏市场号召力。

（2）分列题材。选择分列题材即将本办展单位已有的展会题材进一步细分，从原有的题材中分列出更小的题材，并将这些小题材办成独立的展会。

选择分列题材应满足以下几个条件：第一，原有展会已经发展到一定规模，某一细分题材在原有展会中已经占有一定的展览面积；第二，受场地限制，某一细分题材在原有展会中的面积已经很难进一步扩大，如果将这一细分题材分列出来单独发展，其发展空间将更大；第三，将这一细分题材分列出来，原有的展会不会受到太大的影响，或许还可以得到更好的发展；第四，与原有展会其他题材相比，这一细分题材具有相对的独立性，其中的参展商和专业观众可以从原有展会中分离出来；第五，收集到的各种信息表明，这一细分题材适合单独办展。

选择分列题材的好处在于：办展单位对该题材有一定的了解，并有一定的客户基础；该细分题材分列出来以后，原有的展会和依据细分题材所办的新展会都将更加专业化，两者都能够有更广阔的发展空间。但是，选择分列题材也存在一定的风险：很难确定什么时候才适合将某一细分题材从原有的展会题材中分列出来；较难估计把某一细分题材分列出来会给原有展会造成多大的冲击；难以确定办展单位是否已经具备将某一细分题材从原有展会题材中分列出来独立办展的实力。

（3）拓展题材。选择拓展题材即将现有展会中没有包含的，但与现有展会有密切关联的题材列入现有展会题材中。

选择拓展题材应满足以下条件：第一，计划拓展的题材与现有展会的题材要有一定的关联性；第二，现有展会能容纳计划拓展题材的加入；第三，现有展会的专业性不会因为拓展题材的加入而受到影响。

选择拓展题材的好处在于：可以扩大展会的招展范围，进而扩大展会的规模；可以扩大观众来源，拓展展会发展空间；可以使展会的展品范围更广，并使展会更加专业化，更具行业代表性。当然，选择拓展题材也会带来一定的风险：如果拓展题材与现有展会题材的关联性不大，则可能会使现有展会失去专业性；新题材的加入可能会影响到现有展会的展区划分、现场布置和管理。

（4）整合题材。选择整合题材即将两个或两个以上题材相同或有一定关联性的现有展会整合为一个展会，或者将两个或两个以上展会中彼此相同或有一定关联性的题材剔除出去，放在另一个展会里统一展出。

选择整合题材的好处在于：有利于集中精力，做大做强该题材的展会；能够在一定范围内减少竞争；可以使展会更具有行业代表性，有利于提高展会的档次。不过，选择整合题材也有一定的风险：第一，整合题材往往涉及多个展会，如果处理不当，可能会给这些展会带来不利的影响；第二，整合题材可能涉及多个办展单位之间的业务合作，办展单位之间的业务合作不当和利益分配不均可能会导致题材整合失败。

会展链接 3-1

会展项目构思方法

办展单位在综合分析的基础上，要构思举办什么样的会展项目。构思会展项目的方法有很多，常用的方法有以下几种：

（1）资源分析法。资源分析法是指依据当地产业状况，提出各种会展项目，并对其进行功能定义，然后对各个可能的会展项目按照一定的标准进行评分，最后综合考虑确定要举办的会展项目。

（2）市场需求分析法。市场需求分析法是指询问潜在的客户对有关会展活动的需求、问题和对会展项目策划、创意的想法，然后根据对市场的认识，分析某个会展项目的市场机会和市场价值，最后根据客户需求和市场价值设计有创意的会展活动。

（3）头脑风暴创意法。头脑风暴创意法是一种集思广益的智力激励方法。它一般通过一次特殊的会议，使参加的人相互启发、相互激励、相互诱导，填补知识空隙，从而引起创造性设想的连锁反应，产生众多的创造性成果。

（4）外部借鉴法。外部借鉴法是指直接引进或者模仿其他国家或地区的会展名称、形式、内容来为我所用的一种会展项目策划方法。使用外部借鉴法时应注意：①嫁接过来的会展项目要能够满足市场需求，并且具有很大的吸引力；②嫁接过来的会展项目要与本地资源有联系，并且能突出区域形象；③嫁接过来的会展项目要与所借鉴的会展项目形成差异化，要在移植、借鉴的同时寻求发展，体现当地特色。

（5）深入挖掘法。深入挖掘法也就是所谓的"旧瓶新酒"式的开发，即深入分析当地各种各样的会展活动，并赋予其商业开发理念，使其富有时代气息。对源远流长的"泼水节""火把节""庙会""龙舟节"等传统活动的重新策划多属于此种类型。

（6）资源整合法。资源整合法是指对现行的多个会展项目进行规划整合。这是取长补短、实现边缘性新思维的重要途径。整合是各种优势资源的集中与互补，是各种市场要素的有机重组，对于同类或者不同类的会展项目，都可以考虑进行主题整合、内容整合、市场整合与组织运作整合。这样不仅可以使会展项目的内容更加丰富、市场更加集中，而且可以大大提高组织运作效率，减少区域之间不必要的竞争，避免重复办展而造成的资源浪费，也有利于树立地方统一的形象和品牌。

（7）"节外生枝"法。"节外生枝"法是指以已经拥有品牌知名度的会展活动为依托，通过孵化的方法，延伸出相关会展项目的创意方式，这是项目构思一个常用的方法。由于拥有品牌效应或举办会展的相关经验，因此构思出来的会展项目可行性较高、风险较小。这里的"节"是指已经存在并且成功举办过的会展项目；"枝"是指依据已经存在的会展项目的品牌效应或办展经验而举办的另一类会展项目。一般情况下，"枝"的规模比较小，并且从开始举办时就一直依附于"节"。"枝"是节的一部分，但是随着"枝"的壮大，它也有可能摆脱"节"的束缚，成为单独的会展项目。

资料来源　杨劲祥. 节事活动营销［M］. 重庆：重庆大学出版社，2015.

3.3.2 展会主题策划

展会题材选定之后，就可以策划展会主题了。

1）展会主题的概念

展会主题，又称展会的主题思想、主题概念，它贯穿于展会的始终，是展会的灵魂所在。

展会主题通常体现了主办方对展会内容的理解，是展会对外宣传的标志，很有号召力。表3-1是历届中国-东盟博览会主题。

表3-1   历届中国-东盟博览会主题

年份及届次	主　　题
2007年第四届	港口合作
2008年第五届	信息通信合作
2009年第六届	保税园区和口岸合作
2010年第七届	自贸区与新机遇
2011年第八届	环保合作
2012年第九届	科技合作
2013年第十届	区域合作发展——新机遇、新动力、新阶段
2014年第十一届	共建21世纪海上丝绸之路
2015年第十二届	共建21世纪海上丝绸之路——共创海洋合作美好蓝图
2016年第十三届	共建21世纪海上丝绸之路，共筑更紧密的中国-东盟命运共同体
2017年第十四届	共建21世纪海上丝绸之路，旅游助推区域经济一体化
2018年第十五届	共建21世纪海上丝绸之路，构建中国-东盟创新共同体
2019年第十六届	共建"一带一路"，共绘合作愿景
2020年第十七届	共建"一带一路"，共兴数字经济
2021年第十八届	共享陆海新通道新机遇　共建中国-东盟命运共同体
2022年第十九届	共享RCEP新机遇，助推中国-东盟自由贸易区3.0版
2023年第二十届	和合共生建家园，命运与共向未来——推动"一带一路"高质量发展和打造经济增长中心

2）展会主题策划的目的与要求

展会主题是对展会目标的具体化。对一个新展会而言，展会主题主要是解决主办方决定开发一个什么样的展会项目的问题。对已有展会而言，策划展会主题实际上是为了确定展会项目将以什么样的新理念来吸引客户。总体而言，主题确立的目的是使展会的有关信息在参观者的脑海中留下深刻的印象。在被作为整个市场计划的一部分时，展会主题可以起到提升展会品牌形象的作用。

展会主题策划的要求具体包括：主题可以是一个或几个，但绝对不能没有，也不宜过多；主题应凝练，易于传播；主题应特色鲜明，有号召力；主题内容应积极健康，有内涵，能引发丰富的联想；主题应与时俱进，紧密结合时代潮流，避免陈词滥调。

例如，2020年以来，中国国际服务贸易交易会（简称服贸会）进入提质升级发展新阶段。四年来，服贸会主题不断发生变化，2020年为"全球服务，互惠共享"，2021年为"数字开启未来　服务促进发展"，2022年为"服务合作促发展　绿色创新迎未来"，2023年为"开放引领发展　合作共赢未来"，"发展""未来""合作"成为高频词。服贸会的主题体现了数字化、开放合作、绿色、创新等理念，反映了全球服务贸易的最新趋势。如今，服贸会已成为中国服务贸易的"晴雨表"，成为国际服务贸易高水平合作的"连心桥"。

3.3.3 展会立项策划

1）立项依据

展会的立项依据必须充分、可靠，这样才能保证展会的成功。展会的立项依据主要有：

（1）展会的可行性和生命力。通常，在展会题材选定的时候，办展单位就已经考察了展会项目所属行业的现状和发展潜力，这是展会项目可行性的保证和生命力的来源。

（2）举办地的经济特色。展会项目应与当地的经济特色相吻合，只有通过当地优势产业的带动，同类展会才能更快、更好地发展；否则，就如无本之木，难以长久。

2）立项策划的具体内容

展会立项策划，就是根据掌握的各种信息，对即将举办的展会的相关事宜进行初步规划，设计出展会的基本框架。展会立项策划的内容主要包括：展会的名称和举办地点、办展单位、展会时间安排、展会的定位及规模、展品范围、人员分工计划、招展和招商计划、宣传推广计划、价格及初步预算、展会进度计划、现场管理计划、相关活动计划等。

（1）展会的名称。策划一个展会，首先要给它起一个名称。展会的名称一般包括三个方面的内容：基本部分、限定部分和行业标识。比如"第二十五届中国国际高新技术成果交易会"，其基本部分是"交易会"，限定部分是"第二十五届"和"中国国际"，行业标识是"高新技术成果"。

基本部分用来表明展会的性质和特征，常用词有"展览会""博览会""展销会""交易会"等。一般来说，展览会是以贸易和展示宣传为主要目的的展会，专业性较强，展览会现场一般不准零售；博览会也是以展示宣传和贸易为主要目的的展会，展览的题材多而广泛，博览会现场一般也不准零售；展销会是以现场零售为主要目的的展会；交易会的含义较广，同时具有展览会、博览会、展销会三者的含义。在实际操作中，这些词常有混用的现象。

限定部分用来说明展会举办的时间、地点和展会的性质，常用的表示时间的词有"届""年""季"等。

行业标识用来表明展会题材和展品范围，通常是某个产业的名称，或者是一个产业中的某个产品大类。

（2）展会的举办地点。展会的举办地点对展会的长远发展具有重要影响。展会选择在什么地方举办，与展会的题材、性质和定位是分不开的。展会最好在展览题材所涉产业的生产或者销售比较集中的地方举办，这样展会就会有充分的产业基础或者市场基础。展会的选址要有区域优势，这样才能有号召力。国际性展会一般应在对外交通和海关通关比较便利的地方举办，全国性展会则应在国内的经济中心或者交通中心举办，这样有利于企业参展和观众参观。

展会可以固定在一个地方举办，也可以在几个地方轮流举办。

策划展会在哪个展馆举办，就是选择展会举办的具体地点。现在，一些大城市通常有多个展馆，具体选择在哪个展馆举办展会，应结合展会的题材和定位来考虑。另外，还要综合考虑使用该展馆的成本、展期安排是否符合自己的要求以及展馆本身的设施和服务等因素。

（3）办展单位。办展单位是负责展会的组织、策划、招展和招商等事宜的有关单位，可以是企业、行业协会、政府部门和新闻媒体等。办展单位通常包括主办单位、承办单位、协办单位、支持单位等。

在选择办展单位时，要处理好与展会题材所涉行业的政府主管部门和行业协会的关系，要与在该行业有较大影响力的国内外机构建立合作伙伴关系或者招展组团代理关系，还要与大型专业媒体和社会公众媒体搞好关系。这些单位不仅可以提高展会的档次、规格和权威性，扩大展会的影响力，而且能够提高展会的行业号召力，形成品牌效应，有利于组织目标参展商和观众。

（4）展会时间安排。展会时间安排要解决好三个问题：一是办展时间；二是展期长短；三是展览周期。

选择办展时间时应该考虑的因素有：①订货的时效性。例如，一些服装展订货的时效性就比较强。②气候和节假日。在我国，由于春秋两季气候比较舒适，因此展会一般在春秋两季举办。除了一些综合性展销会或车展、房展等适合大众参观的展会外，展会一般应该避开春节、国庆节等节假日。大多数展会都将最后一两天的展出时间安排在周末，以方便大众参观，提高展会人气。③尽量避开国内外同类展会举办的时间。

展期就是展会举办多少天，由于不同展会的性质、目标等不同，因此展期的长短也各不相同。

展览周期就是展会多久举办一次，这是根据市场需求来确定的。展览周期一般是一年，但是广交会等展会由于市场需求旺盛，已由原来的一年一届改为一年两届。

另外，在对展会时间进行安排的时候，还要规定好展会的筹展和撤展时间、对不同观众的开放时间等。

（5）展会的定位及规模。展会定位是要清晰地告诉参展企业和观众展会"是什么"和"有什么"，具体地说，就是办展单位根据自身的资源条件和市场竞争状况，通过建立和发展展会的差异化竞争优势，使自己举办的展会在参展企业和观众的心目中形成一个鲜明而独特的印象，这也是展会的战略性营销手段。展会定位要有目标性、前瞻性、可行性和阶段性，尽量避免定位不够、定位过分、定位模糊、定位疑惑、定位僵化等问题。

从区域的角度看，展会规模一般分为国际、国内、地区和地方四类；从定量的角度看，展会规模主要涉及展出面积、参展单位数量与预期观众数量三个指标。在策划展会时，需要对展出面积、参展单位数量与预期观众数量做出预测，这样才能对后面的招展、招商等工作有指导作用。

（6）展品范围。展品范围是指计划在展会上展出的题材的范围。它直接决定了展会将要展出什么商品、设备和技术，间接决定了展会的参展企业和观众范围，也影响着展会的长远发展。展品范围应根据展会定位、办展单位的优劣势和其他多种因素来确定。展会主办单位应该有效界定展品范围，并将其清晰地呈现给参展商和观众。

（7）人员分工计划、招展和招商计划、宣传推广计划。人员分工计划是对展会工作人员的工作进行统筹安排；招展计划主要是为了招揽企业参展而制定的各种策略、措施和办法；招商计划主要是为了招揽观众参观展会而制定的各种策略、措施和办法；宣传推广计划则是为了创建展会品牌和树立展会形象，同时为展会的招展和招商服务。这些计划实际上是展会项目实施的具体化，其策略、措施、办法和要点必须在立项时形成基本思路与框架，以证明该展会的项目策划工作已经具备可操作性。

（8）价格及初步预算。价格包括展位价格、企业在与展会有关的各种媒介上做广告的价格、展具租赁价格等。其中，展位价格就是为展会展位的出租制定一个合适的价格。展位价格通常可以分为标准展位价格和光地价格。在制定展位价格时，一般应遵循"优地优价"的原则，即那些便于展示和观众流量大的展位价格要高一些。

初步预算是对举办展会所需要的各种费用和预期可以获得的收入进行的初步测算。初步预算可以使办展单位对举办该展会的投入和产出有一个初步的认识，以便及时筹措资金，同时也能证明展会价值。所以，制定初步预算是展会立项策划的一个重要任务。

（9）展会进度计划、现场管理计划、相关活动计划。展会进度计划是在时间上对展会的招展、招商、宣传推广和展位划分等工作进行的统筹安排。它明确了在展会的筹办过程中，到什么阶段应该完成哪些工作，直到展会成功举办。

现场管理计划是展会开幕后对展会现场进行有效管理的各种计划安排，一般包括展会开幕计划、展会会场管理计划、观众登记计划和撤展计划等。

相关活动计划是对准备在展会期间举办的各种相关活动做出的计划安排。与展会同期举办的相关活动常见的有技术交流会、研讨会和各种表演等，它们都是展会的有益补充。

结合前面的市场调研及可行性论证，通过对以上内容进行提炼和总结，我们可以形成展会立项策划书。展会立项策划书可以用于向有关部门申报补助资金、政策支持等，也可以作为与合作伙伴进行洽谈的材料。

3.4　展会相关活动策划

除了展览展示活动以外，展会的举办者还要策划和实施一些与展会题材相关的活动，一方面丰富展会的内容，另一方面尽可能地满足参展商和观众的不同需求，从而发挥展会的最大价值。例如，2023 中国国际大数据产业博览会召开期间，还举办了 2023 中国国际大数据产业博览会开幕式、"数据安全产业高质量发展"高端对话、"工业互联网"高端对话、"数字经济创新与繁荣"高端对话、"数字乡村发展"高端对话、"数字治理"论坛、"国际友城智慧城市"论坛、"第十五届信息安全高级论坛暨 2023RSAC 热点"研讨会、大数据统计论坛、公共大数据第二届高峰论坛暨贵州省十大优秀科技成果发布会、爽爽贵阳电子竞技大赛、远光软件大数据新产品发布、软通智慧基层社会治理一体化平台发布、智慧急救区域协同平台宣讲会、零事故目标下城市网络安全运营中心 2.0 发布会、2023 数博会领先科技成果发布会等相关活动。

3.4.1　开幕式的策划

办展单位一般以举行开幕式作为展会的正式开始，不管是中小型展会还是大型展会，开幕式都是展会中常见的一项活动。开幕式一般有相关领导参加并伴有一些表演活动，涉及的层面很多，事务也很繁杂，需要事先进行周密的策划和安排。一般而言，举行开幕式之前要做好的工作主要有以下几项：

1）确定开幕式的时间和地点

举行开幕式之前要确定开幕式的时间和地点，提前做好安排并通知有关方面。在确定时间时要遵循"三不宜"原则，即不宜太早、不宜太晚、持续时间不宜过长。大部分展会都将开幕式的时间定在上午 9 点左右。开幕式的地点通常安排在展馆前的广场上，以方便有关领导及观众在开幕式结束后进场参观。如果开幕式上有表演活动，还要注意安排好表演的时间、地点以及内容，从而使表演和展会的开幕式交相辉映、相得益彰。

另外，在确定开幕式的时间时，办展单位还应充分考虑开幕式当天的天气状况，并制定好有关应急措施。如果恰逢刮风、下雨等恶劣天气，应提前通知嘉宾、媒体记者等，最好与当地气象部门密切联系，或者请求其协助。

2）确定出席开幕式的主要嘉宾

一般情况下，展会主办单位都会邀请一些政府官员、行业主管部门的领导、行业协会与商会的领导、外国驻华机构代表、专家及其他相关人士作为嘉宾出席开幕式。为此，展会主办单位应根据办展的需要和开幕式的安排，事先落实嘉宾名单并与他们沟通、确认。此外，还要安排好嘉宾的接待工作，以及嘉宾和翻译人员在开幕式主席台上的位置。

3）准备开幕式讲话稿和新闻稿

展会开幕式讲话稿和新闻稿是办展单位对外宣布展会正式开幕的"宣言"，是媒体及广大公众了解展会基本情况的重要材料，是新闻媒体报道展会的基调，因此办展单位要认真准备。展会开幕式讲话稿与新闻稿在内容上大同小异，只不过开幕式讲话稿比新闻稿更加简练，也更加口语化。

4）确定开幕式的程序

一般来说，展会开幕式的程序如下：嘉宾在休息室集中→工作人员（礼仪小姐）引领嘉宾至开幕式主席台就位→主持人主持开幕式并介绍到会嘉宾→主持人请嘉宾讲话→剪彩或相关表演开始→某位重要嘉宾宣布展会正式开幕→主持人宣布开幕式结束→由工作人员带领，主办单位负责人陪同嘉宾进场参观。

办展单位可在会场入口设签到处。签到处的作用是维持入场秩序、记录来宾情况。签到处的工作包括检查和回收请柬、索取来宾名片或请求其签字、发放胸牌或胸花以及资料袋等。资料袋内应准备展出资料、主席台人员名单、开幕式程序、礼品等。签到处要摆放签到台（最好铺上台布），放置签到牌、签到笔、签到簿，一般还要安排礼仪小姐。签到处收到的名片是很有价值的资料，要指定专人收集、分类保存。

有些展会会收到许多花篮，可以考虑布置在主席台或开幕式会场入口处，以营造喜庆的氛围。如果花篮上有赠者的名字，要注意按恰当的顺序排列。

剪彩需要安排的用具有立杆、缎带、剪刀、手套、托盘等，工作人员主要包括托盘员和引导员等。办展单位应事先对工作人员进行适当的培训，包括等候位置、上台顺序、排列、递剪刀、递手套、下台顺序、步伐、站姿等。

开幕式结束后通常要参观展馆。参观路线和时间要事先安排好，并通知相应的展览摊位。参观过程中，谁引路、谁解说、谁陪同最好事先有所安排。重要人物最好有人陪同，不要让他们感觉受到了冷落。如果开幕式之后是招待会，则应将重要人物引领到招待场地。如果重要人物参观后要离开，则应将其送上车。

展会开幕式的策划可以由主办单位自行操作，也可以采取面向社会公开招标的方式。例如，第100届广交会策划了以"百届辉煌"为主题的系列隆重庆典活动，而开幕式是庆典活动中的重要项目之一，因此中国对外贸易中心对第100届广交会开幕式策划进行了公开招标。

另外要注意的是，开幕式的程序要紧凑、不拖拉；开幕式的表演要恰到好处，不喧宾夺主。同时，开幕式的策划要讲求创意、不落俗套，可通过制造新闻、邀请名人参与等方式来吸引社会关注，扩大展会的影响，树立展会的形象。

5）准备开幕式酒会

有时候，主办单位还会在开幕式当天的中午或晚上举行酒会，答谢到会嘉宾和重要的参展商及有关人士。对于开幕式酒会，主办单位要考虑以下问题：

（1）酒会举办的地点。开幕式酒会最好安排在展馆附近的酒店举行。

（2）酒会举办的时间。酒会一般在开幕式当天的中午或晚上举行，以安排在晚上举行的居多，这样便于相关嘉宾特别是参展商安排时间。

（3）酒会举办的方式。开幕式酒会可以采取自助餐或围餐的形式。在酒会正式开始前，可以安排一个小型的鸡尾酒会，以方便大家相互认识和交流。

（4）出席酒会的人员范围。一般而言，出席酒会的人员主要包括参加开幕式的嘉宾、行业主管部门的领导、办展单位的领导和代表、行业协会和商会的领导、参展商代表以及新闻媒体等。出席酒会的人员范围一定要全面兼顾，不要有所遗漏；要事先拟定好出席人员名单，向他们发出邀请并逐一落实，以避免出现有人没有座位或者出现大量空位的情况。

开幕式酒会是展会一项重要的公关活动，是展会参展商、行业领导和其他各方进行面对面沟通的一个极好机会，也是展会与各方联络感情的一个绝佳渠道，因此办展单位一定要精心筹备。

▶ 会展案例3-2

历届东博会开幕大会的创意灵感

中国-东盟博览会（简称东博会）开幕大会是每年中国和东盟各国政要都会出席的一个重大仪式。开幕大会借助图像、影像、塑像、声像和意象等要素将抽象的理念具象化，以通俗易懂却出乎意料的表现方式，向世界展现了中国-东盟合作的内涵。

开幕大会已成为东博会与众不同、独具魅力的标签，获得了中国和东盟各国政要的高度评价。因此，东博会开幕大会不仅是媒体关注的热点，而且凝聚了来自东盟各国嘉宾的深厚期望。

2004年第一届东博会开幕大会创意：共注合作之水

首届东博会于2004年11月3日开幕。开幕大会的创意为"共注合作之水"。剪彩嘉宾将中国和东盟各国母亲河之水汇聚一处，象征中国-东盟合作源远流长，生生不息，东博会风生水起，推动中国-东盟合作进入新的时期。

2005年第二届东博会开幕大会创意：聚流成河

第二届东博会于2005年10月19日开幕。开幕大会的创意为"聚流成河"，象征东博会凝聚了11国的力量，产生了超过简单相加的巨大增值作用。各国商协会代表共同嵌下象征合作的印章，寓意各国商家齐心协力、真诚合作。

2006年第三届东博会开幕大会创意：珠联璧合

第三届东博会于2006年10月31日开幕，适逢中国-东盟建立对话关系15周年。开幕大会的创意为"珠联璧合"。11位15岁少女送上象征中国与东盟15年合作成果的"珍珠"，11国领导人将珍珠与象征东博会合作大平台的玉璧连接起来，寓意东博会取得了丰硕成果，前景光明。

2007年第四届东博会开幕大会创意：同舟共进　扬帆远航

第四届东博会于2007年10月28日开幕。开幕大会的创意为"同舟共进　扬帆远航"。结合2007年"港口合作"的主题，传承2000多年前始发港在广西的海上丝绸之路，在如同巨轮的主席台上，剪彩嘉宾推动航船加速器，主席台前丝绸犹如浪花飞舞，千帆竞发，象征东博会开辟了更广阔的丝绸之路，推动了合作之舟扬帆远航。

2008年第五届东博会开幕大会创意：金桥飞架　五载同心

第五届东博会于2008年10月22日开幕。开幕大会的创意为"金桥飞架　五载同心"。结合2008年"信息通信合作"的主题和东博会5周年，剪彩嘉宾搭建起象征合作、通向未来的长桥，寓意加强沟通才能增进合作、克服障碍。

2009年第六届东博会开幕大会创意：化危为机　照亮航程

第六届东博会于2009年10月20日开幕。在金融风暴背景下，开幕大会的创意为"化危为机　照亮航程"。剪彩嘉宾启动风车，风车转动产生的能量点亮灯塔，寓意中国和东盟通过东博会的合作，可以将金融风暴化为动力，共克时艰，破浪前行。

2010年第七届东博会开幕大会创意：水润花开　共享硕果

第七届东博会于2010年10月19日开幕，当时正值中国-东盟自由贸易区如期建成。开幕大会的创意为"水润花开　共享硕果"。剪彩嘉宾将象征自贸区建设和东博会成果的果汁共同倾入"成果杯塔"，寓意共庆自贸区建成，共享成果。同时，巨大的向日葵在舞台上绽放，与环廊万朵向日葵交相辉映，象征东博会和自贸区的明天将更加灿烂辉煌。

2011年第八届东博会开幕大会创意：锦上添花

第八届东博会于2011年10月21日开幕，恰逢中国-东盟建立对话关系20周年和中国-东盟友好交流年。开幕大会的创意为"锦上添花"。剪彩嘉宾用花朵共同庆祝中国-东盟合作取得的成就，同时为"中国-东盟青少年交流活动中心"揭牌，寓意中国与东盟友好合作代代相传。

2012年第九届东博会开幕大会创意：共展宏图

第九届东博会于2012年9月21日开幕，适逢《中国-东盟全面经济合作框架协议》签署10周年。开幕大会的创意为"共展宏图"。剪彩嘉宾共同打开巨幅画卷，展现中国与东盟合作成果和前景的"宏图"，强调中国与东盟只有合作才能实现共赢发展，共创美好未来。

2013年第十届东博会开幕大会创意：收获硕果　播种未来

第十届东博会于2013年9月3日开幕，适逢中国-东盟建立战略伙伴关系10周年、东博会和中国-东盟商务与投资峰会创办10周年这一承前启后、继往开来的重要时刻。开幕大会的创意为"收获硕果　播种未来"。开幕嘉宾捧起象征10年合作成果的金色稻谷，播撒在象征中国-东盟自贸区的"土地"上，浇灌10年前采自11国母亲河的"合作之水"，种子生根发芽，寓意中国和东盟通力合作，用收获的硕果播种未来的希望，携手同心，从丰收的"黄金10年"迈向更加辉煌的"钻石10年"。

2014年第十一届东博会开幕大会创意：经纬交织　丝路融通

第十一届东博会于2014年9月16日开幕，适逢中国-东盟"钻石10年"开局之年、中国-东盟文化交流年和共建21世纪海上丝绸之路首要之年。开幕大会的创意为"经纬交织　丝路融通"。开幕嘉宾推动织机，共同织就21世纪海上丝绸之路宏伟画卷，体现了东博会像一把"信任之梭"，把中国与东盟各国紧紧交织在一起，编织出了一条共同发展、共同繁荣的合作共赢之路，一条增进理解信任、加强人文交流的和平友谊之路。

2015年第十二届东博会开幕大会创意：八音合奏　丝路共鸣

第十二届东博会于2015年9月18日开幕，适逢中国-东盟海洋合作年、"一带一路"全面实施的开局之年。开幕大会的创意为"八音合奏　丝路共鸣"。以声音为线索，以中国古代礼器——磬为启幕道具，采集各国美丽而独特的声音，汇聚成"八音合奏"，引发"丝路共鸣"，形象生动地诠释了共建"一带一路"不是一个国家的独唱，而是合作国家的合唱。

2016年第十三届东博会开幕大会创意：聚力升级　比翼齐飞

第十三届东博会于2016年9月11日开幕，适逢中国−东盟建立对话关系25周年、东盟共同体开局之年、中国−东盟教育交流年。开幕大会的创意为"聚力升级　比翼齐飞"。开幕嘉宾摇动手柄为"合作引擎"赋能，插入"芯片"，用智慧驱动产业升级，实现比翼齐飞，寓意东博会、中国−东盟商务与投资峰会作为中国与东盟国家开展产能合作的重要平台，集聚11国的智慧与力量，打造全方位、多层次的"合作引擎"，推动产能合作，促进产业转型升级，造福各国人民。

2017年第十四届东博会开幕大会创意：点亮丝路　放飞心愿

第十四届东博会于2017年9月12日开幕，适逢东盟成立50周年、中国−东盟旅游合作年，也是"一带一路"倡议取得丰硕成果的重要一年。开幕大会的创意为"点亮丝路　放飞心愿"。开幕嘉宾点亮并放飞心愿灯，寓意东博会集聚各国民众美好心愿，点亮和平、合作、创新、文明之灯，照亮丝路前程，推动各国民心相通、互学互鉴、共享繁荣。

2018年第十五届东博会开幕大会创意：吐丝织锦　化茧成蝶

第十五届中国−东盟博览会于2018年9月12日开幕，适逢中国−东盟建立战略伙伴关系15周年、中国−东盟博览会创办15周年、中国−东盟创新年、改革开放40周年。开幕大会的创意为"吐丝织锦　化茧成蝶"。开幕嘉宾转动"缫丝机"，抽丝剥茧，彩蝶破茧而出。通过天蚕吐丝奉献，造福人类，隐喻中国扩大贸易进口，主动扩大对外开放，对丝路国家、对世界的无私奉献，弘扬"共享和平，共同发展"的丝路精神。

2019年第十六届东博会开幕大会创意：精雕细琢　共拓未来

第十六届中国−东盟博览会于2019年9月21日开幕，适逢《中国−东盟战略伙伴关系2030年愿景》开局之年、中国−东盟媒体交流年、"一带一路"倡议从"大写意"到"工笔画"的第一年。开幕大会的创意为"精雕细琢　共拓未来"。开幕嘉宾用拓印工具在启幕装置上完成拓印动作，为白描刻板增色，"五通"成果由纯白色逐渐变为彩色，在大屏幕中拼接成卷。一条五彩"2030愿景"长卷从舞台上方飞过现场，上面绘制11国重点建设项目，象征着一幅互利共赢、合作共享的未来蓝图。

资料来源　东博会官微. 脑洞大开！东博会开幕大会创意就是这么酷炫［EB/OL］.［2020-11-22］. https://m.thepaper.cn/baijiahao_10099479.

分析提示：开幕式必须结合展会主题和社会热点来进行创意策划，并且要持续创新，这样才能保持其吸引力和生命力。

3.4.2　评奖活动的策划

为了提高参展商和观众的积极性，丰富展览内容，展会期间常常要举办各种各样的比赛，如关于展位设计和搭建以及展台布置的比赛、关于展品的比赛等。其中，关于展品的比赛最为常见，这种比赛通常被称为"评奖"。这种评奖对展后参展商的宣传往往起到了较大的作用，如现在不少企业常用"××博览会金奖"来宣传自己的产品。

评奖活动策划的一般程序如下：

1）成立评审委员会

为了确保评奖活动的可信度，主办单位首先要组织一个专家评审团，负责比赛的评审工作。评审团成员要有代表性，并且要向所有参赛者公开。

2）制订和发布评奖活动方案

一般而言，展会评奖活动方案的内容主要包括：①评奖目的；②评奖原则；③参评范围；④奖项设置；⑤评奖申报和评审操作办法；⑥评审委员会组成；⑦颁奖和宣传；⑧评奖活动时间安排；⑨其他事项。评奖活动应邀请有关媒体参与报道，以扩大其影响力。

3）发动参展商参加

主办单位要向参展商宣传评奖活动，发动其积极参与。评奖活动方案一般置于招展函中，也可以作为附件放在招展函的最后，还可以作为独立方案单独执行。

4）对申报项目进行评选

对于申报的参评项目，评审委员会应按照事先制定的评奖原则和评奖办法进行评选。需要注意的是，有的项目（如展台设计、现场活动组织等）可采取由专业观众评审的方式，或者采取评审委员会和专业观众共同评审的方式，这样会更加合理。

5）公布评奖结果

评奖的揭晓时间一般安排在展会结束的前一天。公布评奖结果时，一般需要组织一个公开的颁奖仪式，以使评奖活动更正式、更有影响力；要对获奖单位和个人进行奖励，如颁发奖杯、奖状、奖牌、奖金等，也可以下一届展会一定面积的展位作为奖励。

3.4.3　表演活动的策划

展会期间，为了活跃现场气氛，更好地吸引参展商和专业观众，办展单位还会组织一些表演活动，如图 3-1 所示。表演活动可以分为两种：一种是与展会题材有关的表演，如某个展品的制作演示或操作表演；另一种是与展会题材无关的表演，如演唱会和其他娱乐性表演活动等。

图 3-1　展会上的现场表演

与展会题材有关的表演一般安排在展会期间举行，地点一般安排在展会现场，这样可以与参展商的展出紧密配合，烘托出展会的气氛和主题。如果表演是由某家参展商出资举办的，则应在相应的参展企业展位上或其附近演出；如果是为整个展会服务的表演，则应该安排在展会的公共场所举行。

对于与展会题材无关的表演，一般应安排在开幕式之初或者展会结束的前一天举行，地点一般安排在展会现场以外的地方。如果是小型表演，可穿插在展会开幕式期间或在开幕式晚宴上举行。

需要指出的是，在策划表演活动时，要注意表演活动不能对参展商的展出效果产生不利影响，也不要妨碍观众的参观；同时，由于表演活动往往会吸引大量的观众，因此在策划时要考虑表演现场的安全防范措施和现场秩序的维持方法，做好应急预案。

3.4.4　其他配套活动的策划

其他配套活动的策划主要有两种方式：

（1）由办展单位自行策划。这种方式的优点是办展单位可以对活动质量进行控制，减少了各种风险；缺点是会消耗办展单位大量的精力，减少了其对参展商和观众核心利益（如商品展示、贸易配对等）的关注。

（2）由参展商、观众、政府部门、行业协会、研究机构或其他专业机构共同策划，办展单位负责总体规划和监督。这种方式的好处是减少了办展单位在非核心业务上投入的精力，能够充分发挥相关单位的聪明才智和资源，这也正是展会平台的精神所在；不足之处是这种方式的风险较大。中国国际进口博览会（简称进博会）配套活动的策划就采取了这种方式。

▶ **会展案例3-3**

第六届中国国际进口博览会配套活动总体安排

1.活动类型

第六届进博会配套活动分为以下类别：

（1）政策解读类。中央和国家机关、地方政府、行业组织、研究机构等开展形式多样的政策发布、权威分析、深度解读、趋势研判等活动，促进开放合作。

（2）对接签约类。交易团、采购商、参展商、招商招展合作单位、进博会支持单位、行业组织等举办需求发布、供需洽谈、签约仪式等活动，促进国际采购。

（3）产品展示类。参展企业特别是世界500强企业、行业龙头企业等，举办新产品发布、新技术推广、新服务展示等活动，持续打造"进博发布"平台，提升国际影响力。

（4）投资促进类。地方政府、产业园区、投资促进机构等举办营商环境推介、省州交流合作、产业对接研讨等活动，促进境内外双向投资和产业合作。

（5）文化交流类。地方政府组织开展非物质文化遗产、中华老字号、步行街、旅游等相关展演，以及具有地域或民族特色的公益演出等；鼓励其他国家（地区）开展宣传推介、世界级非物质文化遗产展示交流等活动，促进人文交流。

（6）研究发布类。国际组织、行业组织、科研机构、专业机构等举办与进博会主题定位相契合的行业研讨、科研论坛、研究成果分享等活动，促进创新互鉴。

（7）其他类别。除以上类型外，配套活动还包括行业年会、客户答谢会、专业比赛等。

2.工作流程及分工

（1）申办主体。申办主体包括中央和国家机关，国际组织，国家展参展国（地区），参展企业，各省、自治区、直辖市、计划单列市及新疆生产建设兵团及其相关单位，采购商，招商招展合作单位，进博会支持单位，行业组织，主流媒体等。

（2）申办流程。各省、自治区、直辖市、计划单列市及新疆生产建设兵团及其相关单位活动举办意向、所属采购商活动举办意向，由相应交易团秘书处归口收集，提交中国国际进口博览局。中央和国家机关、国际组织、国家展参展国（地区）、参展企业、中央企业交易团及国家卫生健康委交易团内单位、招商招展合作单位、进博会支持单位、全国性行业组织、主流媒体等活动举办意向，直接提交中国国际进口博览局。2023年8月15日活动申办截止。

（3）排期公布。中国国际进口博览局牵头，结合进博会定位、行业特点、活动主办方性质、活动主要内容、场地资源情况等，对相关配套活动申办意向预排时间和场地，第六届进博会开幕前公布正式排期。

（4）新闻宣传。活动组织方根据实际需求，提供活动亮点、宣传素材，2023年10月中旬完成收集，中国国际进口博览局对符合要求的材料内容进行重点宣传。

（5）组织实施。活动组织方根据排期情况与中国国际进口博览局、国家会展中心（上海）有限责任公司对接注册、证件办理、合同签署、会场服务、费用结算等事宜，细化活动方案，稳步组织实施。

（6）服务保障。中国国际进口博览局、国家会展中心（上海）有限责任公司成立配套活动工作小组，加强服务保障。支持配套活动主办方组织嘉宾集中参观企业商业展。

3.相关要求

（1）活动构成。将活动总量控制在一定规模。政策解读、对接签约、产品展示、投资促进、文化交流、研究发布等活动优先安排；兼顾一般性的圆桌会议、闭门会议等活动。综合安全、交通、意识形态、新闻宣传等因素，原则上所有配套活动均应在国家会展中心（上海）场馆内或其附属洲际酒店举办。

（2）监督管理。按照"谁主办、谁负责"的原则，组织方要加强对配套活动具体内容、人员观点言行的提前审查和现场监测，编制完善的应急预案；按规定向公安等部门报备，消除安全隐患。协调上海市有关部门加强监管，严厉打击假借进博会名义开展活动等不法行为。

资料来源 根据中国国际进口博览会官方网站资料整理。

分析提示：展会配套活动可以由办展单位自行策划并实施，也可以通过招标或申请的方式由其他专业机构策划实施。后者可以使办展单位从众多的工作中分身出来，专注于对参展商和观众的服务工作。

3.5 展会工作方案策划

对展会工作方案策划的要求,一是明确展会的总体工作思路,形成总体工作方案;二是对展会的目标任务进行分解,形成操作性强的具体任务或活动方案。

3.5.1 展会总体工作方案的内容

展会总体工作方案的内容包括但不限于以下方面:

(1) 展会的名称。

(2) 举办展会的背景、目的和宗旨。

(3) 展会的主题、特色和主要活动。

(4) 展会的主办、协办、支持单位以及组织管理机构。

(5) 展会的时间安排,包括展期、具体办展日期以及日程安排。

(6) 展会的举办地点,包括举办城市和具体场馆。

(7) 展会的规模,包括展览面积(总面积、净面积)、展位(标准展位、特装展位)数量、预计参展商和观众(专业观众和普通观众)的数量。

(8) 展会的财务安排,包括展位、门票、广告和服务的价格以及财务预算表等。

(9) 参展范围、条件和参展办法。参展范围、条件是对参展企业或组织的行业属性和地区属性的规定;参展办法是指报名办法、报名截止时间和报名地点。

(10) 配套活动的内容和形式,如开幕式、新闻发布会、成果介绍、项目签字、文艺晚会、答谢宴会等。

(11) 展会服务、现场管理和安全保卫措施。

(12) 招商、招展和广告宣传计划。

(13) 其他事项的说明。

3.5.2 展会具体工作方案的要求和内容

展会的具体工作任务包括宣传推介、招商和招展、现场管理和服务、布展和撤展、接待服务、安全保卫、运输装卸、海关商检、食品安全、卫生保洁、展会评估等;具体活动包括开幕式、领导人巡馆、贸易配对、相关论坛、客商联谊等。

1)具体工作方案的基本要求

展会中的每一项任务或活动都要进行周密策划。在策划过程中,应考虑以下几个方面:

(1) 约束条件,即任务或活动在什么情况下可以进行。

(2) 目的,即任务或活动的意义、价值、重要性。

(3) 目标,即任务或活动最终要取得什么样的成果,相关的工作要求是什么。

(4) 步骤和方法,即实现目标的路径、有效方法、主要战术等。

(5) 责任,即落实责任人及相关的奖罚措施。

(6) 时间表,即各项具体工作的起止时间、进度安排等。

（7）范围，即任务或活动影响到的机构、部门、人，以及任务或活动的地点。

（8）预算，即付出多少资源和代价。

（9）应变措施，即非正常情况下的应急安排。

2）具体工作方案的内容

下面以招展工作方案为例进行说明。

（1）招展工作的依据和原则。招展工作的依据主要有两个方面：一是展会的基本定位，即明确展会"是什么""有什么"；二是产业分布的特点，即从宏观上分析和介绍展会题材在全球、全国的分布特点、发展状况等。招展工作的原则是指贯穿招展工作全过程的基本要求，一般根据有关的法律、法规和以往的经验、教训来确定。

（2）展会基本情况，包括展会名称、主办单位、展会性质、展品类型、展览面积、展区和展位的分布、展位规格等。

（3）展位价格。这是招展方案的核心内容之一，也是影响招展工作的重要因素。一般要说明制定价格的依据，并做一些横向比较，同时要说明不同展位价格的差异和价格优惠策略等。

（4）招展的对象和范围，包括参展商的行业特征、数量和质量要求，以及国际和国内参展商的比例等。

（5）招展机构的设置、人员的配备与培训、任务与分工、奖惩措施。

（6）招展代理的选择、管理以及招展代理的佣金水平。

（7）招展宣传和展位营销的具体方法、途径，如发布广告和招展公告、向目标客户邮寄参展邀请函、派营销人员上门推销、举行新闻发布会等。

（8）招展工作的质量要求和时间进度安排。

（9）招展工作的费用预算。

总而言之，从可操作性的角度来看，展会具体工作方案越细致越好。

3.6 展会项目进度计划

项目是指为了创造独特的产品或者服务而进行的一种临时性工作。项目具有目的性、一次性、临时性、约束性、系统性等特点，包括会议、展览、节庆活动在内的会展活动本身就是一个完整的项目。在展会的策划与运作过程中，涉及各方面计划的制订与实施，而项目进度计划又是制订与实施各种计划的重要一环。基于此，我们有必要对展会项目进度计划进行单独介绍。

进度计划是表述项目中各项工作的开展顺序、开展和完成时间及相互衔接关系的计划。在展会运作过程中，展会组织者需要做大量细致的工作，由于各项工作相互交叉，因此必须对各项工作的开始时间、所需时间以及完成时间做出详细的规划。展会项目的举办时间有严格的规定，不可更改，所以要以举办时间为基点，用倒推的方法制订进度计划，以控制各项工作的进度。

展会项目进度计划的编制一般包括以下几个步骤：项目描述、项目分解、工作描述及责任分配、工作先后顺序的确定、活动工期估算、进度安排。

3.6.1 项目描述

项目描述即用表格的形式列出项目名称、项目目标、项目工作规范等内容（见表3-2），它是制订项目计划和描绘工作分解图的依据。项目描述的依据是立项策划书、已经通过的初步设计方案和批准后的可行性报告。

表 3-2   展会项目描述表

项目名称	
项目目标	
交付物	
交付物完成准则	
工作描述	
工作规范	
所需资源估计	
重大里程碑	
项目负责人	

3.6.2 项目分解

若想制订出完善的项目进度计划，就必须把复杂的项目分解成一层一层的工作要素，直到具体明确为止。

1）展会项目工作分解结构（WBS）

展会项目工作分解结构就是将整个展会项目分解成便于管理的具体项目的活动描述。对一个展览活动来说，其基本工作包括前期准备工作、具体实施工作、现场服务工作、展后工作。其中，前期准备工作又可以分解为确定项目目标、制订营销计划、制订组织计划等。所要做的各项工作中有的必须按照顺序进行，如只有确定了项目目标，才能制订营销计划和组织计划，而制订营销计划和组织计划两者可以同时进行。工作分解结构可以把一个项目分解成由任务、子任务、工作包等构成的等级式结构，最后以表格的形式列出，形成一个工作列表或图。

2）工作分解结构的步骤

（1）确定展会项目的主要组成部分，也就是确定实现项目目标需要完成的主要工作。

（2）分解展会项目的各项工作。这一步骤要解决的问题是：为了完成上述各组成部分的工作，需要做哪些更具体的工作。

（3）画出相应的树状图。

（4）对每个子项目进行描述，并确定完成每个子项目所需的时间。

（5）检查工作分解的正确性，包括检查是否某些任务还没有划分成更细的任务，检查是否有的任务没有必要为其分配独立的人员和其他资源。如果工作分解不正确，则要做进一步修改。

3）WBS编码

WBS编码就是为项目工作分解图中的每一项工作确定一个数字代码。编码可以采用多位数字，具体采用多少位数字要视项目的复杂程度而定。一般而言，项目越复杂，编码位数越多。展会项目WBS编码如图3-2所示。

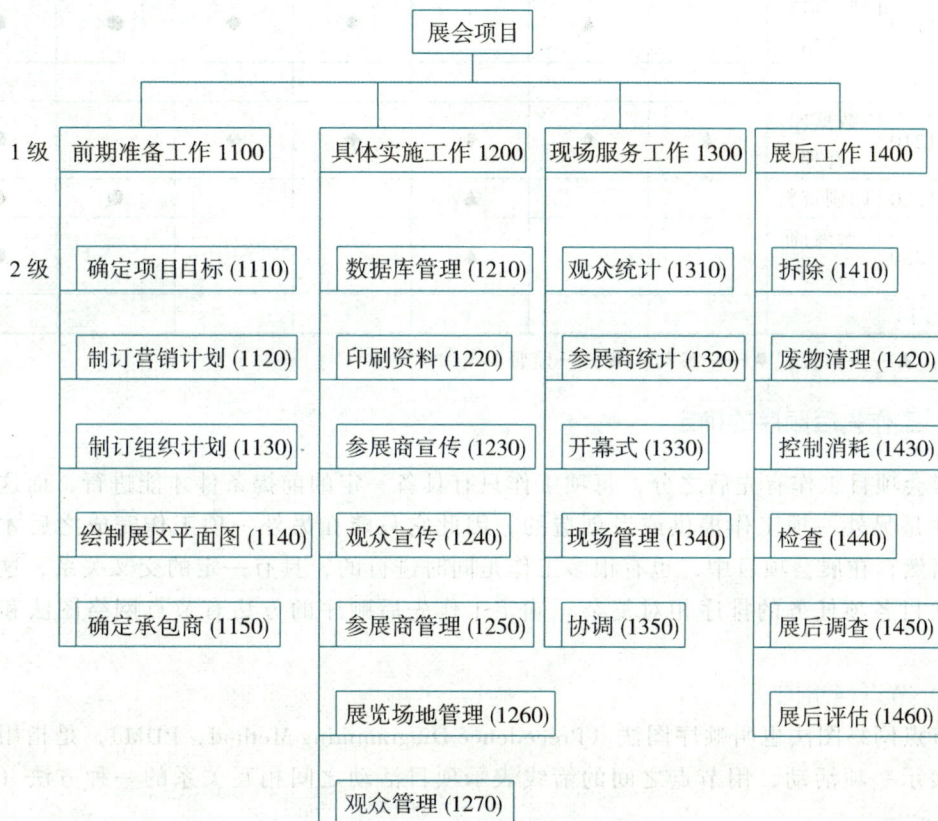

```
                          展会项目

1级    前期准备工作 1100   具体实施工作 1200   现场服务工作 1300   展后工作 1400

2级    确定项目目标 (1110)  数据库管理 (1210)   观众统计 (1310)     拆除 (1410)

      制订营销计划 (1120)  印刷资料 (1220)    参展商统计 (1320)   废物清理 (1420)

      制订组织计划 (1130)  参展商宣传 (1230)  开幕式 (1330)       控制消耗 (1430)

      绘制展区平面图 (1140) 观众宣传 (1240)    现场管理 (1340)     检查 (1440)

      确定承包商 (1150)    参展商管理 (1250)  协调 (1350)         展后调查 (1450)

                          展览场地管理 (1260)                     展后评估 (1460)

                          观众管理 (1270)
```

图3-2　展会项目WBS编码

3.6.3　工作描述及责任分配

在对展会项目进行分解的基础上，还需要对工作进行描述，并将所分解的工作落实到有关部门或个人，明确有关部门或个人与各项工作的关系，见表3-3。

责任分配表的表现形式有很多种，但基本格式都是表格或矩阵。纵项用WBS编码表明分解后的各项任务，横项则列出项目组的各部门（或各负责人员），在纵项与横项相交的空格内用图例符号表示任务和各部门（或各负责人员）之间的关系。

表3-3只是一个例子，用来说明责任分配表的编制，在实际工作中不能简单套用，因为不同展会项目的任务、项目组织机构和成员的职能分工是不同的，要视具体情况而定。

表3-3   责任分配表

WBS编码		任务名称	策划部	招商、招展部	宣传推介部	会议接待部	展览管理部	财务部	综合协调部
1100	1110	确定项目目标	▲	◆	◆	◆	◆		●
	1120	制订营销计划	▲	◆	◆			●	●
	1130	制订组织计划		▲		◆	◆		●
⋮	⋮								
1200	1210	数据库管理	▲	◆	◆		◆		●
	1220	印刷资料			▲			●	●
	1230	参展商宣传			▲				●
⋮	⋮								

注：▲——负责；◆——参与；●——监督。

3.6.4　工作先后顺序的确定

展会项目工作有先后之分，每项工作只有具备一定的前提条件才能进行，而这些条件往往是另外一项工作提供或者创造的，因此它只能在另外一项工作完成之后才能开始。当然，在展会项目中，也有很多工作是同时进行的，具有一定的交叉关系，这使得展会项目各项任务的排序相对复杂。确定工作先后顺序的方法有节点网络图法和箭线图法。

1）节点网络图法

节点网络图法也叫顺序图法（Precedence Diagramming Method，PDM），是指用单个节点表示一项活动，用节点之间的箭线表示项目活动之间相互关系的一种方法（如图3-3所示）。

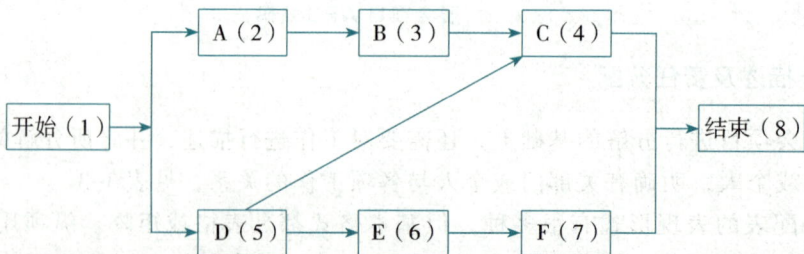

图3-3　节点网络图法示例

在用节点表示活动的网络图中，每项活动都用一个（只能用一个）方框或者圆圈表示，对项目活动的描述（命名）一般直接写在方框或者圆圈内。使用项目活动编号时，每个方框或者圆圈内只能有一个活动编号。项目活动之间的关系用箭线表示，在实际工作中要注意分析各项工作的先后顺序。

2）箭线图法

箭线图法也是一种描述项目活动顺序的网络图法。这一方法用箭线代表活动，用节点代表活动之间的联系和相互依赖关系（如图3-4所示）。

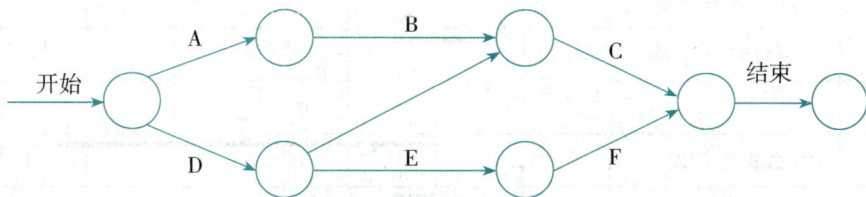

图3-4　箭线图法示例

在展会项目中，很多任务之间并没有严格的先后顺序，用节点网络图法或箭线图法表示的项目网络图不可能很清晰。也就是说，虽然展会项目可以简单地划分为展前、展中和展后三个阶段，但每个阶段中的各项任务之间并没有清晰的界限，许多工作是同时进行的，在实际工作中要特别注意这一点。

3.6.5　活动工期估算

活动工期估算即估计各项活动所需要的时间，这项工作必须由熟悉具体活动内容和性质的人员来完成。经验在估算活动工期时的作用非常重要，它决定了估算的准确程度。

活动工期估算主要建立在掌握以下几方面资料的基础上：

（1）资源的数量和质量。大多数展会项目所需时间由相关资源的数量和质量决定。例如，分配给某项工作的人数越多，那么完成该项工作所需的时间就越短；从事某项工作的人员的素质越高，完成该项工作所需的时间就越短。

（2）历史信息。其他组织或者与该展会项目有关的组织、项目团队的个别成员可能会保留先前展会活动的相关记录，这些记录可以帮助估算工期。

（3）展会工作的约束条件和假设前提。

3.6.6　进度安排

活动工期估算结束后，根据项目的逻辑关系，就可以安排项目的时间进度了。项目进度安排是项目控制的重要依据，是以项目工作分解结构、项目工作的先后顺序、项目活动工期为依据，详细安排每项工作的起始和终止时间的一种项目管理方法。编制项目进度计划的方法主要有以下几种：

1）甘特图

甘特图也叫横道图，由亨利·劳伦斯·甘特发明，它以图示的方式通过活动列表和时间刻度形象地表示了项目的活动顺序与持续时间。甘特图示例见表3-4。

2）里程碑计划

展会项目中的里程碑事件是对整个项目有重大影响、决定项目成功与否，并对其他工作有重要参考价值的重大事件。里程碑计划是以项目中某些重要事件的完成或开始时

表 3-4　　　　　　　　　　　　　　　　　甘特图示例

任务编码	任务名称	1月	2月	3月	4月	5月	6月	7月	备注
1110	确定项目目标	▬							
1120	制订营销计划		▬						
1130	制订组织计划			▬					
⋮	⋮								
1210	数据库管理			▬▬▬▬▬					
1220	印刷资料			▬					
1230	参展商宣传				▬▬▬▬				
⋮									

间为基准形成的计划，是一个战略计划或项目框架。通过里程碑计划，办展单位可以对展会项目进行宏观上的把握。里程碑计划是编制更详细的进度计划的基础，但它不能代替更具体的包括每一项任务的起止时间的进度安排。一般来说，持续时间较长的展会项目的进度安排往往要引入里程碑计划，在此基础上做更详细的进度安排。里程碑计划示例见表 3-5。

表 3-5　　　　　　　　　　　里程碑计划示例（以起始时间为基准）

里程碑事件	1月	2月	3月	4月	5月	6月	7月	8月
确定项目目标	▲ 1/1							
制订营销计划		▲ 2/2						
参展商宣传			▲ 13/3					
⋮								
开幕式								▲ 15/8
⋮								

3）网络计划技术

网络计划技术是指用网络计划对项目的工作进度进行安排和控制，最常见的是计划评审技术（Program Evaluation and Review Technique，PERT）和关键路径法（Critical Path Method，CPM）。

4）项目计划表

项目计划表是对项目进度的详细安排，表中会给出每项工作的持续时间、开始时间和结束时间。项目计划表示例见表3-6。

表3-6　　　　　　　　　　　　　　　项目计划表示例

WBS编码	工作任务	持续时间（天）	开始时间	结束时间	备注
1100	前期准备工作				
1110	确定项目目标	28	1/1	28/1	
1120	制订营销计划	27	2/2	28/2	
1130	制订组织计划	30	15/2	16/3	
⋮	⋮				
1200	具体实施工作				
1210	数据库管理	134	1/3	12/7	
1220	印刷资料	12	1/3	12/3	
1230	参展商宣传	110	13/3	30/6	
⋮	⋮				

　　以上四种编制展会项目进度计划的方法都有各自的优缺点，展会主办单位应根据展会自身的特点来选择。甘特图和项目计划表可以很清楚地反映出活动进程，在项目控制过程中，它们也可以清楚地显示出活动进度是否落后于计划、何时落后于计划等；同时，甘特图比较容易理解和改变，展会项目工作人员一眼就能看出活动什么时间应该开始、什么时间应该结束。但是甘特图也有一些缺陷，如它不能表示活动之间的相互关系、项目执行过程中的不确定性等。里程碑计划能够从宏观上对展会项目进行把握，但其不能明确表示项目具体任务执行的起始时间和终止时间，因此在展会实践过程中应慎重选择。

　　一般而言，如果展会项目的规模比较大或者比较复杂，则可以选用里程碑计划或网络计划技术；反之，则可以选用甘特图或项目计划表。如果展会项目的准备时间比较短，则可以选用甘特图或项目计划表；如果展会项目有比较充裕的时间来准备，则可以选用网络计划技术详细列出各项任务之间的相互关系和起止时间。如果对展会项目的每一个具体任务都非常清楚，则可以选用项目计划表，标出每项任务的起止时间；如果只对项目的大概情况有所了解，则可选用里程碑计划。

　　需要特别注意的是，上述编制展会项目进度计划的方法并不相互矛盾，任何一个展会项目的进度计划都是采用多种方法编制的。因此，在展会项目的实际操作过程中，办展单位应结合项目的具体情况，将几种方法组合在一起，取长补短，从而形成一个清晰、直观、科学的项目进度计划。

价值引领 3-1　　　　　　　　　敦煌文博会讲好中国故事

　　第六届丝绸之路（敦煌）国际文化博览会（简称第六届敦煌文博会）以"沟通世界：文化交流与文明互鉴"为主题，认真贯彻落实习近平总书记在敦煌研究院座谈会及文化传承发展座谈会上的重要讲话精神，对外宣传推介中华文化，不断提升中华文化的影响力和传播力。

　　一是通过开展系列主题活动，提升中华文化影响力。第六届敦煌文博会以"敦煌论坛"为统一名称，举办了 12 项论坛活动，邀请了 580 多名中外嘉宾参加。通过举办传承丝路文化与构建文明新形态论坛、敦煌学研究弘扬的世界意义学术研讨会、第二届文明古国友好组织对话会、国际青年文化论坛等，深入挖掘敦煌文化蕴含的哲学思想、人文精神、道德理念，向国内外嘉宾展示了甘肃省在传承丝路精神、构建人类命运共同体、文化遗产保护、敦煌学研究、文化交流与合作等方面取得的丰硕成果，充分体现了中华民族博采众长的文化自信和中华优秀传统文化的博大精深。通过举办世界文化遗产保护典范和敦煌学研究高地建设成果展、融贯东西的典范——敦煌文化主题展、丝绸之路简牍文物展等，向国内外嘉宾展示了甘肃省在保护和传承中华优秀传统文化方面取得的成就。此外，第六届敦煌文博会还邀请了美国、蒙古国、阿塞拜疆等国的艺术家与甘肃艺术家同台演绎"相约敦煌"，联袂打造连接历史与当代、世界与中国的文化盛宴，共同谱写美美与共、和合共生的丝路乐章。

　　二是加大国际传播力度，提升中华文化传播力。积极争取中宣部的指导和支持，邀请包括埃及前总理在内的 5 名兰花奖获得者参加第六届敦煌文博会，并邀请他们赴敦煌研究院开展深层次文化交流。这 5 名受邀者都是在国际上具有一定影响力并长期致力于对外传播中华文化的友好人士，此次敦煌之行让他们再次感受到中华文化的绚丽多彩，也将促使他们更好地向世界传播中华文化。邀请从事国际传播工作的 100 多名境内外记者对第六届敦煌文博会进行宣传报道。其中，中央广播电视总台 5 个语种的 29 名国际传播记者在海内外平台发布了《大漠长河美敦煌》《我们为什么爱敦煌？》《丝路明珠莫高窟》等系列融媒体产品，吸引了大量海外网友"云"游敦煌，共享千年丝路盛景。来自美国、阿联酋、柬埔寨、塞尔维亚、印度尼西亚、日本、哈萨克斯坦、韩国、缅甸、越南 10 个国家 19 家媒体的 30 余名外籍记者，重点报道了甘肃省文化遗产保护，特别是敦煌研究院在打造世界文化遗产保护典范和敦煌学研究高地等方面取得的重要成果。甘肃省海外社交平台账号对第六届敦煌文博会开幕式进行了全程直播，发布"第六届丝绸之路（敦煌）国际文化博览会"主题帖文 33 条，累计阅读量超过 40 万人次。这些报道使国际社会和海外受众真切感受到了中华文化的独特魅力，也让可信、可敬、可爱的中国形象更加深入人心。

　　资料来源　张斌强. 第六届丝绸之路（敦煌）国际文化博览会成果通报新闻发布会实录［EB/OL］.［2023-09-07］. https://gansu.gansudaily.com.cn/system/2023/09/07/030870110.shtml.

　　思政元素：坚定文化自信　增强中华文明传播力影响力　文明交流互鉴

　　思政感悟：党的二十大报告提出："增强中华文明传播力影响力。坚守中华文化立场，提炼展示中华文明的精神标识和文化精髓，加快构建中国话语和中国叙事体系，讲好中国故事、传播好中国声音，展现可信、可爱、可敬的中国形象。加强国际传播能力建设，全面提升国际传播效能，形成同我国综合国力和国际地位相匹配的国际话语权。深化文明交流互鉴，推动中华文化更好走向世界。"敦煌文博会作为国家层面唯一以"一带一路"国际文化交流为主题的综合性国际博览会，是对外展示中华优秀传统文化的重要窗口。会展从业者应身体力行，为讲好中国故事、传播好中国声音，向世界展现真实、立体、全面的中国，不断进行探索和实践。

知识掌握

⊙ 选择题

1）在展会策划过程中，应根据变化的信息及时调整策划方案，也就是说我们应遵循（　　）。

A.可行性原则　　　　B.可操作性原则　　　C.创新原则　　　　D.权变性原则

2）展会的题材通常有（　　）。

A.创新题材　　　　　B.分列题材　　　　　C.拓展题材　　　　D.合并题材

3）中国（玉林）中医药博览会是从中国（玉林）中小企业商机博览会的一个板块中分离出来独立成展的，这属于（　　）。

A.创新题材　　　　　B.分列题材　　　　　C.拓展题材　　　　D.合并题材

4）展会的名称一般包括（　　）。

A.基本部分　　　　　B.限定部分　　　　　C.行业标识　　　　D.拓展部分

5）以现场零售为主要目的的展会，其基本部分最恰当的是（　　）。

A.博览会　　　　　　B.展览会　　　　　　C.展销会　　　　　D.交易会

6）大部分展会都将开幕式的时间定在（　　）。

A.上午8点左右　　　B.上午9点左右　　　C.上午10点左右　　D.上午11点左右

在线测评3-1

选择题

⊙ 简答题

1）为什么展会策划要理念先行？

2）展会策划的原则和内容有哪些？

3）论证某个展会项目的可行性应重点考虑哪些要素？

4）展会立项策划包含哪些内容？

5）展会总体工作方案的内容包括哪些？

知识应用

⊙ 案例分析

25年，纺博会为何历久弥新？

创办于1999年的中国绍兴柯桥国际纺织品博览会（简称纺博会），一转眼迎来25岁！在25年接力长跑中，纺博会不仅使柯桥企业向世界全方位展示了优质面料与时尚创意，还为柯桥带来了展会与产业的良性互动。

纺博会历经探索与沉淀，历久弥新，如今已成为国内三大知名面料展会之一，是全国乃至全球纺织面料行业交流互鉴的平台。

正是在一届又一届纺博会的加持下，柯桥不断完善纺织产业体系，在"经纬之间"

塑造商贸传奇，让纺博会这张"金名片"熠熠生辉。

崛起，在柯桥拥抱世界

《展览开馆　纺城上"星"》《百名记者镜头对准轻纺城》……1999年4月24日，随着首届纺博会开幕，纷至沓来的境内外媒体通过他们的镜头、文字，向全世界介绍中国轻纺城。

数据显示，首届纺博会一鸣惊人，来自法国、意大利、西班牙等8个国家和地区以及国内250家企业的客商参展，成交金额5.15亿元人民币，达成贸易意向4.43亿元人民币，成绩不俗。

嬗变，展会不断提档升级

2015年，纺博会首次与柯桥时尚周同期举办，共同演绎"时尚柯桥"；2018年，纺博会迎来第20个年头，同期举办首届世界布商大会和柯桥时尚周，三大活动联动互融；2020年，面对新冠肺炎疫情挑战，首次创办"云上纺博会"，走出一条线上线下联合办展的新路；2023年，纺博会通过UFI认证，跻身国际知名展会行列，提升了规格……回顾纺博会的发展历程，大事记记载了其一路的辉煌。

纺博会以"引领全球纺织趋势，展现时尚科技魅力，推动产业转型升级，搭建供需贸易平台"为己任，不断提升自身内涵，丰富自身商贸价值，"成色"越来越足。

初心，构筑坚实"金桥"

"举办纺博会的初衷是搭建平台，为参展客商提供服务，促进经贸往来。"柯桥区会展业发展中心有关负责人表示。每届纺博会对参展商和采购商而言，都是一次"双向奔赴"之旅。

世界纺织看中国，中国纺织在柯桥。2023年11月4日，为期4天的第25届中国绍兴柯桥国际纺织品博览会（秋季）在绍兴国际会展中心盛大开幕，同期举行的还有第六届世界布商大会、2023国际纺织制造商联合会中国绍兴柯桥大会、柯桥时尚周。纺博会在25岁的美好时光里，全方位地向世界展示了"国际纺都"高质量发展的最新成果，为畅通产业链各环节、加快形成互利互惠、携手共进的良好局面注入了新动能、带来了新机遇。

资料来源　佚名．25年，纺博会为何历久弥新？［EB/OL］．［2023-11-04］．https://baijiahao.baidu.com/s?id=1781617915683840546&wfr=spider&for=pc.

问题：

（1）纺博会是如何在国内竞争中确立自己的定位的？

（2）纺博会做了哪些创新？

◉实践训练

（1）小组拟办一个校园展，对此设想进行可行性研究。

要求：从外部环境和内部条件等角度分析机会、威胁、自身的优劣势，并就资源整合利用的方式、活动设想的可行性等提出意见。

（2）起草一份展会整体工作方案。

要求：包括但不限于如下内容：展会的名称；举办展会的背景、目的、宗旨；展会的主办、协办、支持单位以及组织管理机构；展会的主题、特色和主要活动；展会的举办时间、举办地点、规模和财务安排；参展说明；配套活动的内容和形式；展会服务、现场管理和安全保卫措施；招商、招展和广告宣传计划；对其他事项的说明。

第 4 章

展会营销实务

知识导图

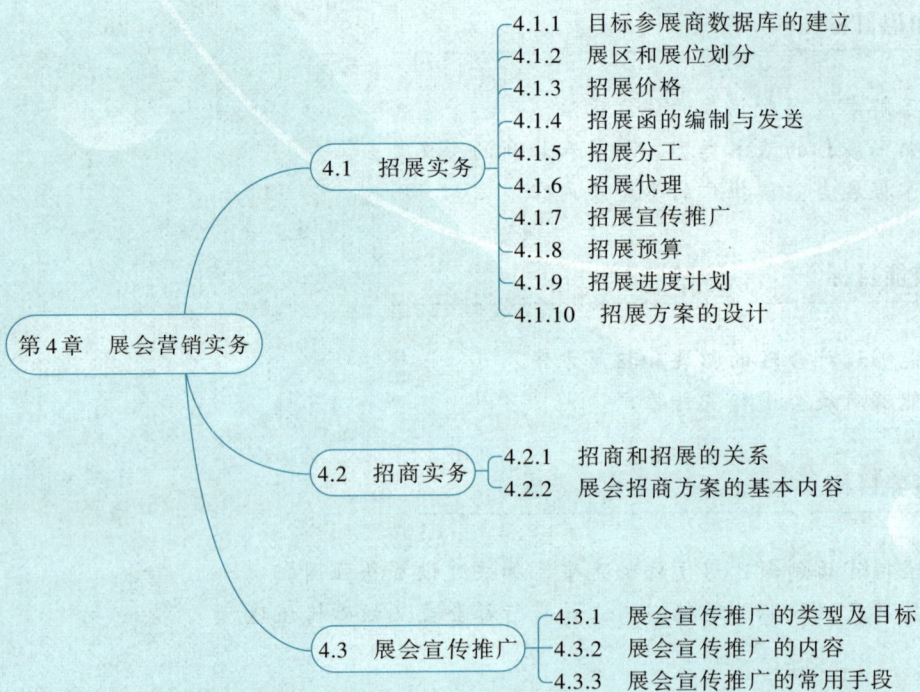

第4章　展会营销实务

- 4.1　招展实务
  - 4.1.1　目标参展商数据库的建立
  - 4.1.2　展区和展位划分
  - 4.1.3　招展价格
  - 4.1.4　招展函的编制与发送
  - 4.1.5　招展分工
  - 4.1.6　招展代理
  - 4.1.7　招展宣传推广
  - 4.1.8　招展预算
  - 4.1.9　招展进度计划
  - 4.1.10　招展方案的设计
- 4.2　招商实务
  - 4.2.1　招商和招展的关系
  - 4.2.2　展会招商方案的基本内容
- 4.3　展会宣传推广
  - 4.3.1　展会宣传推广的类型及目标
  - 4.3.2　展会宣传推广的内容
  - 4.3.3　展会宣传推广的常用手段

进博会宣传片在全球6座城市点亮

夜幕降临，华灯初上。"距离中国国际进口博览会开幕还有10天！"从外滩向陆家嘴望去，只见高楼林立间，"外滩之窗"LED大屏幕上的倒计时字样鲜艳璀璨，分外醒目。

从2018年10月24日起，中国国际进口博览会上海城市形象宣传片陆续在全球著名地标的户外媒体大屏上亮相，携手向世界展示这场"不一般"的盛会。

除了上海"外滩之窗"外，被誉为"世界的十字路口"的纽约时代广场、人流如织的巴黎春天步行街、热闹繁华的东京涩谷，以及菲律宾马尼拉、黎巴嫩贝鲁特的市区主干道……"这一刻　在上海""新时代共享未来"，中国国际进口博览会上海城市形象宣传片在6座城市地标先后点亮。

无论是世界闻名的旅游景点，还是熙熙攘攘的都市中心，巨大的LED屏幕上，上海的都市魅力与创新活力尽显无余。人们一抬头就能望见：朝阳在云雾中腾跃而起，照亮了这座城市的车水马龙；憨态可掬的大熊猫"进宝"手持四叶草，笑意盈盈地向全世界人民张开怀抱，发出盛情邀请。

滨江星传媒市场总监徐昊表示，这次与中国国际进口博览局共同合作推出的全球地标宣传非常有意义。除了美国纽约、法国巴黎等国际知名城市外，他们还特意挑选了"一带一路"沿线已明确参加本届中国国际进口博览会的国家进行宣传片投放。"这些地标窗口在当地老百姓心目中往往具有代表作用，是'世界之眼'。我们希望通过在世界地标媒体布局，将中国的声音与形象传播到更多地方，使本届中国国际进口博览会的影响力覆盖全球。"

资料来源　吴卫群. 进博会宣传片在全球6座城市点亮［N］. 解放日报，2018-10-27（2）.

这一案例表明：随着会展行业竞争的日益激烈，展会营销的重要性日益凸显，一个成功的展会必然离不开有效的营销。

在展会立项之后，接下来很重要的一个环节就是招展和招商。招展和招商是展会营销的核心内容，也是决定展会成败的关键，因此受到展会举办单位的高度重视。

4.1　招展实务

4.1.1　目标参展商数据库的建立

所谓目标参展商，是指可能会来参展的企业和其他单位。建立目标参展商数据库是招展策划的第一步，一个完整实用的数据库是展会能够长期运作下去的根本保障。

1）目标参展商数据的收集

办展单位可以通过以下几种渠道收集目标参展商的数据：

（1）通过各个行业的企业名录收集。很多行业都有企业名录，其中收集了该行业大量企业的基本资料，如企业名称、地址、联系方式等，办展单位可以从中获得大量目标参展商的信息。

（2）通过商会和行业协会收集。办展单位可以联系各地的商会、行业协会等行业组织，与其建立密切的联系，从中了解行业内企业的相关情况，尤其是参加同类展会的企业的情况。

（3）通过政府主管部门收集。政府主管部门对其主管的企业有较详细的了解，办展单位可以从中获取相关信息，特别是可以通过政府有关部门获取国际专业买家的信息，甚至可以通过对口部门将国际重要买家组织到展会上来。

（4）通过同类展会收集。同类展会是收集目标参展商资料的一个理想场所。在展会上，办展单位可以到各个展位直接收集每一个参展商的信息，也可以通过购买展会会刊或参展商名录来收集信息。

（5）通过专业报刊、专业网站收集。各个行业的专业报刊、专业网站与行业企业往来密切，掌握着本行业大量企业的新动态和信息，因此这也是办展单位收集参展商数据的一个途径。

（6）通过外国驻华机构收集。办展单位如果能与各个国家或地区驻我国的办事机构保持良好的合作关系，也能掌握相关信息，特别是国外目标参展商的情况。

2）目标参展商信息的类别

（1）目标参展商的基本信息。这包括目标参展商的名称、地址、联系电话、传真、电子邮件、企业官网、联系人等方面的信息。

（2）目标参展商的经营信息。这包括目标参展商生产或经营的产品种类、目标市场、企业规模等信息。

（3）目标参展商所在行业企业的分布状况。办展单位应了解目标参展商所在行业的特点、结构和地区分布状况，这些信息对招展策划是有很大帮助的。办展单位可以在目标参展商集中的地区举行有针对性的招展活动。

3）建立目标参展商数据库的步骤

（1）对数据进行认真审核。在将数据录入计算机之前，办展单位应根据客户的交易历史、交易资料等进行初步筛选、去伪存真，将不完整的数据补全，将重复的信息删除。

（2）对数据进行分类。数据的检索和招展工作是根据分类进行的，如果分类不当，不仅不便于检索，而且会影响招展工作的顺利进行。因此，在确定分类标准时，既要考虑企业产品的分类特点，还要考虑数据库使用的便利性。

（3）确定数据库基本字段。确定数据库基本字段是对数据分类的具体执行。一个目标参展商数据库应包括的信息有客户名称、客户电话、客户编码、客户查询方式等，究竟以哪些信息作为基本字段，办展单位应根据自己的实际情况来确定。

（4）选择合适的软件。办展单位应根据数据量的大小，在充分考虑速度、安全性、便利性、容量及成本的基础上，选择合适的软件来编写数据库应用程序。

（5）录入数据。将目标参展商的信息输入数据库，并随机抽取，以检验数据录入的准确性。

4.1.2 展区和展位划分

在进行招展之前，还要事先划分好展区和展位。所谓展区，是指由办展单位安排的，将具有共同特性的参展商展位集中设置形成的区域。展区主要依据展品类别来划分，一个专业题材的展区可能只占用某个场馆的一部分，也可能占满一个甚至几个场馆。展区确定后，还要根据场馆的场地特征等具体情况来划分展位，哪些地方搭建标准展位，哪些地方搭建特装展位。合理划分展区和展位，对于展会招展、提高参展商的展出效果、方便观众参观、进行展会现场服务与管理等具有十分重要的作用。

1）展位的基本类型

展位是参展企业展示其产品或服务的地域空间范围，也是办展单位经济利润的主要来源。不同的展会，其展位规格、样式、基本配置都会有所不同。

一般而言，展位可分为标准展位和特别装修展位（简称特装展位）两种，具体介绍如下：

（1）标准展位及其变形。标准展位是统一设计、使用统一标准、采用标准展架、配备基本展具的展位。它的规格通常是：面积为 3 米×3 米（宽 3 米，深 3 米，展板高 2.5 米）；设施通常包括楣板、展架、射灯 2 个、椅子 2 把、桌子 1 张、电源插座 1 个，有的还有地毯、发光灯箱片等。标准展位一般为三面墙板，拐角处展位是两面墙板。另外，由于展示商品的不同，有些展会的标准展位还配有电话、宽带接口、纸篓等。标准展位图示如图 4-1 所示。

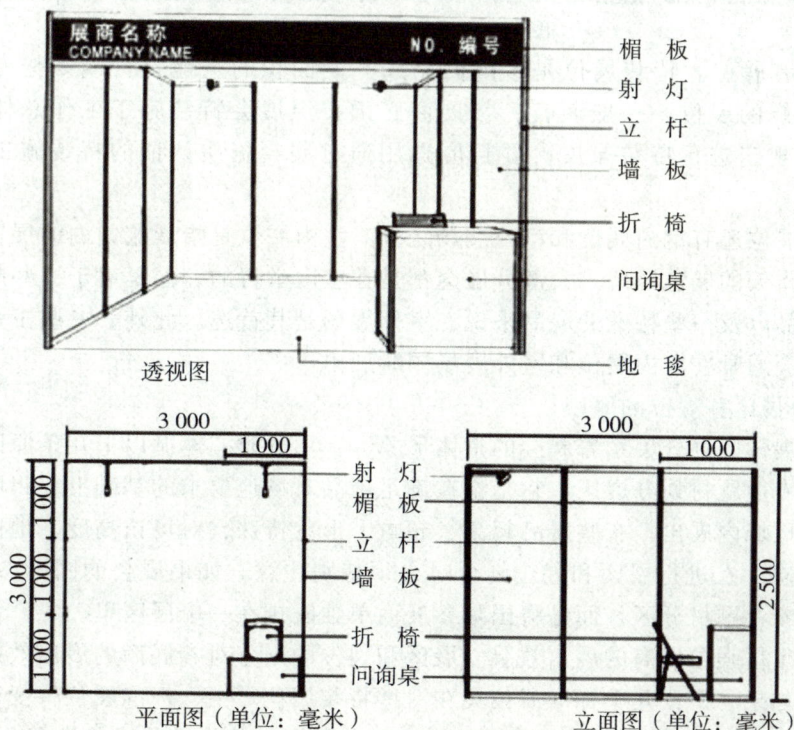

图 4-1 标准展位图示

随着展会档次和要求的提高，以及办展单位对标准展位概念和意识的转变，越来越多的"标准展位变形"出现在展览中心。所谓标准展位变形，是指在标准展位的基础上对展位的装饰、色彩、高度进行改变，以增强视觉效果。标准展位变形特别适用于租用两个以上标准展位的参展商，在标准展位结构的基础上，对楣板、立杆、墙板及射灯、咨询台等进行适当改变，以突出参展团的统一形象，提高参展团的展览效果。标准展位变形简洁明快，实用性强。例如，第134届广交会规定，在不改变标摊围板、楣板及主体框架的前提下，参展商可申请对指定的展具配置模式进行改装，即增减、更换、取消标摊内指定配置的展具，或拆除标摊间的隔板。标准展位变形示例如图4-2所示。

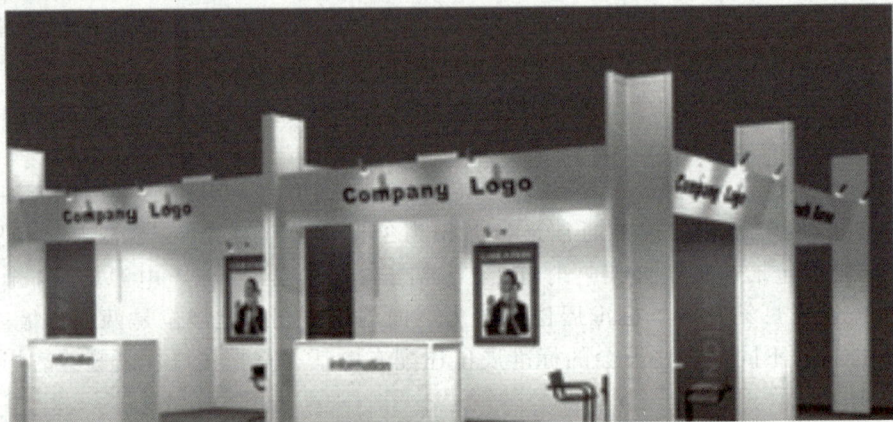

图4-2 标准展位变形示例

（2）特装展位。特装展位是参展商租用一定面积的空地自行或委托专业机构专门设计并装修的展位。一般而言，参展商必须按照展会特装施工工作总体要求和特装施工管理规定进行特装布展，并且应选用通过展会资质认证的特装施工企业具体实施。

此外，展位还有室内展位和室外展场之分。室内展位是指展览馆内的展览场地，室外展场是指露天的展览场地。大部分展会都是在室内举行的，但是对于一些超大、超重和超高的展品以及一些特殊的展品来说，室外展场是其首选。此外，一些工业类和农业类题材的展会通常在室内展位和室外展场同时展出。

2）划分展区和展位的原则

展区和展位的划分关系着展会的整体形象，在划分时应遵循以下几条原则：

（1）按专业题材划分展区。它是指在满足展品对场地要求的基础上，将同类展品安排在同一个区域内展出。有些展品超高、超重、形状特殊，对场馆高度、地面承载能力等有特殊要求，在进行展区和展位划分时必须特别注意。如果展会的国际参展商很多，也可以不按专业题材分区，而是将国际参展商单独安排在一个展区里。

（2）注重增强参展商的展出效果。展区和展位的划分对参展商的展出效果有直接影响。例如，如果一个或几个标准展位夹在一些特装展位之中，标准展位将变得非常不显眼；如果将一些次要题材放在展馆的最好位置，展会的整体效果也将大打折扣。因此，展区和展位的划分既要符合展品的特点，也要考虑展位的搭建效果，还要考虑方便参展商的洽谈。

（3）便于观众的参观和疏散。展区和展位的划分要使观众能够舒适自如地通行于各展区之间，避免遇到障碍和迂回绕道，要使对某类展品感兴趣的目标观众能够方便地找到相关展位。同时，展区和展位的划分要便于观众的疏散，特别是当危机事件发生时，要能够使观众迅速撤离现场。

会展链接4-1

展会人流的规律

具体来看，展会上的人流是杂乱无章、随意走动的；但从总体来看，人流还是有一定规律的。以下是展会人流的一些规律：

①自然形成的人流。在展馆入口、出口等处，人流的流向比较明确；在主道、服务区域等处，人流比较集中。

②自然习惯形成的人流。在随意走动的人群中会有一种现象，就是人随人。人群是由有目的的和无目的的或懒散的个体组成的，有目的的人走某个方向，往往会带动一群人。

③自然心理形成的人流。有一种潜意识现象称为心理适应，观众进入展馆后，往往先走上一段路，感到适应环境后再开始细看展品。

④自然本能形成的人流。在北半球，人们进入一个大厅后，大多数人会自然向左转，然后沿顺时针方向走，据称这是地球绕太阳顺时针旋转等自然倾向所致。

资料来源　镇剑虹，吴信菊. 会展策划与实务［M］. 上海：上海交通大学出版社，2005.

（4）便于展会的现场管理和服务。例如，展区和展位的划分要考虑方便展位的搭建和拆卸、展品的进馆和出馆等。

（5）充分利用展览场地。展区和展位的划分要注意对展览场地的充分利用。例如，如果场馆中遍布圆柱，那么怎样把这些柱子变为规划中的有利条件呢？圆柱对于最大化利用展厅空间是一个不利因素，但是办展单位可以利用其来增加展会收入，即把圆柱开发为广告载体，参展商可以付费在圆柱上做广告，为自己造势。又如，较高的展厅架构是否有利也取决于规划。高的架构允许参展商采用双层展位设计，同时高处也可以悬挂横幅以增强视觉效果。

在划分好展区和展位后，还要按照一定的比例将其绘制成平面图，并在图上标明各展区的名称、所有展位的代号，以及场馆的停车场、出入口、洗手间、楼梯和现场服务设施等，以便参展商在选择展位时能做出适合自己的决策。展位平面图是办展单位招展时经常使用的资料之一，在绘制时要准确、细致，图标和线条要清楚，让人一目了然。

3）划分展区和展位时应注意的问题

展区和展位的划分不仅会影响展会的整体效果，而且会影响办展单位、参展商、观众以及展会服务商在展会期间的活动。因此，在进行展区和展位划分时必须注意以下问题：

（1）要统筹安排，兼顾各方的需要和利益。在划分展区和展位时，要充分考虑办展单位、参展商、观众以及展会服务商等各方的利益和便利性。首先要考虑的是展会本身的需要，如展会题材、档次对展区和展位安排的需要。其次要考虑参展商、观众以及展会服务商对展区和展位划分、安排的需要，这种需要对参展各方来说不尽相同。对参展商来说，其最大的希望是增强展览效果；对观众来说，其希望参观便利；对展会服务商来说，其希望能便利地为相关客户提供服务。任何一方的需要都必须加以考虑，以保证展会顺利进行。

（2）要因地制宜。每个参展商对展位的具体位置都有不同的需求，并且不同的参展商对展位面积的要求也是不一样的，划分展位时要充分考虑这些需求。例如，怎样安排小的展位，以免让附近的大型展位独占风光。在划分展区时，也要因地制宜，尽可能不出现"死角"。

（3）要合理安排展会的功能服务区。一个展会除了最主要的展示区以外，还要安排一些功能服务区，如登记处、咨询处、休息区、新闻中心等。尽管这些区域的面积都不大，但它们对展会整体而言是十分必要的，在划分展区和展位时要合理安排。

（4）要保证参展观展安全。展馆里的一些安全设施是展会安全的重要保证之一，办展单位要保证任何展位都不能遮挡展馆中的重要安全设施，如不能遮挡消火栓，不能阻塞消防通道，不能遮挡配电箱等。在展馆的入口处要留出一定的区域供人流聚散，各种通道要达到一定的宽度以便人流通过。

4.1.3 招展价格

从狭义上讲，招展价格是指展位的出租价格。按照展位的不同，招展价格可分为标准展位价格和光地价格，前者以一个标摊多少钱来计算，后者则按每平方米多少钱来计算。广义的招展价格还包括会刊广告、水电和展具租赁等有偿服务的价格。

1）影响价格制定的因素

办展单位在确定招展价格时，应考虑各种内外因素。一般而言，内部因素有定价目标、办展单位自身的经营战略和竞争能力、展会经营成本等；外部因素有会展市场的需求状况、会展行业的竞争状况、会展行业的生命周期等。

（1）定价目标。企业的定价目标主要有：①获得预期的投资收益率；②追求利润最大化；③提高市场占有率；④应对竞争；⑤维持生存。

定价目标为办展单位指明了价格制定的方向，定价目标与展会营销计划目标和经营总目标直接相关。

（2）办展单位自身的经营战略和竞争能力。价格策略作为办展单位总体经营战略的一个重要组成部分，必须与总体经营战略保持一致；同时，办展单位的形象和资金实力、展会的品牌等都会影响招展价格。当办展单位在行业中处于领导地位时，办展单位制定的价格就有一定的决定作用；但是对新进入行业者而言，采取跟随策略更合适。

（3）展会经营成本。成本决定了价格的最低限度，确定招展价格时必须了解展会项目的成本构成。举办一个展会的成本一般包括：①展览场地费用，包括展览场地租金、展馆空调费、展位特装费、标准展位搭建费、展馆地毯铺设费等；②展会宣传推广费，包括广告宣传费、展会资料设计费、印刷和邮寄费、新闻发布会的费用等；③相关活动费用，如展会开幕式的费用、嘉宾接待费、展会现场布置的相关费用、礼品和纪念品费用、各种论坛和研讨会的相关费用等；④办公费用和人员费用；⑤相关税费。

（4）会展市场的需求状况。任何展会项目都是在被参展商认可、满足参展商需求后才实现盈利的，参展商的需求和对价格的预期会直接影响招展价格。

（5）会展行业的竞争状况。市场竞争往往通过价格表现出来，因此会展行业的竞争状况直接影响着展会项目的招展价格。例如，在展会项目差异小、市场上存在多个竞争对手的情况下，如果办展企业的招展价格高于竞争对手，则可能导致参展企业数量减少，进而导致展会收入下降。

（6）会展行业的生命周期。招展价格与会展行业的生命周期紧密相关。当行业处于导入期时，市场上同类展会虽然较少，但展会的知名度也不高，这时，招展价格不宜太高；当行业进入成长期和成熟期时，相关企业会积极参展，展会规模迅速扩大，招展价格可以适当提高一些；当行业已步入衰退期时，参展企业开始减少，展会规模也逐渐缩小，办展单位要么放弃此类展会，要么对展会进行重新定位或转向，此时的招展价格应降低一些。

2）招展定价方法

招展价格的制定要以成本费用为基础，以市场需求为导向，以竞争价格为参考。常见的定价方法有成本导向定价法、需求导向定价法和竞争导向定价法。

（1）成本导向定价法。所谓成本导向定价法，是以展会的经营成本为基础制定价格的方法。成本导向定价法又可以分为三种方法：

第一，成本加成定价法。这种定价方法是指在单位展位成本的基础上加上一定比例的利润，从而制定出销售价格的方法。其计算公式为：

单位展位售价=单位展位成本×（1+加成率）

第二，目标利润定价法。采用目标利润定价法时，首先应按照办展单位的投资总额确定一个目标利润率，然后按照目标利润率计算目标利润，最后根据总成本、目标利润和预计销售展位数量计算单位展位的销售价格。

第三，边际成本定价法。这种定价方法以单位展位的边际成本作为定价基础。采用边际成本定价法时，应充分考虑到展会的规模效应。

（2）需求导向定价法。需求导向定价法是依据参展商的感受价值来制定价格的方法。需求导向定价法又可以分为两种方法：

第一，理解价值定价法。参展商对展会往往有自己的理解，由这种理解所形成的价值实际上是通过参展商估算展会能给自己带来的效益衡量的。办展单位首先应通过市场调研来了解展会在参展商心目中的价值，然后结合展会规模来确定展位的价值，最后以此为依据制定展位价格。

第二，需求差异定价法。这是指根据市场需求状况的不同，展位可以按照不同的价格出售，制定出来的展位价格与展位成本之间并不成比例变动的一种方法。需求差异定价法的主要形式有：以参展商为基础的差别定价，如对于行业内有影响力的参展商，由于其所需的展位面积大，因此展位价格可以低一些；以展位区域为基础的差别定价，根据展位所处的位置确定不同的价格；以时间为基础的差别定价，预订展位越早的参展商得到的优惠越多。

（3）竞争导向定价法。竞争导向定价法是充分考虑同类展会的成本状况、价格水平和盈利能力，以此为基础制定价格的方法。竞争导向定价法又可以分为两种方法：

第一，随行就市定价法。它是依据同行业的一般价格水平来确定展位价格的方法。这种定价方法适用于展会竞争激烈、展会之间没有很明显的差异、展会需求弹性小的情况。

第二，追随领导企业定价法。它是以同行业中影响力最大的办展单位的价格为标准来制定展位价格的方法。这种定价方法有利于避免竞争、稳定市场和长期经营。

总之，办展单位应通盘考虑展会的开发和运行成本、参展商的需求以及同类展会的价格等因素，在综合权衡的基础上制定出有竞争力的价格。

3）招展价格折扣策略

在实际招展过程中，办展单位通常会给予参展商或者招展代理一定的价格优惠，即采用价格折扣策略。价格折扣策略对于那些刚刚创立、尚处于培育期的展会来说，是一种吸引更多企业参展、促进展会迅速成长壮大的有效方法。常见的折扣方法有：

（1）统一折扣。所谓统一折扣，就是对所有参展商实行统一的折扣标准，折扣幅度往往根据参展商租用的展位面积的大小而定，租用的展位面积越大，获得的折扣幅度越大。当然，要设定折扣的起点和上限。例如，购买2个标准展位及以下的，不享受任何折扣；一次性购买3~5个标准展位的，可以享受5%的折扣；购买5个以上标准展位的，可以享受15%的折扣等。

（2）差别折扣。差别折扣可分为三种情况：一是根据展位位置的优劣程度，给予不同的折扣，如对展馆内较差的位置给予较多的优惠；二是根据参展商的地区来源不同，给予不同的折扣，"价格双轨制"（如对国外和国内参展商的报价不一样）就属于这种情况；三是标准展位和光地的价格折扣不同。

（3）特别折扣。这通常是指对那些参展规模大、在行业内有较大影响力和较高知名度的企业给予特别的价格优惠，以吸引其参展，提高展会的权威性和档次。

▶ 会展案例4-1

中国义乌国际小商品（标准）博览会展位优惠办法

1.提前交款优惠

2023年6月30日前交足全款的企业给予800元/展位的优惠。

2.特装优惠

（1）申请6个及以上展位的特装企业可给予10%的优惠。

（2）申请10个及以上展位的特装企业可给予15%的优惠。

（3）申请16个及以上展位的特装企业可给予20%的优惠。

3.老企业优惠

（1）近5年累计参加义博会3届以上（含3届），本届报名参展的老企业可享受5%

回馈优惠。

（2）近5年参加5届义博会，本届报名参展的老企业可享受10%回馈优惠。

资料来源 根据义博会官方网站资料整理。

分析提示：中国义乌国际小商品（标准）博览会招展价格折扣策略是成功的，每一项优惠都有其目的，这对树立展会品牌、促进招展具有非常重要的作用。

3）执行招展价格时应注意的问题

在招展过程中，常常会出现价格混乱的问题，这对展会的发展是非常不利的。导致招展价格混乱的原因很多，可能是价格折扣策略执行错误，还有可能是招展代理随意压价。在招展过程中，办展单位应严格执行既定的价格及折扣标准，严格控制折扣的适用范围，加强对招展代理的管理，特别是要避免在招展末期低价倾销展位。

4.1.4 招展函的编制与发送

招展函是办展单位用来详细介绍展会的有关情况和招揽目标参展商的材料。它是参展商了解展会的重要途径，常常被制作成小册子。不同的展会，招展函的外观和内容不同。但一般而言，一份完整的招展函应包括以下内容（招展函的具体编写见本书第10章）：

（1）展会的基本内容。这主要包括展会名称和标志、展会举办时间和地点、办展单位、办展背景及目标、展品范围及价格等。

（2）往届展会所取得的成绩。这主要包括参展商和专业观众的数量、专业观众结构分析等内容。

（3）本届展会的特色和创新之处。

（4）本届展会的专业观众组织和宣传推广计划。

（5）展会相关活动和服务项目。

（6）参展办法。这主要包括参展程序介绍、参展申请表、付款方式、优惠政策、联系方式等。

（7）相关图片。图片既可以对展会的有关情况做进一步说明，又可以起到美化招展函的作用。

在编制招展函的同时，还要考虑招展函的印刷数量、发送范围和发送方式等问题。

4.1.5 招展分工

招展工作往往由多个机构（主要是办展单位和招展代理）来完成，因此要重视招展工作的分工及协调。如果分工不明确，就会出现招展工作混乱、招展地区交叉等现象。招展分工主要有三层含义：第一，各办展单位（主办单位、协办单位、承办单位、支持单位等）之间的责、权、利，尤其是招展工作方面的分工要明确；第二，办展单位内部招展人员的任务分配；第三，对招展代理权利、义务的规定。招展分工的类型及主要内容见表4-1。

表4-1   招展分工的类型及主要内容

招展分工的类型	主要内容
各办展单位之间的分工	制定共同遵守的招展原则
	发布展区划分情况和安排展位的政策
	确定各单位的招展面积指标
	明确各单位负责的招展地区和重要潜在客户
办展单位内部招展人员的分工	确定招展负责人
	组织（包括临时招聘）招展人员
	明确各招展人员负责的招展地区和重要潜在客户
	确定各招展人员之间的信息沟通渠道和资料共享办法
招展代理的分工	明确招展代理的权利和义务
	统一参展费用的收取办法
	制定具体的招展代理运作方式

4.1.6　招展代理

每个企业所拥有的资源优势是不一样的，通过资源整合，一家规模不大的企业也能成功组织一个大型展会。因此，办展单位有必要寻求合适的代理商，凭借代理商的招展手段和客户网络来招揽参展商。例如，广交会采用委托代理招展和企业直接申请参展的招展方式。

1）招展代理的形式

（1）独家代理。所谓独家代理，是指在保证一定展位数的基础上，办展单位在一个地区只选择一家代理商，并且办展单位不得在该地区招展。不管是否由代理商直接招入，所有来自该地区的展位费都计入该代理商的招展业绩中，并统一支付佣金。

（2）排他代理。排他代理是指办展单位赋予代理商在某一地区一定时间内的招展权，在该区域内不再有其他代理商为本项目招展，但办展单位可在该地区招展。国内办展单位寻找国外代理商时一般采用这种形式，以达到双管齐下的目的。

（3）多家代理。多家代理是指办展单位在某一地区同时委托几家机构甚至个人作为招展代理商，并且自身也在该地区招展。采用这种招展代理方式时，有两点需要特别注意：一是必须明确规定各代理商的招展权限；二是代理条件必须统一，招展口径必须一致。由于这种代理方式容易造成招展混乱，所以应谨慎使用。

（4）承包代理。承包代理是指招展代理商承诺完成一定数量的展位销售，且不论是否达到既定数量，都必须按照约定的展位费付款给办展单位。在这种方式下，招展代理商承担的风险最大，但是获得的佣金比例也最高。

2）招展代理商的选择与管理

公司、相关协会和商会、有关媒体、个人、国外驻华商务处、贸易代表处都有可能成为招展代理商。为了保证招展代理工作的有效性，办展单位必须加强与代理商的沟通和联系，并规范对代理商的管理。

（1）对代理商的选择和聘用。对代理商的选择和聘用的具体工作程序如下：第一，取得必要的证明资料，对代理商进行资质验证，以确保代理商资质可靠；第二，业务员或项目经理与代理商初步商定代理条件和合同的基本框架，项目经理或项目总监审核代理条件；第三，公司负责人审查并批准代理条件，与代理商签订合同。

（2）对招展行为的规定。对代理商招展行为的规定主要体现在四个方面，即价格、收款、展位划定和服务承诺。代理商应严格按合同规定的价格和折扣政策招展；办展单位应要求代理商将所收取的展位费和其他服务费用及时上交，以降低管理风险；展区和展位的划分一般由办展单位控制和统一安排，代理商无权决定，但可以提出相关建议；代理商不能擅自向参展商承诺提供额外的免费服务项目，以免产生不必要的纠纷和损坏办展单位的声誉。

（3）对佣金额度和支付的控制。给代理商的佣金额度的大小，取决于展会涉及行业所处的生命周期、代理类型、代理时间、代理商的业绩水平等诸多因素。一般而言，办展单位给予代理商的佣金为参展商所交纳的参展费用的15%～20%。其中，承包代理商的佣金一般要高一些，为25%或更高。需要注意的是，在招展过程中，代理商发生的各种办公费用一般由代理商自己承担。

另外，办展单位需要在合同中确定代理商佣金的支付结算方式。在实际工作中，办展单位可根据具体情况采取以下支付结算方式：第一，定期结算、定期支付。办展单位可按季度或月度结付，提取佣金的基数以实际进入办展单位账户的展位费为准。第二，逐笔结算、汇总支付。代理商每促成一笔交易，办展单位在收到该代理商交来的参展商的参展费后即与之结算，但到规定的时间才支付佣金。第三，逐笔结算、逐笔支付。代理商每促成一笔交易，办展单位在收到该代理商交来的参展商的参展费后即与之结算并支付本笔交易的佣金。

（4）执行定期书面汇报制度。为了有效控制招展工作，办展单位一般要求代理商定期汇报招展工作的进展、在招展过程中发现的问题，并提出合理的意见和建议，以便办展单位根据实际情况对招展工作做出必要的调整。

（5）对代理风险的防范。在使用招展代理方式时，办展单位应注意防范以下四种风险：第一，由于分工不明确，多个代理商在同一个地区甚至对同一家企业招展，从而导致价格混乱、服务承诺不一等现象的出现。第二，代理商擅自更改招展价格、折扣额度和服务承诺，最终导致参展商和办展单位之间产生纠纷，从而损害了办展单位的声誉。第三，过分依赖代理商但对代理商的控制不足，代理商招展不力，致使临近开幕，展场仍然存在较大的空缺。第四，前期的资格认定工作出现纰漏，代理商卷款潜逃。对于以上风险，办展单位必须采取有针对性的措施，加强防范。

4.1.7　招展宣传推广

招展宣传推广是指为了更有效地招展而有目的、有针对性地举行一些宣传推广活动。招展方案中应包含宣传推广策略、渠道、时间、地域安排以及宣传推广费用预算等内容。

宣传推广策略应突出展会的主题、亮点及特色，考虑如何从客户需求出发，处处体现客户的利益。

招展宣传推广的主要方式及具体实施方法见表4-2。

表4-2　　　　　　　　　　招展宣传推广的主要方式及具体实施方法

招展宣传推广的主要方式	具体实施方法
发布招展公告	通过有关媒体发布招展公告，使潜在参展商知晓展会信息
新闻报道	通过大众媒体以及专业性报刊登载展会相关报道（可以反复登载，也可以分段连续登载）
邮寄展会资料	向潜在的参展商发出邀请函，邮寄参展商手册等
刊发广告	通过有影响的专业报刊刊登广告，将展会信息传递给潜在参展商
新闻发布会	举行新闻发布会，邀请有关媒体、行业协会等参加，介绍展会情况，也可以与内部通告和新闻报道结合起来做
在同类展会上宣传推广	参加同类展会，在展会上向有关参展商进行宣传
通过有关机构推广	通过有关协会和商会、国外驻华机构和我国驻外机构等宣传推广

招展宣传推广应注意与招展实际工作紧密配合，并且应走在招展实际工作的前面，从而为招展实际工作制造声势和提高展会知名度。宣传推广在时间上要连贯，要有统一的理念和策略作为指导；在地域上要因地制宜。

4.1.8　招展预算

要完成各项招展工作任务，必须有相关的费用支持。招展预算是在各项招展工作安排就绪的基础上，对招展过程中需要的相关费用所做的总体筹划。办展单位应从招展工作的实际出发，本着统筹安排、合理利用的原则，实事求是地编制招展预算。

招展费用主要包括：

（1）招展人员费用，包括招展人员的工资、差旅费、办公费等。

（2）招展资料的设计、制作和邮寄费用。

（3）招展宣传推广费用。

（4）招展代理费用。

（5）招展公关费用。

（6）不可预见费用。

4.1.9　招展进度计划

招展进度计划是指在招展工作开始实施之前，对招展工作及其要达到的效果进行统筹规划，并据此对工作进度进行控制和监督。招展进度计划的内容主要包括招展时间、招展措施、招展目标和相应的负责人等。

招展进度计划一般采用表格的形式（见表4-3）。

表 4-3　　　　　　　　　　　　　　　招展进度计划表

招展时间	招展措施	招展目标	负责人

4.1.10　招展方案的设计

在对上述招展要素进行精心策划后，接下来的工作就是将上述策划构思形成文案，也就是所谓的招展方案或招展策划书。招展方案涉及招展工作的各个方面，是对招展工作的总体规划。一般而言，招展方案的主要内容包括：

（1）行业分布特点分析。从宏观上分析展会题材所涉行业在全国的分布特点、各地区的发展情况以及该行业的结构状况，这些内容是制订招展方案的重要依据。

（2）展区和展位划分。介绍展区和展位的划分情况，并附上展区和展位划分的平面图。

（3）招展价格。列出招展价格及制定该价格的依据。招展价格对招展的成败具有重大影响，是招展方案的核心内容之一。

（4）招展函的编制与发送。介绍招展函的内容、编制办法、印刷数量、发送范围和发送方式。

（5）招展分工。介绍招展分工情况，包括各招展单位的分工、本单位内招展人员的分工等。

（6）招展代理。对招展代理的选择和管理做出安排，对招展代理的佣金水平、招展范围与权限等做出规定。

（7）招展宣传推广。对各种配合招展的宣传推广活动做出规划和安排。

（8）展位营销办法。提出展位营销的具体办法，对招展工作人员的招展工作做出指引。

（9）招展预算。对招展工作的总费用做出初步预算。

（10）招展总体进度计划。对各项招展工作的进度做出总体规划和安排，以确保招展成功。

4.2   招商实务

展会的主要功能是在参展商和专业观众之间搭建一座沟通、交流、交易的桥梁。如果专业观众的数量和质量对参展商没有吸引力，那么参展商就失去了参展的理由。办展单位应该改变那种只注重招展、只关心展位销售的观念，不断加大招商力度，切实做好专业观众的组织工作。

4.2.1   招商和招展的关系

展会招商也就是邀请观众到展会来参观、洽谈。观众可以分为专业观众和普通观众两类。

有的展会只对专业观众开放，对普通观众不开放，如广交会展览期间对普通观众不开放；有的展会对专业观众和普通观众都开放，但对普通观众的参观时间加以限制，往往是在展会最后一天才允许普通观众参观，如中国–东盟博览会在展会的前三天只允许专业观众入场，最后一天才允许普通观众入场；有的展会在展览期间对专业观众和普通观众都开放，如中国花卉博览会。

参展商和专业观众是展会成功的两个重要方面，两者相互吸引，相互影响，缺一不可。没有参展商，展会就失去了存在的基础；没有专业观众，展会就没有了发展的后劲。一方面，如果招商效果好，专业观众质量高、数量多，参展商就会有比较好的展出效果，也会乐于来参展；另一方面，如果招展效果好，参展的知名企业多、展品新、信息集中，专业观众到会参观就会更加踊跃。

参展商和专业观众之间应该是双向互动的关系：高质量的专业观众→展会影响力提高→高质量的展会→吸引更多参展商；高质量的参展商→所展示的产品更多、技术更新，所提供的商业机会更多→展会的品质提升→吸引更多专业观众。因此，展会作为参展商和专业观众沟通的一个平台，应最大限度地满足他们的需求。

办展单位、参展商和专业观众之间的关系如图4–3所示。

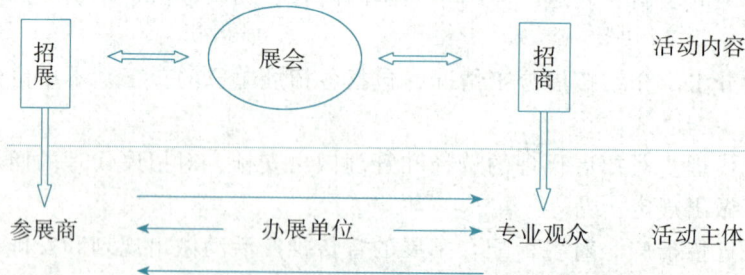

图4–3   办展单位、参展商和专业观众之间的关系

4.2.2   展会招商方案的基本内容

1）了解参展商的产品和行业背景，分析专业观众

办展单位应了解展会展品的主要消费市场的地域分布状况和需求情况、展会题材所

涉行业及其相关行业的结构和分布状况等，以便搜寻专业观众和有针对性地开展宣传、组织工作。同时，对专业观众进行分析也能为招商工作打下良好的基础。

2）合理选择招商渠道

招商渠道通常包括：

（1）专业媒体。这主要是指每个行业的专业报纸、杂志及国内主要行业网站，办展单位可以在专业媒体上刊登广告，指定其进行特别报道、专题采访、评述等。

（2）有关行业协会和商会。行业协会和商会往往在行业内有较高的知名度与较大的影响力，掌握着大量的信息，是办展单位理想的招商合作伙伴。

（3）各种大众媒体。办展单位可以与报纸、电视、网络等大众媒体结成同盟，进行大规模广告宣传，向国内外厂商及用户发布展会信息等。

（4）同类展会。同类展会的专业观众范围基本上是相同的，办展单位可以参加同类展会，在现场推广本展会，或在其会刊上刊登招商广告，还可以与同类展会开展合作营销，双方为彼此的展会招商。例如，中国（广州）国际家具博览会在海外招商方面做得特别成功，组委会根据展会国际化定位这一特点，多次派代表到海外展会招商，与多家世界著名家具展会取得合作，并在部分展会上设立了广州展的招商推广位置。

（5）参展企业。办展单位可以向参展商索取客户名单，向参展商的客户发送邀请函，或者把邀请函发给参展商，由参展商亲自邀请。

（6）各种招商代理。办展单位可以借助招商代理的资源和客户关系进行招商。

（7）国际组织及外国驻华机构等。国际组织及外国驻华机构熟悉中国及展会举办地的情况，由其发出的通知对国外观众具有较强的说服力，能吸引更多的国外专业观众前来参观。

（8）政府主管部门。政府主管部门在行业内的影响力很大，与其合作能掌握大量的信息，并且能够带来诸多方便。

对于上述招商渠道，办展单位应根据展会的具体情况合理选用。

会展链接4-2

第二届中国特色商品博览交易会招展、招商渠道

第二届中国特色商品博览交易会（简称第二届特博会）招展、招商工作方案基本确定，总体目标是邀请参展商（企业）800家、采购商3 000家，展位（含特装展位）不低于800个。

第二届特博会招展、招商工作紧紧围绕"高、专、特"三个方面来推进。一是坚持高端路线，力争办一届高水平的展会；二是坚持以专业展会为目标，按照特色农副产品、特色食品、特色日用品、特色文化旅游产品四大类招展、招商；三是坚持将"特色"贯穿于招展、招商的全过程，按照"选特色品牌、评特色商品、办特色展会"的总要求，塑造特博会品牌。

第二届特博会将在三门峡国际文博城会展中心设标准展位800个，其中一层300

个、二层 500 个。一层展厅以非物质文化遗产项目展示、展演为核心，合理布局 300 个文化旅游用品和生活日用品标准展位；二层展厅以三门峡、渭南、运城、临汾四市以及境外的特色产品展示为核心，科学设置特色农副产品区、特色食品区和综合展区。

第二届特博会的招展、招商工作分四条路线进行：

第一条路线是定向招展、招商。协调黄河金三角的运城、临汾、渭南积极参与特博会的组织和展览；邀请省内双百企业参展及专业采购商参会；邀请全国农业龙头企业和辖区内名、优、特农业企业参展，邀请中国农产品加工业投资贸易洽谈会和中国（山西）特色农产品交易博览会的客商参展；利用全国供销系统的"新农村现代流通服务网络工程"平台组织参展商和采购商；组织各市（县）、区的名、优、特企业及大型商场或经销商参展。

第二条路线是委托招展、招商。委托专门机构和会展公司协调招展、招商，积极争取中国商业联合会的支持。

第三条路线是网络招展、招商。利用特博会门户网站、各类会展网站等招展、招商。

第四条路线是联合招展、招商。通过各类知名展会、各地商会与国内特色商品名牌企业联系对接；寻找有实力的专业会展公司合作招展、招商；邀请大型商超、电子商务网站、集贸市场及其他采购商参会。

资料来源 佚名. 三门峡：第二届特博会招展方案基本确定 [EB/OL]. [2013-09-01]. http://www.henan.gov.cn/2013/08-30/500059.html.

3）招商宣传推广

为了更好地促进展会招商，办展单位必须有针对性地举办一些宣传推广活动。招商宣传推广计划主要包括宣传推广策略、渠道、时间和地域安排等。在宣传推广策略方面，办展单位应根据展会的定位和主题，重点宣传参展商的数量和质量、展会的优质服务和亮点。在宣传推广渠道方面，办展单位可以考虑媒体广告、直接邮寄、借助同类展会、网络宣传推广、通过有关协会和商会宣传等。同时，办展单位还要考虑宣传推广的时间和地域安排，使其与招展工作密切配合。

4）招商分工

在实际工作中，负责招商的单位往往不止一家。因此，为了保证专业观众组织工作的顺利进行，办展单位应对招商工作进行分工，包括明确各招商单位必须共同遵守的招商原则、各招商单位负责的招商地区和目标观众、重点专业观众的接待和安排计划等。

5）招商预算

办展单位在对各项招商工作进行妥善安排的基础上，还应针对招商过程中发生的各种费用支出编制具体的招商预算。招商费用一般包括：招商人员费用，如招商人员的工资、差旅费、办公费等；招商宣传推广费用；招商代理费用；招商资料的编印和邮寄费用；招商公关费用；其他不可预见的费用等。

行业广角 4-1
"让世界看到中国供应链有多强"——记首届链博会招展招商工作

6）招商进度计划

如同招展一样，对招商工作的进度也需要制订计划，事先安排好什么时候开展什么样的招商活动、采取什么样的招商措施，以及到什么阶段招商工作要达到什么样的效果、完成什么样的任务等。

价值引领4-1　　　　　　　　**从参展企业营销策略看明年会展业发展趋势**

2023年开年以来，会展行业终于迎来了恢复性增长，很多展会的规模超越了2019年的水平，创下历史之最。因此，有营销专家预测，2024年将是会展行业复苏的一年。随着企业对经济的信心不断提振，企业与客户、供应商等合作伙伴的交流也需要进一步加强。展会是聚集产业链上下游各方合作伙伴、深化交流与合作的有效平台，因此企业在线下活动中的营销力度会进一步增强。

营销更注重投入产出比。这不仅仅体现在营销端，而是贯穿于全链条。也就是说，企业将把营销费用重点投入到高利润、高销量的产品上，如主打某一单品。同时，企业将更加注重展会的选择，是参加政府展，还是参加区域性展会铺就市场，抑或是参加行业专业展挖掘潜在客户、拓展品牌影响力，企业将有一个较明确的方向。各个展会项目也应尽快明确自身的定位，要通过切实可行的运营模式，为参展企业提供实实在在、看得见、摸得着的服务。

数字化进程将稳步推进。如今，各行业腰部以上企业大多开启了数字化营销转型，"降本增效"成果已经开始显现。2024年，人工智能在营销侧的应用将进一步增加，其具备和传统营销活动耦合的能力。比如，通过营销数据治理及营销大模型的建立，配合自动化营销，营销成本将大幅度降低，成交概率将显著提高。数字人、AIGC（生成式人工智能）等元宇宙概念，可能将被用在短视频、直播及线下活动中，这些数字化能力将提升用户体验，激发企业的创新活力。

资料来源　李伯文. 从参展企业营销策略看明年会展业发展趋势［N］. 中国贸易报，2023-11-21（A5）.

思政元素：守正创新　建设贸易强国

思政感悟：党的二十大报告指出，"必须坚持守正创新""创新服务贸易发展机制，发展数字贸易，加快建设贸易强国"。面对参展企业的营销趋势，会展行业也应当不断创新，积极应对。例如，多渠道组织实实在在的专业观众，夯实行业地位；加快数字化转型，沉淀数据资产，购买或开发必要的营销系统、小程序平台；建立AI内核的贸易匹配平台，为参展商提供增值服务，开拓新营收模式等。

4.3　展会宣传推广

展会宣传推广是展会营销的一个重要环节。展会的招展宣传推广和招商宣传推广可以独立进行，也可以包含在展会的整体宣传推广计划中。由于招展和招商的对象、范围是不同的，实施渠道也不完全一样，因此在展会的设计、运营过程中，招展和招商的宣传推广往往按实际需要分别做计划，然后与展会的整体宣传推广计划综合协调，最后融入展会的整体宣传推广计划中统一实施。

4.3.1 展会宣传推广的类型及目标

展会的宣传推广任务主要是促进招展、招商工作的顺利进行和树立良好的企业形象，在展会的不同阶段，展会宣传推广的目标和重点是不同的。展会宣传推广的类型和阶段性目标见表4-4。

表4-4　　　　　　　　　　　　展会宣传推广的类型和阶段性目标

展会的阶段	展会宣传推广的主要目标	展会宣传推广的类型	备注
筹备初期	提高展会的知名度，发布展会的基本信息	显露型宣传推广	形象型宣传推广可能贯穿于展会的各个阶段；如果本展会受到竞争对手的威胁，还必须进行竞争型宣传推广
筹备中期	使受众全面、深入地了解展会，配合招展、招商	认知型宣传推广	
筹备末期	在短期内推动展位的销售，组织更多的专业观众	促销型宣传推广	
开幕前夕	全面介绍展会的筹备、进展情况	促销型宣传推广	
展会期间	重点宣传展会的特色和亮点，同时开始下一届展会的招展、招商工作	形象型宣传推广	
展会结束后	宣传展会的成果，扩大社会影响	形象型宣传推广	

4.3.2 展会宣传推广的内容

展会的招展宣传推广和招商宣传推广是密不可分的，几乎所有办展单位都将它们纳入展会的整体宣传推广计划中，由展会负责宣传推广的部门统一编制和实施。展会宣传推广的内容很多，一般有以下几个方面：

1）展会基础资讯

各种展会都需要向参加者详细介绍展会的基础资讯，主要包括：

（1）办展单位，即主办单位、承办单位、协办单位、支持单位等。

（2）展出时间、地点、交通、住宿情况、会务接待事宜等。

（3）参展要求与条件。

（4）参展的流程和联系方式。

（5）参展商的情况、往届展会的效果、社会评价等。

以上内容主要是针对参展商而言的，比较简单的做法是将所有基础资讯编订成册，印发邮寄或进行人员推广。

2）展会的相关活动

在展会期间举办的各种相关活动已成为展会不可分割的重要组成部分，它可以丰富展会内容，有效吸引专业观众。展会的相关活动可以归纳为：①正式活动（由主办单位举办的开幕式、闭幕式等活动）；②主题活动（围绕展会主题举行的讨论会、论坛、产品发布会、评奖活动等）；③娱乐活动（如各种晚会、街头表演、盛装游行等）。

3）展会的品牌

现代会展经济发展的一个重要趋势是市场份额越来越向最有价值的品牌集中，展会品牌同样遵循"二八法则"，即20%的强势品牌占有80%的市场份额。拥有具有一定规模、能反映行业发展趋势、对行业发展具有指导意义并具有较大影响力的品牌展会是每个办展单位不懈的追求和执着的梦想。因此，如何打造独特的展会品牌并对其进行恰当的传播就成为办展单位进行宣传推广的一项重要内容。

品牌展会是展会内在质量和外在表现的高度统一。品牌展会的内在质量主要表现在展品质量上，展品即展会展出的内容，涉及展览的商品、文字、图像、形象识别系统、展览服务及展会的其他辅助内容等，是展会成功举办的基本条件。选择能够满足参展商和观众的需求、符合市场发展趋势的高质量的展品，是打造品牌展会的基本因素。展会的外在表现即展会的知名度和影响力，是通过展会这一展品展示平台，经过长期宣传、推广和培育而形成的具有较强生命力、影响力的无形资产，是展会品牌的重要组成部分。展会品牌的认定是市场行为，是参展商和观众的公众行为，展会品牌的形成是市场长期培育的结果。

4.3.3　展会宣传推广的常用手段

展会的宣传推广手段是多种多样的，办展单位应根据展会的特点和企业的人力、财力、物力等资源情况进行合理组合。展会宣传推广的常用手段主要包括：

1）广告

广告是展会进行宣传推广的重要手段之一，它既可以宣传展会的基础资讯、相关活动，也可以树立展会的品牌形象。广告既可以取得很好的覆盖效果，也可以起到直接联络的作用。办展单位可以选择的广告媒体主要包括电视、广播、报刊、户外媒体和互联网等。

（1）电视。电视的传播方式灵活，传播范围广，能直观生动地传递各类信息，是覆盖面最广的媒体，其目标受众是消费者，因此它可以用于展会品牌的宣传和消费性质的展览。但同时也要注意到，电视广告的信息不易保存，广告的制作和发布费用昂贵，而且广告对象缺乏针对性等。

（2）广播。广播具有传播范围广、传播速度快、时效性强、收听不受时空限制、制作技术简单等优点。但广播信息的保持性差，稍纵即逝，传播的信息量也极为有限；同时，收听广播的人群多为出租车司机、老人和一些大学生等。

（3）报刊。报刊是报纸和杂志的总称。

报纸包含的信息量大，广告展示时间比较长，设计制作简单，覆盖面广，传播速度快，读者群较为稳定；报纸信息传播的真实性和可信度较高，具有较好的信誉和较强的说服力；报纸广告时效性强，一般以日报、周报为主，便于及时传达广告信息。但是，综合性、全国性的报纸由于读者群体庞杂，因此其广告受众的选择缺乏针对性，同时这类报纸的广告价位一般也较高。

杂志最大的优点是针对性强、保存期长、记录性好；读者层次和类别较为明确，读者群比较稳定，读者对所订阅的杂志认同感较强，对杂志刊登的广告也表现出较高的关注度和信赖度；同时，杂志还具有印刷精美、传阅率和重复阅读率高等优点。不过，杂志的出版周期较长，缺乏时效性。

专业报刊是指生产、流通、服务及会展领域的专业性报纸或杂志，如《中国经营报》《中国建材报》《中国贸易报》《中国会展》《会展财富》等。对专业性较强的展会来说，利用专业报刊做广告是一种价格低廉且能够直接接触目标参展商及专业观众的有效方式。专业报刊一般瞄准特定的读者群体，针对性强。选择专业报刊刊登广告，其效果往往是综合性报刊所不能比拟的。

（4）户外媒体。户外媒体是指在户外场地设置的发布广告信息的媒介，也称户外广告。户外广告的形式很多，如霓虹灯、路牌、灯箱、海报、条幅等，其特点也不一样。总体来看，户外广告的宣传主旨比较鲜明，形象突出，主题集中，引人注目，并且不受时间的限制，可对广告对象进行强化，特别是现代电子技术广泛应用于户外广告，更增强了广告的冲击力和吸引力。但是户外广告受地点的限制，所传递的信息无法送达更远的地方，显示的信息也比较简单。

（5）互联网。伴随着网络经济的发展，网络广告应运而生，并得到了快速发展。网络广告具有覆盖范围广、信息容量大、传播速度快等优点；同时，网络广告具有文字、图像、声音、色彩、动画、音乐、影视、三维空间、虚拟视觉等几乎所有广告媒体都具有的功能，从而使广告受众能够获得良好的综合性视听效果。办展单位可以利用互联网为展会做广告宣传推广，参展商和专业观众也可以通过互联网直接获得展会的各种相关信息。

利用互联网对展会进行宣传推广主要有三种方式：一是自建网站，即办展单位可以通过建立自己的网站，为参展商和专业观众提供一个直接了解展会的窗口。当前，国内大多数优秀的展会都有自己的官方网站。二是利用各种门户网站。门户网站往往拥有较多的受众，企业可以利用门户网站为展会做宣传推广。三是利用专业网站。这是指在提供相关服务的专业网站上进行宣传推广，如中国会展网、中国会展门户等。

2）直接邮寄

直接邮寄（Direct Mail，DM）是展会宣传推广常用的方式之一，是指办展单位使用信函、印刷品、特快专递、传真等方式向目标参展商和专业观众发送各种展会宣传材料。它具有针对性强、成本低、内容详细、富有人情味等优点，且不容易直接刺激竞争者。

（1）邮寄名单。在采用直接邮寄方式进行宣传推广时，遴选和确定邮寄名单是一项十分重要的工作。首先，要通过相关渠道获取邮寄名单。在实际操作时，邮寄名单可以从本单位数据库、行业协会会员资料库等处获得。其次，要注意对这些名单进行细分，如分成老客户、潜在参展商、专业观众、政府官员、演讲嘉宾、新闻媒体等。直接邮寄的效果在很大程度上依赖于办展单位客户数据库的完整性和准确性，因而数据库对办展单位来说是至关重要的，每个办展单位都需要建立自己的数据库，充分收集和了解客户的背景资料，并进行有效的分析和利用。

会展链接4-3

40-40-20法则

进行直接邮寄时，记住40-40-20法则是至关重要的。此法则认为，直接邮寄工作的成败取决于三个要素，这三个要素及其所占的比重如下：

40%取决于邮寄名单——你的读者。必须将相关内容直接邮寄给准确的客户或准确客户的准确细分市场，以保证会展成功地吸引客户。例如，一个关于雇员健康津贴的商贸展会向卫生保健部门领导促销，要比向土木工程师促销吸引力大。

40%取决于会展提供物——你的服务、条款、价格和身份。例如，其他条件都是一样的，在拉斯维加斯举办展会的吸引力要比在新泽西州纽瓦克举办展会的吸引力大；可以使用信用卡的展会要比只能使用公司支票的展会吸引力大；花费为350美元的研讨会要比花费为750美元的研讨会吸引力大；由国家木船制造协会主办的商贸展会要比由中西部木船制造协会主办的展会吸引力大。

20%取决于邮寄创意——包括信封、信件、小册子、广告插页和回复工具。创意，在使直接邮寄方式成功的诸要素中是最无足轻重的，但因其最为直观，所以常常被过分关注，以致影响到有助于成功的两个最重要的因素——邮寄名单和会展提供物。这20%就像冰山的一角，迷惑了大多数营销人员，而对邮寄名单的管理却因其烦琐而被营销人员置于微不足道的位置，同时对会展提供物设计的关注也是相当肤浅的，因为营销人员认为"会展的价值是显而易见的"。

资料来源　莫罗. 会展艺术：展会管理实务 [M]. 武邦涛，等译. 上海：上海远东出版社，2005：86.

（2）邮寄资料的内容。邮寄资料的内容一般包括问候信、展会说明书、随函附件等。邮寄资料的内容必须根据邮寄对象来确定，要有针对性，突出展会给资料接收者带来的利益。寄给参展商的资料，除了介绍展会的概况、参展程序外，还应着重强调展会的专业观众组织计划和配套服务；寄给专业观众的资料，应强调参展商的数量、档次以及主办方能提供的洽谈环境，同时寄送展会参观指南、邀请函和入场券；对新闻记者要寄送有新闻价值的资料，如展会的技术创新之处或者在参展商人数及档次等方面的突破等。

（3）邮寄时间。何时邮寄资料是办展单位必须考虑的问题，为了给参展商留有足够的考虑时间，资料必须提前寄出，但这并不是说寄出的时间越早越好。若寄出时间太早，则对方容易遗忘；寄出时间太晚，又可能使参展商感到仓促。何况大型公司一般在年末就制订好了下一年的参展计划，因此以上因素必须慎重考虑。展会结束后，办展单位还应将感谢信及参展商所需的其他材料一并寄给参展商，同时传达下一届展会的有关信息。

　　如果要邮寄请柬给政府官员和演讲嘉宾，一般应提前2~3个月。

　　将展会宣传品直接邮寄给专业观众，很多办展单位往往分三轮进行：第一轮，在开展前半年内将邀请函寄出；第二轮，在开展前3个月内寄送"展前预览"；第三轮，在开展前1个月寄送参观券。

3）新闻宣传

　　新闻宣传费用一般较低，因为通常情况下新闻采访与报道是免费的，同时新闻报道的可信度较高，能取得良好的宣传效果。新闻宣传在展前、展中、展后应连续进行。办展单位在展会期间一般会设立专门的新闻宣传部门，负责一系列新闻工作和活动，包括：①制订新闻工作计划；②编印新闻材料（如新闻稿、新闻图片、新闻资料袋等）；③举办记者招待会、发布展会基本信息；④了解媒体报道情况；⑤向出席展会的记者发感谢信，并提供展会新闻工作报告；⑥向未能参观展会的记者寄发资料；⑦与媒体保持联系。

4）人员推广

　　人员推广包括展会有关工作人员对各个机构和客户的直接拜访、电话联络等。人员推广能最直接地与客户进行一对一的沟通，能很好地与客户联络感情、倾听客户的心声。

5）展会推广

　　办展单位可以在国内外各种相关展会上举行宣传推广活动。例如，许多办展单位每年都会积极参加被业内人士称为"展中展"的中国国际展览和会议展示会，以进行信息交流和推广自己的展会。

6）机构推广

　　机构推广即通过各级政府主管部门、各行业协会和商会、国内外的办展单位、国际组织、外国驻华机构进行展会推广。

7）公共关系

　　为了与公众建立良好的关系，维护、改善展会的形象，扩大影响，办展单位往往通过会议、评奖、演出等公关活动对展会进行宣传，也会在客户比较集中的城市举办推介会和招待会，召集对展会比较感兴趣的重点客户，向其详细介绍展会的有关情况。招待会一般会邀请重要参展商和专业观众，为其举办招待晚宴。由于受到特殊礼遇，因此这些客户参展的概率比较大，并且愿意帮助展会树立良好的口碑。

行业广角4-2

元宇宙营销，会展能做什么？

> ### 会展案例4-2

义乌市会展宣传推广工作方案（节选）

一、总体要求

　　以习近平新时代中国特色社会主义思想为指导，按照"政府主导、部门协作、社会参与"原则，多路径加大会展业对外宣传推介力度，切实提升义乌会展竞争力和影响力，营造"全城办展"浓厚氛围，持续擦亮"中国十佳会展名城"金名片。

二、重点工作

（一）多渠道开展媒体宣传

1.发挥城市整体外宣作用。加大对外会展宣传力度，将推介以义博会为代表的"义"系展会纳入考察交流、招商引资重要内容。加快建设世界会展特色城市，将会展宣传纳入义乌城市整体对外宣传体系，策划制作"义乌——中国会展名城"宣传册，在城市宣传片中突出体现会展元素。

2.拓宽官方发布渠道。利用义乌电视台、义乌广播电台、义乌商报、义乌发布等主流媒体资源，以会展专栏等形式向社会发布展览计划、展会最新动态和成效信息。

3.提升新媒体宣传水平。鼓励商城展览公司成立新媒体宣传部门，利用天猫、抖音、快手、小红书等新媒体开展会展宣传推介。引导各展会主办方多渠道、多平台精准投放展会信息，分析反馈数据，提高筹备工作质效。

4.加强主流媒体推介推广。积极对接国内主要媒体和行业内专业媒体，精心策划展会宣传内容，加强会展特色亮点新闻报道。

（二）多场景营造浓厚氛围

1.发挥重要地标宣传优势。充分利用以万达等商圈为核心的区域消费中心、星级酒店、国际商贸城等重要场所及城区主要道路、展馆附近的LED显示屏，滚动播放义博会、文化和旅游产品交易博览会、森博会等信息和会展计划等内容。

2.强化会展城市导视场景建设。在机场、火车站、高速路口等市内重要交通枢纽和主要街区、重要路口，优化会展场馆交通标识指示，配套设置大型户外广告、立体装饰物等。

3.强化展会期间宣传氛围营造。在国际博览中心周边核心区域的交通主干道、绿化带悬挂宣传道旗与宣传标语，在市内公共交通、出租车滚动播放展会广告，营造浓厚展会氛围。

（三）多载体提升推介实效

1.坚持"走出去"。积极参与中国会展经济研究会年会、中国会展经济国际合作论坛、UFI年会等会展业重要活动，争取《中国会展》《中外会展》等全国性会展行业媒体更多关注报道，进一步提升会展政策推介、办展优势宣传、会展项目招引等工作成效。

2.主动"请进来"。结合"万名国际采购商邀请行动"等活动，邀请国际采购商来义乌交流，吸引国内外采购商来义乌，持续提升办展效果。

3.深化线上平台赋能。利用"美好生活　浙播季"等直播活动和Chinagoods平台，联合宣传推介各类展会活动，促进电商与会展融合发展。鼓励展会主办方加大线上平台宣传推广投入，提升展会影响力。

4.加大联合推广力度。引导各行业协会牵头整合资源，动员成员企业前往国内外专业市场、知名外贸企业等对接会展项目，为企业赋能提效。

5.打造会展衍生IP。聚焦会展产业链上游，鼓励各展会主办方整合优质资源，设计研发会展活动标志、吉祥物等，不断优化展会视觉形象设计，增强会展品牌辨识度。积极推进"义"系展会吉祥物文创产品等衍生品的市场开发，迎合大众市场的消费需求，提升会展品牌传播力。

6.密切联动中心城市。与国航、南航等航空公司开展深度合作，结合全年会展计划，在国内外重要城市航线策划开行会展主题航班。积极在北上广深等国内区域中心城市举办会展招商推介会，在地铁、地标等核心场所投放广告，以展会为媒，不断扩大义乌会展经济"朋友圈"。

资料来源　义乌市人民政府办公室.关于印发《义乌市会展宣传推广工作方案》的通知［EB/OL］.［2023−07−05］.http://www.yw.gov.cn/art/2023/7/7/art_1229142745_1796685.html.

分析提示：义乌市政府为全面激活会展经济引擎、深入推进会展宣传推广工作，制订了详细的工作方案，极大地助力了义乌市会展业的发展。

情景模拟4-1

场景：假如某展览公司要举办一个中秋礼品展，你是这个项目的策划经理，试组织你的团队拟订展会策划方案（主要拟订展会招展和招商方案、相关活动策划方案、展会宣传推广方案）。

操作：

（1）组织方式：以小组（展会项目组，5~8人）为单位，每组设小组长（展会项目策划经理）1名，负责组织项目组成员开展工作。

（2）成果要求：在调查、了解有关情况的基础上，根据展会题材制订策划方案，同时要把方案制作成PPT。

（3）经验交流：各项目组分别派1名代表在课堂上陈述方案，说明理由，并接受老师和其他同学的提问。

（4）教师点评：教师对各项目组的方案进行点评，指出其存在的问题。

知识掌握

⊙ 选择题

1）在标准展位的基础上对展位的装饰、色彩、高度进行改变，以增强视觉效果，这种展位称为（　　）。

A.特装展位　　　　　　　　　　　B.标准展位

C.标准展位变形　　　　　　　　　D.室外展场

2）划分展区、展位时应注意（　　）。

A.兼顾各方利益　　　　　　　　　B.因地制宜

C.合理安排功能服务区　　　　　　D.不能遮挡展馆的安全设施

3）依据参展商的感受价值来定价的方法称为（　　）。

A.成本导向定价法　　　　　　　　B.需求导向定价法

C.竞争导向定价法　　　　　　　　D.随行就市定价法

4）招展代理的形式包括（　　）。

A.独家代理　　　　　　　　　　　B.排他代理

C.多家代理　　　　　　　　　　　D.承包代理

5）招展代理商承担风险最大的代理形式是（　　）。

A.独家代理 　　　　　　　　　　　B.排他代理

C.多家代理 　　　　　　　　　　　D.承包代理

6）邀请观众到展会来参观、洽谈的工作称为（　　　　）。

A.组展 　　　　　　　　　　　　　B.招展

C.招商 　　　　　　　　　　　　　D.参展

◎简答题

1）招展、招商方案一般包括哪些主要内容？

2）划分展区和展位时应遵循哪些原则？

3）对招展代理的管理包含哪些内容？

4）展会开幕式筹办要做好哪些工作？

5）展会宣传推广常用的手段有哪些？

知识应用

◎案例分析

第133届广交会招展招商推介活动在四川、湖南、江苏成功举办

第133届广交会招展招商推介系列活动在成都、长沙、南京、无锡、南通等多地开展，面向产业集群、重点企业和采购机构精准开展新题材展区推介和国内采购商招商。

广交会是中国对外开放和国际贸易合作的重要平台，一直以来是广大企业找客户、拿订单、拓市场的最主要的渠道，为各地对外开放、外贸和经济发展做出了积极贡献；第133届广交会是具有里程碑意义的一届盛会，全球商界、社会各界充满期待。

在推介会上，中国对外贸易中心副主任徐兵重点阐述了第133届广交会"两个扩大、两个优化、三个提升"的新特点。一是扩大总规模、扩大进口展区；二是优化展区结构、优化贸易服务；三是提升参展质量、提升线上线下融合水平、提升精准招商水平。徐兵强调，2023年乃至今后的广交会的首要任务是以科学规划为引领，从提高参展商和采购商质量两侧发力，加快数字化转型，持续推动广交会高质量发展，更好服务国家战略、服务地方发展、服务企业需要。

同时，中国对外贸易中心代表分别就第133届广交会增设3个新题材展区的背景、组展安排、参展增值服务，以及本届广交会全球采购商营销工作情况与创新举措等做了详细介绍。众多参会企业围绕广交会新题材展区参展申请方式、参展展品范围，以及广交会新品首发首展首秀活动参与方式等内容进行了咨询。采购商就本届广交会参会流程、贸促活动情况、VIP采购商礼遇及合作招商组团参会等议题展开咨询交流。

此外，广交会四川省、湖南省、江苏省工作小组还分头走访了四川省外商投资企业协会、中联重科股份有限公司、湖南中南智能装备有限公司、南京泰普森自动化设备有限公司等重点企业和采购机构，了解行业发展情况，邀请企业参展参会，并就广交会价值、参展资质及流程、广交会服务、企业需求等进行深入交流。相关企业、机构表示，此行推介使其对广交会有了全新的认识，将积极组团参加广交会及相关贸促

活动，希望和广交会建立长期合作关系。

第133届广交会推出的新题材与各省、区、市的产业结构、发展方向高度契合，有助于促进产业与贸易融合发展。各地商务主管部门将积极借助广交会平台的优势资源，持续帮助企业拓展发展空间，支持企业参加国内国际展会，抢抓机遇谋突破。

资料来源　杨智明. 第133届广交会招展招商推介活动在四川、湖南、江苏成功举办 [EB/OL].〔2023-02-22〕. https://baijiahao.baidu.com/s?id=1758530538724291592&wfr=spider&for=pc.

问题：

（1）第133届广交会的招商招展工作具有哪些特点？

（2）广交会是如何提升自己的专业水平的？

◉实践训练

根据实际情况，在校园内组织一次展会（如图书展、电子产品展、生活用品展等）。专业观众为学生和学校教职工，参展商为有关商家。

会展服务

学习目标

知识目标

- 了解会展服务的概念、特性、分类和基本要求。
- 明确会展前期、中期及后期服务的主要工作。
- 熟知布展与撤展服务、展会现场服务内容。

技能目标

- 能够为参展商提供服务。
- 能够为专业观众提供服务。

素养目标

- 培养爱岗敬业、知行合一的职业素养。
- 具有良好的职业道德，提高社会责任感。

知识导图

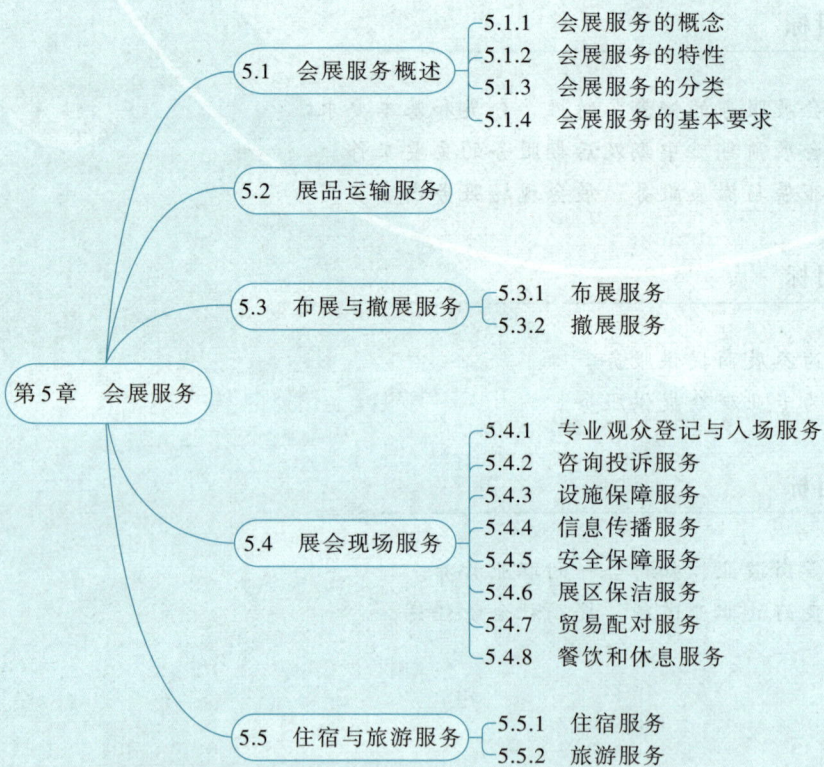

第5章　会展服务

5.1　会展服务概述
- 5.1.1　会展服务的概念
- 5.1.2　会展服务的特性
- 5.1.3　会展服务的分类
- 5.1.4　会展服务的基本要求

5.2　展品运输服务

5.3　布展与撤展服务
- 5.3.1　布展服务
- 5.3.2　撤展服务

5.4　展会现场服务
- 5.4.1　专业观众登记与入场服务
- 5.4.2　咨询投诉服务
- 5.4.3　设施保障服务
- 5.4.4　信息传播服务
- 5.4.5　安全保障服务
- 5.4.6　展区保洁服务
- 5.4.7　贸易配对服务
- 5.4.8　餐饮和休息服务

5.5　住宿与旅游服务
- 5.5.1　住宿服务
- 5.5.2　旅游服务

引例　　　　　　　　　"进博会交通"App上线方便观展

2018年10月23日，"进博会交通"App正式上线。观众只需要打开"进博会交通"App，点击主页上的"GO"按钮，选择起点与终点，一条"量身定制"的抵离馆路线便闪烁在手机屏幕上。

按照"色彩醒目、界面友好、信息全面、内外衔接、技术可靠"的原则，上海市交通委对该App进行了升级优化，新增中国国际进口博览会交通指南，具体包括地图、展区导引、资讯三大功能板块。该App可将国家会展中心（上海）附近的交通"一网打尽"。

该App内的地图功能不仅覆盖公交接驳线、出租车上下客点、停车场、公交站和地铁站等展馆周边交通信息，还详细标记了21个场馆进出口、场馆内部展区分布等馆内信息。入馆时，观众可以查找馆内各区域展品的分类等信息，迅速确定入馆方向。离馆时，观众也可以查找馆外交通站点、线路、班次等信息，选择最优的离场路线。

除了线路规划和导航，该App还显示地铁站、短驳车站、公交车站、出租车上客点等站点的排队时间，对其位置布设和便捷程度等信息进行对比，使观众对离馆时间做到心中有数，以便提早规划路线，选择合适的交通方式。

一旦遇到离场大客流，该App也将第一时间发布应急短驳公交的交通疏散信息，引导观众迅速离开展馆。展会期间，该App将通过资讯栏目实时发布公告，观众可及时了解场馆周边的交通组织与交通现状，合理选择离场时间及交通方式。

2018年10月22日，上海久事公共交通集团有限公司进博会前线指挥中心正式入驻，主要负责中国国际进口博览会期间接驳线营运的实时监控监管，实时监控线路营运过程中的管理人员、公交司机、客流、营运及抢修车辆动态。

同时，上海久事公共交通集团有限公司还配置了应急支援车辆100辆，分别停放于P1停车场和申昆路枢纽站，针对大客流疏散及轨道交通突发事件等应急情况，按照公交专项应急预案，随时启动应急响应。2018年10月22日，位于虹桥机场的中国国际进口博览会接待服务中心（虹桥机场）也投入使用，这是上海落成的首个中国国际进口博览会接待服务中心。

资料来源　何颖晗."进博会交通"App上线方便观展［N］.中国贸易报，2018-10-25（A5）.

这一案例表明：会展服务是会展行业中最重要、最不可或缺的一个部分。只有为客商提供方便周到的服务，才能提高客商的满意度。

5.1　会展服务概述

5.1.1　会展服务的概念

1977年，希尔（T.P.Hill）提出了服务的概念。他指出："服务是指人或隶属于一定经济单位的物在事先合意的前提下由于其他经济单位的活动所产生的变化。服务的生产和消费同时进行，即消费者单位的变化和生产者单位的变化同时发生，这种变化是统一的。服务一旦生产出来，必须由消费者获得而不能储存，这与其物理特性无关……"

美国著名营销学家科特勒指出：服务有四个特点，即无形性、不可分性、可变性和易消失性。服务的四个特点表明了它与其他产品的显著区别，同时也告诉人们，服务与它所接触的对象活动密切相关。

由此可知，服务是以某种活动为载体的无形产品。也就是说，服务实际上是一种过程化的无形产品。

会展隶属于服务业，是现代服务业的重要组成部分。会展服务可以从广义和狭义两方面来定义。

1）广义的会展服务

广义的会展服务是指会展企业和与会展相关的企业向会展活动的主办者、承办者、与会者、参展者、客商以及观众所提供的全方位服务，包括会展策划、会展筹备与组织、会展物流、会展接待、会展宣传、会展场馆设施配套等各方面的服务。

在广义的会展服务方面，会展服务企业是主体，其他相关企业如酒店、旅行社、娱乐场所、物流公司、广告公司、设计公司等，以及交通、通信、金融、消防等公共服务部门，也可以在会展活动中提供有特色的服务。

2）狭义的会展服务

狭义的会展服务是指会展主办方或承办方向与会者、参展者、客商以及观众所提供的各项服务，主要包括策划、宣传、采访、接待、餐饮、住宿、礼仪、交通、运输、仓储、后勤、安保、清洁、旅游、文书、通信、保险、租赁、展台设计、展具制作、展台搭建、撤展等方面。

狭义的会展服务主要由主办方或承办方提供，包括通过主办方或承办方提供的间接服务，如展会期间的金融和保险服务可由主办方或承办方介绍其他服务商来提供。此外，狭义的会展服务还包括客户关系维护、会展品牌维护以及知识产权保护等方面的服务。

会展链接5-1

服务的含义

在国际会展服务中，"服务"（service）一词中的s、e、r、v、i、c、e分别被赋予了不同的解释。

s代表微笑（smile）：你的微笑、你的友好的方式，给人以温暖和受欢迎的感觉，从而表明一种积极的态度。

e代表优秀（excellence）：你在工作中的每一个方面都要表现完美，如服装、倾听的能力、知识水平、信守承诺等。

r代表准备好（ready）：随时准备好为顾客服务。这意味着不跟同事聊天，不抽烟、喝酒、打电话，因为那样的话，你会自顾不暇，不能服务好顾客。

v代表观察（viewing）：对会展有全面的观察，从顾客发出的语言和非语言信号中理解顾客的需求。

i代表邀请（inviting）：每一次接待服务结束时，都应该显示出诚意和敬意，主动邀请顾客再次参加。

c代表创造（creating）：创造一个愉快宜人的气氛，让顾客感到快乐。

e代表眼光（eye）：始终以热情友好的眼光关注顾客，适应顾客心理。

资料来源 根据网站资料整理。

5.1.2 会展服务的特性

会展服务与一般服务一样，也具有无形性、不可存储性以及不可分割性等，但会展是一个特殊的现代服务行业，因此会展服务又具有一定的特殊性，包括过程性、人文性、综合性、集聚性和差异性等。

1）过程性

服务最重要的特性是过程性。会展服务是一个由一系列活动构成的过程。例如，在为参展商服务的过程中，需要运用各类资源，如人力、场馆、交通、物流、安保等，通过互动的形式帮助参展商解决问题。为了方便起见，人们通常把会展服务分为三个阶段，即会展前、会展中和会展后。不论是会展前的咨询、调研、策划服务，还是会展中的现场服务，抑或会展后的跟踪服务，都体现为一系列的操作过程。

2）人文性

会展是人类交往的一种形式，这种"人类交往"的特殊形式决定了会展服务必须"以人为本"。"人文"强调对人的关怀，强调个性化服务。在会展服务中，人文性贯穿于会展的整个过程，包括会展项目的宣传与推介、会展报名、会展的议题、会场的选择、会展的筹备及策划、会展的日程安排、与会者的膳食、会展场馆的布置、现场服务以及会后工作等，人文性无处不在。

会展链接5-2

现代展厅设计中的人文性

现代展厅设计运用人体工程学知识，重视处理好人与物、人与环境之间的关系，充分考虑人的生理和心理特征，更好地发挥展览效能。展厅安排足够的空间来控制展品的密度，处理好通风设施，为观众和展出人员创造良好的空间；展厅中的空气流量应不小于34立方米/小时，空气流速应不小于0.3米/秒，室内温度应控制在16~24℃，空气含尘量应小于5毫克/立方米。根据人的视觉特点，视线在水平面的流动效果比在垂直面的流动效果更清晰准确，因此展线设计应从左到右，以水平流动为主线，同时要控制流动速度，使展线自然流畅，有节奏感，既不松弛，也不过急。此外，展品、展具、展墙、展板等的设计，均应符合人的视觉思维和认识过程的心理顺序，做到主次分明，避免杂乱无章。听觉设计要为观众创造良好的音响环境，广播、录音、录像、讲解等要统筹安排，在一定时间内，只能使观众接受一种主要的声音，而不可使各种声音同时轰鸣，形成噪声。展厅环境要使声音均匀分布，以免产生声聚焦现象。

3）综合性

现代会展呈现出会议、展览、经贸、观光、休闲、娱乐、节庆表演等多种活动相结合的特点。无论是在活动内容上，还是在活动目的和性质上，会展服务都表现出了极强的综合性。参与会展服务的人员不仅要掌握政治、文化、营销、服务心理等现代服务理论，而且要掌握接待礼仪、会话艺术、现代设施及设备的使用等专项服务技能。

4）集聚性

会展服务的集聚性是由会展活动的性质决定的，会展使得大量的人、物品、信息在同一时间、空间上短时间地集聚，使为会展活动提供的各项服务必须在指定的时间内集中完成，从而在客观上形成了一种服务集聚的现象。

5）差异性

会展服务涉及的部门很多，包括主办方、承办方、外包服务方以及为展会提供支持的公共服务部门。这些部门只有通力合作、协调共进，才能提高服务效率，达到共赢的目的。但是由于会展服务人员的工作经验不同，个人素质、修养和技术水平存在差异，因此其服务质量也存在很大的差异；即使是同一个人提供同样的服务，由于服务对象的不同以及时间的差异，服务质量也可能有较大的不同。另外，由于顾客对会展服务的期待不同，因此即便是同一服务，顾客的评价也可能是不同的。

会展服务的差异性有利于提高服务的灵活性和进行服务创新，有利于针对不同的顾客提供差异化和个性化的服务。

5.1.3　会展服务的分类

会展业是关联度很高的行业。它是以会展产业为中心、以其他相关行业为依托而形成的跨区域、跨产业的新兴经济类型。

一次大型展会，涉及展会场馆的现场服务、展馆的装饰设计、展位灯光音响、数字投影设备、展品运输、展会翻译、会议速记、会议论坛、新闻发布、产品推介、礼仪模特、广告印刷、邮电通信、金融、酒店住宿、餐饮、娱乐、形象设计、订票、商务考察以及志愿者、会展人才培训等多个服务种类。

会展服务的分类有不同的方法：

（1）从会展的不同阶段来看，有会展前期服务、会展期间服务和会展后期服务。

①会展前期服务。它是指在会展活动正式开幕前提供给参展商、观众和其他服务对象的有关服务，包括会展筹备工作的通报、展品运输、参展商和专业观众证件的制作等。

②会展期间服务。它是指从会展活动正式开幕到闭幕期间提供给参展商、观众和其他服务对象的有关服务，包括现场安保服务、清洁服务等。

③会展后期服务。它是指会展活动闭幕后提供给参展商、观众和其他服务对象的后续服务，包括会议信息的反馈、会议文件的收集和归档、撤展、通报展会成交情况、介绍参展商和观众的来源构成、安排商务考察或旅游观光等。

（2）从会展服务的对象来看，有对参展商的服务、对观众的服务和对其他对象的服务。

参展商是会展活动的主体要素之一，也是会展服务的主要对象。能否邀请到高质量的参展商是会展活动成败的关键，因此为参展商做好服务工作十分重要。对参展商的服务包括提供行业发展信息、提供贸易成交信息、通报会展活动进展情况、参展策划服务、展品运输服务、展位搭建服务、展览现场服务、商旅服务等。

观众是会展活动的核心要素之一。在展览等活动中，观众还有专业观众与普通观众之分。其中，对专业观众的服务主要有：通报展会进展情况、通报展会展品信息、提供行业发展信息、提供产品信息、展览现场服务、商旅服务等。

除了参展商和观众以外，会展活动还有其他服务对象，如新闻媒体、行业主管部门、国外驻华机构、裁判、国际组织等。

需要指出的是，潜在的参展商与观众也是会展活动的服务对象。因此，展品信息、行业发展信息等也应及时向他们提供。

（3）从会展服务的内容来看，有广告宣传服务、信息服务、秘书礼仪服务、设计安装服务、运输仓储服务、会展用品租赁服务、观光考察服务和后勤保障服务等。

①广告宣传服务。它包括印制、派送活动宣传品、服务手册，提供会展现场的户外广告、招贴广告、证件吊带广告、入场券广告等。

②信息服务。它包含的内容多种多样，如提供客户信息、展会调研报告、会议简报，介绍展会动态，处理提案和议案等。

③秘书礼仪服务。它在会展活动中是最常用的，如文案写作、会议记录、报到签到、资料分发、礼仪引导、庆典礼仪、会展模特等。

④设计安装服务。从展台、会场、舞台的设计到展具和展架定制、搭建布展、设备安装、撤展等都需要专门的服务机构。随着科学技术的发展，现代会展活动越来越注重科学与艺术的结合，设计安装服务中包含着大量艺术与技术方面的内容。

⑤运输仓储服务。它包括提供展品、展具、展架的包装、运输、通关、搬运、仓储等服务。

⑥会展用品租赁服务。它包括向参展商提供视频会议系统、电视墙、数字投影仪、音响扩声系统、灯光表演系统、同声传译会议系统等设备的租赁、安装、调试服务等。调查显示，使用租赁的展具搭建展台，其费用只相当于购买展具材料的10%～20%。可见，会展用品租赁服务具有巨大的发展空间。

⑦观光考察服务。在会展活动期间或会展活动结束后，主办单位通常会结合会展活动的主题安排商务考察、文化考察、观光旅游等活动。

⑧后勤保障服务。它包括为会展活动参与人员提供交通运输、食宿安排、茶水供应、票务预订、展品保护、现场急救等服务。

5.1.4　会展服务的基本要求

1）以全程服务为导向

会展服务是一种全程服务，包括会展活动之前的宣传推广、参展商的招募和观众的组织；会展活动过程中除了必备的服务项目外，还包括法律、科技、信息等方面的援助；会展活动结束后相关信息的统计、分析、调查与反馈。不同环节的服务，其侧重点是不同的。

在整个会展活动中，信息的交流、商贸的洽谈、论坛的召开等软服务与场馆水电的供应、交通食宿的安排、展品的运输保管、展场的布置等硬服务结合起来，能够为会展活动参加者创造一个自我表现的舞台。

2）以客户为中心

会展服务应该首先树立以客户为中心的原则，关注客户的需求。会展服务的提供者应充分了解客户的期望，按标准提供服务，做到服务绩效与服务承诺相匹配。

例如，在会展服务过程中，以客户为中心的服务应欢迎与鼓励客户的抱怨。抱怨应该是可以被预期、被鼓励和被追踪的。抱怨的客户应该被当作真正的朋友来看待。在受理客户的抱怨之后，会展服务提供者应迅速采取补救措施，变不利为有利，从而提高客户的满意度。

3）以真诚换取信任

会展服务人员在工作中要注意，不管是新客户还是老客户，都要尊重他们的意见，要学会使用征求性的语言，如"请您看看这个好吗？""您觉得这个如何？"等，要让客户觉得你是一个非常真诚并且懂得尊重他人的人，这样客户才会愿意与你交往。

一旦赢得了客户的好感，会展服务人员通常可以留下客户的联系方式，会展活动结束后，会展服务人员必须与这些客户经常联系和沟通，如节假日发贺卡或电子邮件问候等。如果会展服务人员在会展活动期间对客户有某种服务承诺，那么一定要按时履行承诺，给客户留下一个真诚守信的印象，使客户有兴趣、有信心与自己的企业保持长久的合作。

4）以细节取胜

会展服务成功与否的一个重要衡量标准是，客户参加你所组织的活动时，能否愉快地接受你所宣传的理念并乐于接受你的服务。为此，会展服务人员在为客户提供服务时要做到热情周到、细致入微，要能在短时间的接触过程中，正确了解客户的职业、身份、兴趣、爱好等，并迅速做出判断，从而为客户提供切实有效的服务。会展服务人员要实现令客户满意的目标，必须以自身不懈的努力，关注每一个服务细节，倾心打造，这样才会有回报。

5.2 展品运输服务

展品运输服务是指受参展商委托将展品从指定地点运至展览地，或由展览地运回指定地点的活动。这里的展品不仅包括展览品，而且包括展架、展具、布展用品和道具、维修工具、宣传资料和招待用品等。由于展品运输是一项专业性很强的工作，办展单位无力亲自办理，因此办展单位往往指定专业运输公司负责。

从办展单位的角度看，展品运输服务主要包括来程运输和回程运输。来程运输是指运输代理将参展商的展品从指定的地点运到展会现场；回程运输是指运输代理按参展商的需要将展品运回指定的地点。另外，对国际参展商来说，来程运输和回程运输都涉及报关问题，因此报关也是运输代理的重要工作。办展单位在选择运输代理时，应选择服务好、信誉佳的运输公司。对于国际性展会，有的办展单位仅指定一家运输公司作为展会的运输代理，统一负责国内外参展商的运输事宜；有的办展单位则分别指定国内运输代理和国际运输代理。办展单位申请展会批文在海关备案时，会同时将运输代理公司在海关备案，海关只受理办展单位指定的运输代理公司的报关。

1）国内运输代理

国内运输代理主要负责国内参展商展品的运输工作，有时也与国际运输代理密切配合，作为国际运输代理的现场代理。因此，办展单位在指定展会的国内运输代理时，可以将其业务与所指定的国际运输代理的业务结合起来考虑，这样更有利于保证展品运输工作的顺畅。国内运输代理的主要工作流程如下：展品集中与装车→长途运输→接运和交接→掏箱和开箱。

会展案例5-1

第二十届中国-东盟博览会境内展品运输流程

第二十届中国-东盟博览会境内展品运输流程（中外运广西有限公司）如图5-1所示。

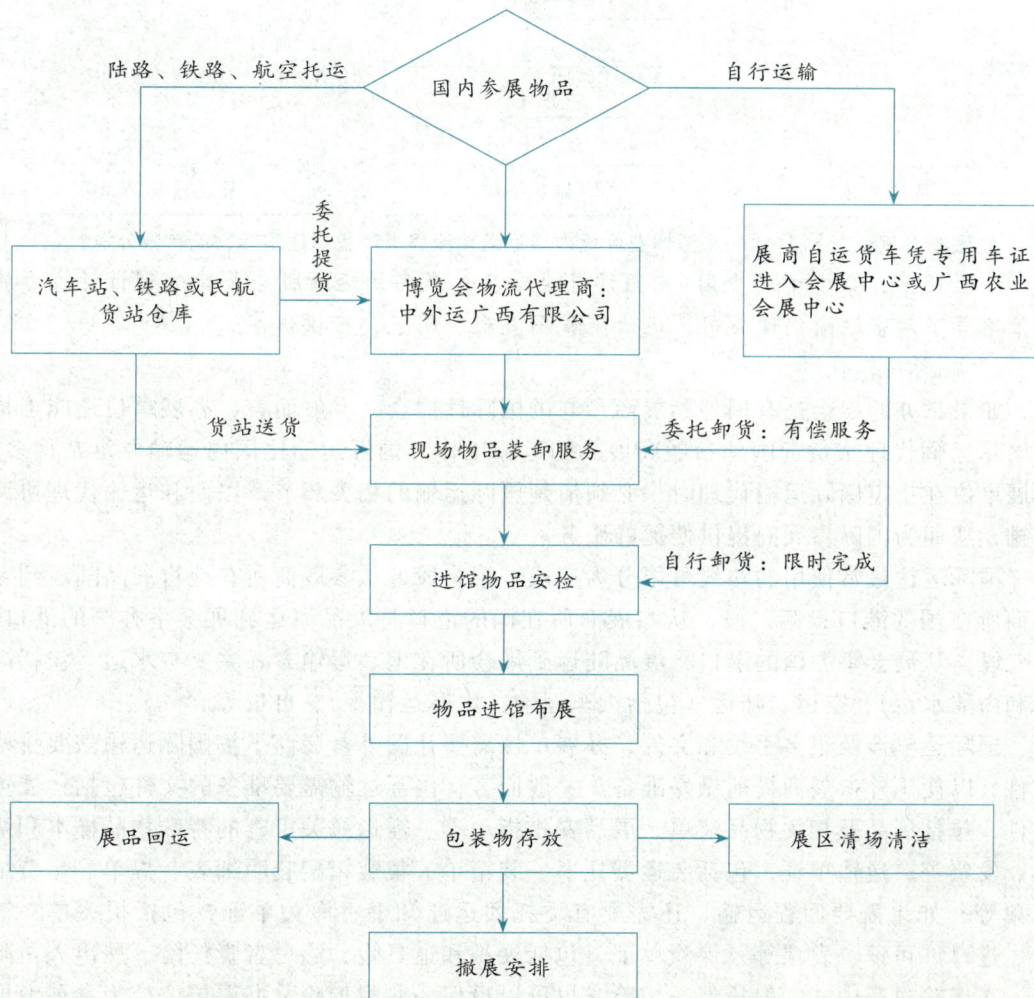

图5-1 第二十届中国-东盟博览会境内展品运输流程（中外运广西有限公司）

第二十届中国-东盟博览会境内展品运输流程（海程邦达国际物流有限公司）如图5-2所示。

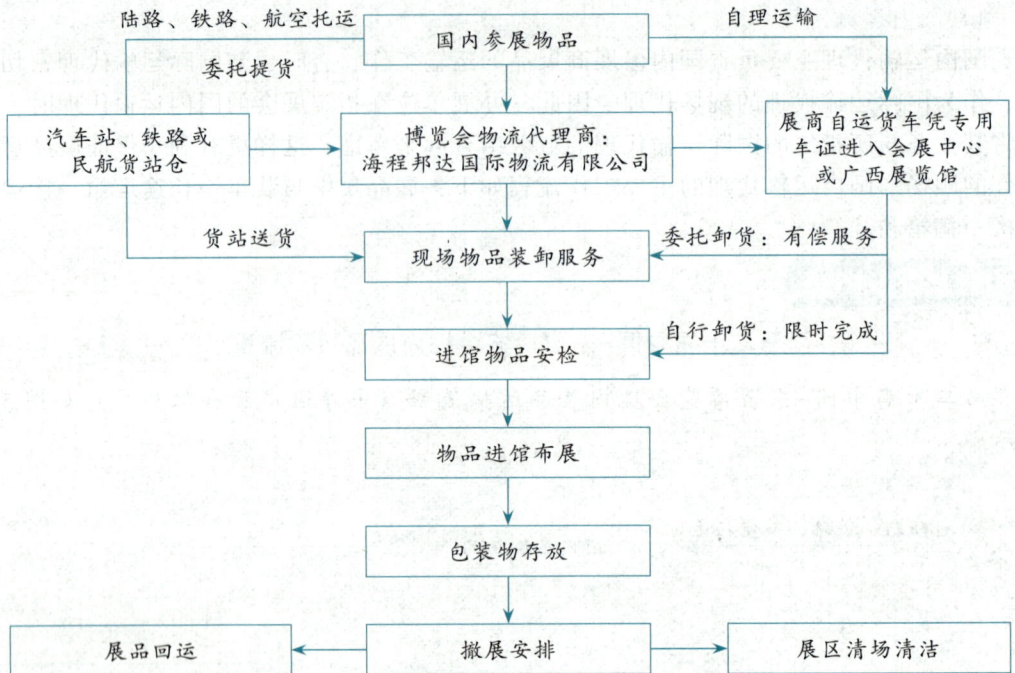

图5-2　第二十届中国-东盟博览会境内展品运输流程（海程邦达国际物流有限公司）

分析提示：第二十届中国-东盟博览会对境内展品的运输服务是比较到位的，办展单位推荐了两家运输代理公司，运输流程图直观、明了，可供借鉴。

2）国际运输代理

如果举办的展会是有国外参展商参与的国际性展会，一般而言，办展单位还应当指定国际运输代理来负责国外参展商展品的运输工作。国际运输比国内运输要复杂得多，办展单位在指定国际运输代理时，必须清楚国际运输的相关环节，以便和运输代理协调安排，从而为国际参展商提供便捷的服务。

国际运输最常使用的路线可以分为三段：第一段，从参展商所在地将展品陆运到参展商所在国的港口；第二段，从参展商所在国的港口将展品海运到展会举办国的港口；第三段，从展会举办国的港口将展品陆运到展会所在地。运输方式主要有水运（包括海运和内陆水运）、空运、陆运（包括火车运输、汽车运输等）、自带等。

国际运输涉及很多手续和文件，办展单位需要让国外参展商了解国际运输需要哪些文件，以便国外参展商提前做好准备。一般而言，国际运输需要准备的文件包括：展览文件，包括展品及相关物品清单、展品安排指示书、需送海关审查的特殊物品样本和清单、发票等；运输单证，包括装运委托书、装箱单、集装箱配装明细表、提单、运费结算单等，如果需要回程运输，还需要有委托回运通知书；海关单证，包括报关单、清册、进口许可证、发票等；保险单证，包括展品和道具险、第三者责任险、展出人员险等。在运输过程中，一般投保一切险，也可以投保一些附加险。办展单位应为参展商推荐可靠的保险公司，最好推荐能提供一揽子展览保险的专业保险公司。

对于以上文件，运输代理应明确告知参展商提供的具体时间和最后期限，以便及时办理有关手续。

3）展品运输服务应注意的问题

尽管展品运输工作主要由运输代理和参展商通过相互协商的方式共同完成，但为了保证展会的顺利进行，办展单位还应该对展品的运输进行必要的指导和管理。

第一，选择好运输代理。运输代理的信誉、业务能力直接决定了展会为参展商提供的运输服务的质量，办展单位要慎重考虑。有的展会仅指定一家运输代理，由其负责展会展品等的运输；有的展会则提供多家运输代理，由参展商自行选择。但不管采用哪种方式，对运输代理都要实行准入制度，只有符合一定标准、具备一定能力的运输企业才能作为选择对象。

第二，做好展品运输的时间安排。办展单位应根据展会的布展和开幕日期，安排好展品及相关物资的运输时间，并向运输代理及所有参展商公布。这便于运输代理和参展商确定具体运输时间，如交箱日期、办理手续日期、发运日期、抵达目的地日期、到达展馆日期以及回运日期等。办展单位在指定运输代理时应注意协调安排，让展品按预定的时间到达，不要过早，更不能过晚。

第三，安排好运输线路和运输方式。办展单位有必要督促运输代理为参展商安排最佳的运输线路和运输方式，以确保运输代理能为参展商提供最好的服务。

第四，规定好展品的包装要求。为了方便展品的搬运和装卸，办展单位应和运输代理一起规定好本展会展品及相关物资的运输包装要求，运输包装要按规定标注，包括运输标志、箱号、尺寸或体积、重量以及展会名称、展馆号、展位号、收货人名称和地址等。

第五，协调费用问题。由于参展商一般都倾向把运输代理的收费看成展会收费的组成部分，因此办展单位有必要让运输代理向参展商提供合理的收费标准，防止运输代理收费过高。单就运费而言，它主要包括参展商所在地陆运费及杂费，发运地仓储费，港口、机场、车站费，装卸费，至展馆的运费、掏箱费等。办展单位应确定这些费用的费率，并告知参展商。

第六，办展单位一般不承担展品的丢失、损坏等风险，因此应督促运输代理提醒参展商在安排运输时注意投保有关险种。

第七，做好对运输代理的现场管理。办展单位应实行"运输车辆出入证"管理，对有关运输车辆进出展会现场的时间、路线等做出规定，以保证展会现场的秩序。

需要说明的是，运输代理是办展单位为方便参展商而为其提供的备选服务项目，参展商也可以自主安排展品的运输。但由于选择展会指定的运输代理会为其带来较大的便利，因此很多参展商都会选择这项服务。

5.3　布展与撤展服务

布展与撤展服务是办展单位对展会进行组织管理的集中体现，需要协调各个方面，因此办展单位要足够重视。

5.3.1　布展服务

关于布展工作，参展商、办展单位和有关的展会服务商都要参与其中。对参展商而言，布展是为了参展而在展会开幕前对展位进行搭建、布置和将展品陈列在展位上的一系列工作。对办展单位而言，布展一是对参展商、搭建商、运输代理等的有关工作进行协调和管理；二是对展会现场的整体环境进行布置。

1）对参展商、搭建商、运输代理等的有关工作进行协调和管理

办展单位应与各参展商、搭建商、运输代理以及其他有关部门进行协调、沟通，督促其做好各项工作。布展期间的主要服务工作见表5-1。

表5-1　　　　　　　　　　　　　　　布展期间的主要服务工作

工作内容	工作描述
展位划定	按照各参展商租用的场地面积和位置划分每一个展位的具体范围（应严格按签订的合同办理）
地毯铺设	在展馆的公共区域、某些标准展位等按计划铺设地毯
参展商的接待	为报到的参展商办理有关手续，如办理入场登记、收取有关款项、发送相关证件等
展位搭建协调	①完成标准展位的制作 ②监督和协调特装展位的搭建 ③协调处理展位搭建中出现的各种问题
展位楣板的制作、安装、核对	认真核对展台号及参展商的企业标志、中英文名称等信息
海关现场办公	对于海外展品，办展单位应陪同海关进行现场抽查；如果海外参展商比较多，则可邀请海关现场办公
现场安全保卫	做好展会现场的安全保卫工作，并督促参展商做好自身的安全防范工作
现场施工管理和验收	派出专门人员管理各承建商的现场施工，如现场用电控制、现场用火控制、噪声控制、展位高度控制、电线电缆的安装和走向、灯光设计和使用、各展位间通道宽度的控制、重型机械的地面承重控制、标准展位的标准配置等，避免施工现场秩序混乱和出现安全隐患
消防和安全检查	所有展位布置完后，陪同消防和安保部门对所有展位进行全面的消防和安全检查，以消除安全隐患
现场清洁和布置、垃圾的处理	及时收集和处理布展产生的大量垃圾

2）对展会现场的整体环境进行布置

（1）开幕式布置。目前，很多办展单位在展会开幕之时都会举办开幕式。如果开幕式是在展馆外的广场举行，那么在开幕式举办前就要布置好展会的背板、门楼或展会横幅，同时背板上应标明展会名称，展会举办时间，展会的主办单位、承办单位、支持单位等。如果有单位祝贺展会开幕或有企业在现场做广告，还要布置好现场空飘气球或广告牌等。如果展会开幕式有现场表演，还要布置好表演场地。

（2）序幕大厅布置。如果展会的展馆有序幕大厅，一般要在序幕大厅布置以下内容：展馆、展区和展位分布平面图，各服务网点分布图，各参展企业及其展位号一览表，展会简介牌，展区参观路线指示牌，展会宣传推广报道牌，相关活动预告等。

（3）提示牌设置。在展会各展馆（展区）中，办展单位还应布置如下内容：各展馆（展区）展览内容提示牌、参观路线指示牌、本区服务网点提示牌、至其他展馆（展区）的路线提示牌、本展区及展位号一览表等。上述内容应布置在比较显眼的地方，以便于观众参观。

（4）嘉宾休息室或会客室布置。很多展会还会开辟一定的空间，作为展会嘉宾的休息室或会客室。休息室或会客室内可配备茶水、咖啡和小点心等，也可以放置一些有关展会的宣传介绍资料。如果有必要，还可以为休息室或会客室配备专门的服务人员。

（5）服务点布置。办展单位还需要设置一些服务点，以方便集中处理参展商展具租赁、用水用电的额外申请，以及翻译、通信、信息咨询等问题。

需要注意的是，不同题材、不同规模、不同档次的展会对服务点布置的要求是有差别的，办展单位应根据展会的实际情况进行合理的布置。

布展时间一般安排在展会开幕的前几天，具体时间的长短与展览题材和展品的复杂程度有关，不能一概而论。例如，第 134 届广交会特装展位的搭建期为 2023 年 10 月 8 日至 11 日，第一期企业布展时间为 2023 年 10 月 12 日至 13 日，第二期企业布展时间为 2023 年 10 月 21 日至 22 日，第三期企业布展时间为 2023 年 10 月 29 日至 30 日。一般而言，展会的布展时间为 2~4 天。

上述布展工作完成以后，办展单位就可以按计划举办展会的开幕式了。

5.3.2 撤展服务

当展会按计划的天数展览完毕后，就要准备闭幕了。展会的闭幕标志着展会正式结束，但这并不意味着展会服务工作的结束，撤展工作还需要办展单位的协调。撤展期间的服务工作见表 5-2。

撤展工作是在展会闭幕后进行的，但撤展的准备工作要提前做好，一般应在招展时就已经计划好，并在参展商手册中明确撤展流程和撤展的有关规定，这样才能保证撤展工作有条不紊地进行。

行业广角 5-1

专业展会搭建服务，让你的展会更具吸引力

行业广角 5-2

东博会布展和撤展规定

表 5-2　　　　　　　　　　　　撤展期间的服务工作

工作项目	工作描述
参展商租用展具的退还	督促参展商将临时租用的展具及时退还给展馆服务部门或者各承建商
展品的处理	展会结束后，参展商对展品处理的常见方式有：出售、赠送、销毁或运回，必要时办展单位应提供协助
展位拆除	办展单位应监督各参展商或搭建商按规定的程序进行展位的拆除，并恢复场馆原貌。对于标准展位或由参展商委托施工的展台，应由指定搭建商负责拆除；对于特装展位，应由参展商自行负责拆除
展品出馆管理	对所有出馆展品进行检查，确保出馆人员带出的展品不是他人物品。展会对出馆展品实行"放行条"控制，对于需要出馆的展品，参展商要向办展单位申请"放行条"，展品与"放行条"一致时才允许出馆
展场的清洁	办展单位或其指定的搭建商应及时处理撤展时产生的大量垃圾
撤展安全保卫	定时巡逻，及时消除各种安全隐患，因为撤展时往往比较混乱

5.4　展会现场服务

5.4.1　专业观众登记与入场服务

办展单位应现场验证专业观众注册信息，专业观众登记后方可入场。对专业观众进行登记，有利于办展单位全面掌握专业观众的有关情况。

1）设置观众登记柜台

办展单位可以在展馆大厅或者专门的观众进馆大厅设立专业观众登记柜台开展登记工作，也可以根据方便专业观众登记的原则和展会的需要，对专业观众登记柜台和通道进行分类管理。例如，办展单位可以根据是否发放过邀请函，将专业观众登记柜台分为持有邀请函专业观众登记柜台和无邀请函专业观众登记柜台。这样分别登记可以减少工作量，提高工作效率，也可以使录入的专业观众资料更准确。有邀请函的专业观众一般在登记前就在邀请函的附表上填写了相关资料，不必在展会现场重复登记。有售票需求的展览会应提供网络和现场售票服务，并在展览会现场设置验票处。

2）填写登记表

专业观众只要在现场填写一张登记表（主要针对既没有邀请函也没有在网上登记申请的专业观众），就可以办理参观证件了。一般来说，让观众进行预登记或在现场填写登记表的主要目的是了解观众的来源及结构、观众参观的目的及其了解展会的途径等信息。这些信息是展会今后调整经营思路、进行观众系统分析和客户关系管理的重要依据。

对于收到邀请函并已回复的专业观众，或者在网上登记并已确认的专业观众，在现场不必填写登记表。为了使程序更加简便，有些展会在向专业观众发放邀请函时，预先进行了编号，给每个专业观众一个号码，并将号码印在邀请函上；一旦该专业观众到会参观，只要读取该专业观众的号码即可了解其有关信息，而不必现场录入，从而节省了很多时间。现场填写的登记表和网上填写的登记表一般是一样的，主要包括问卷调查问题和观众联系方式两部分内容。问卷调查问题主要包括以下五个方面：①观众单位的业务性质；②观众参会的目的；③观众感兴趣的产品和技术种类；④观众了解本展会的渠道；⑤观众在产品购买中的角色。观众联系方式主要包括观众姓名、职务及所在单位名称、地址、联系方式等。

3）办理证件

专业观众可持网上预登记确认函（电脑打印回执）、现场登记表或名片等直接到观众登记处办理有关入场证件，具体要求依据不同的展会而不同。

4）检查证件

对观众进行检查既是保证展会安全的需要，也是进行观众信息收集和统计的需要。专业观众进场的基本程序如下：当专业观众从入口处进场时，工作人员用读码器对证件上的条形码（或磁卡）进行扫描，此时在门禁系统中就记录了该专业观众已经进入展馆这一行为。采用这种方法，主办单位就可以了解专业观众进馆的次数等情况了。

▶ 会展案例5-2

进博会每天30余万人次"刷脸"安检 通过110个核身机无须停留

首届中国国际进口博览会（简称进博会）运用多项高科技，为参会者打造了更安全、更智慧、更便捷的体验。在进博会各主要入口处，一共布置了110余个无感知核身机，这些无感知核身机承担了每天30余万人次的"刷脸"安检任务。该机器具有识别速度快、识别精度高等特点。参会者不需要特意停下来，行进过程中即可完成人脸识别，即使有的入口暗光、逆光，也不会使通行速度下降。

助力进博会进入"刷脸"时代，彻底颠覆传统人工二次核验的方式，腾讯优图实验室与深圳市富浩鹏电子有限公司开启了重大博展核身验证的新模式。参会人员经过感应门时，屏幕会立刻出现参展人员的相关信息，同时摄像头开始抓拍，进行人脸识别并与证件信息比对，快速给出比对结果，全程无须驻足注视摄像头，参展人员在不知不觉中就完成了整个身份核验过程。参展者在感到快速便捷的同时，都纷纷赞叹"太智能了"。

进博会涉及的人员面广量大，受上海市公安局驻国家会展中心前方安保指挥部证件管理组委托，腾讯微瓴联合合作伙伴设计开发了一套证件管理系统——中国国际进口博览会证件管理智能平台。该系统基于腾讯微瓴物联网，利用建筑空间3D可视化呈现技术，将客户进出场馆的数据从不同维度进行实时呈现及智能分析，并融合到国家会展中心四叶草建筑模型中，管理者据此能够调整服务保障措施。具体来说，该系统的功能主要包括三个方面：

一是掌握实况。实时展现国家会展中心出入人员总量，实时展示（内外围）入口各类进博会证件使用状况及人流压力情况，实时了解现场出入人员身份、证件类型及入场分布情况，从而为警力调派、指挥决策提供辅助支撑。二是掌握规律。梳理统计各类历史数据、分类数据，可以直观展现出入人流的时间及分布规律，从而为管理方案调整、应急预案启动提供依据。三是快速处置。为解决场馆体积大（各入口距离远，处置人员前往响应不便）以及现场验证故障处置要求时间短（入场通道即使短暂停摆也会带来大量人员滞留）等问题，证件管理系统可以把综合处置中心指令与各责任区保障响应小队、现场处置保障岗位等联动成三位一体的响应模式，从而实现一般故障现场处理，疑难故障后台远程视频指导处置，重大故障责任区备品备件更换处置。

资料来源　杨玉红. 进博会每天30余万人次"刷脸"安检　通过110个核身机无须停留［N］. 新民晚报，2018-11-07.

分析提示：展会门票经历了从纸质门票、电子门票到人脸识别的发展过程。其中，人脸识别方式是目前最先进的观展参会入门方式。未来，这种方式会被更多展览和会议主办者采用，传统的填写纸质信息领取参观证的做法将会逐渐减少。

5.4.2　咨询投诉服务

1）信息咨询服务

为了方便参展商和观众参展，办展单位一般都会在展会序幕大厅、展馆的主要通道或其他显眼的地方设立咨询服务中心，并安排专门人员为现场的参展商和观众提供各种信息咨询服务。同时，办展单位还可以在显眼的地方设置电子触摸屏等现代查询系统（如图5-3所示），以方便参展商和观众了解其需要的有关信息。参展商和观众的咨询内容是相当广泛的，咨询服务人员应充分了解各种有关信息，如有关展会的组织机构及其分工、展馆的各种设施和各展区的分布情况、展会提供的各种服务、各项办事程序，以及展会所在城市的文化、交通、娱乐、休闲、购物等方面的信息。

图5-3　现代查询系统（莫云摄）

2）发放参观指南

展会参观指南是展会编印的用于指引观众参观展会的一种小册子，主要向专业观众、媒体记者以及参观的嘉宾发放，目的是使他们更容易找到自己要去的展区。

参观指南的内容主要包括：①展会的基本内容，包括展会的名称和标志、展览的时间和地点、办展单位的名称和展品范围；②展会的简单介绍，如展会的规模、参展企业的数量和来源、展品特点、展会相关活动安排等；③展区和展位划分，主要包括展区和展位划分图、各展区的位置和范围、各参展企业名单及展位号一览表；④其他有关图表，主要是展览场馆的交通位置及交通图、展馆内部交通图、展馆内各服务网点的分布图等；⑤相关活动安排。在编写参观指南时，应做到简单明了、条理清楚。

3）赠送或出售会刊

展会会刊是展会为参展商提供的一项宣传服务。会刊里收录了本届展会所有参展商的有关信息，可以帮助参展商进行宣传和扩大参展商的影响力。同时，专业观众和有关机构也可以凭会刊取得参展商的资料，寻找自己需要的产品供应商。展会会刊的发放方式主要有两种：一是赠送，赠送对象是与展会主题相关的行业协会、商会、外国驻华机构及所有参展商，有些展会也会将部分会刊赠送给专业观众；二是定价出售，出售对象主要是专业观众。在展览期间，办展单位可以在专业观众登记柜台附近设一个专门的会刊赠送点或出售点，负责展会会刊的赠送或出售工作。有关展会会刊的编制详见第10章。

4）投诉服务

办展单位可通过现场、电话、网络等渠道受理参展商与观众的投诉和建议，同时应做到及时处置并反馈。

5.4.3 设施保障服务

设施保障服务包括以下内容：

（1）按展台需求提供水、电、气、网络接驳服务。尽管这些服务在开展前一般都已经按参展商的要求布置好了，但在现场有的参展商会提出额外的需求，在符合要求的情况下，办展单位应尽量提供相关的服务。

（2）提供国际标准展位搭建和楣板制作服务，配置必要的桌椅展具等设施。在展会现场，会有一些参展商需要对展位进行改装，因此需要一些额外的展具，这些也应该尽量满足，提高展会的服务质量。

（3）提供各类设施设备的维修保障服务。在展会现场，各种设施设备都可能会出现问题，办展单位应提供设施设备的维修保障服务，以确保开展期间各展位设施设备的正常使用。

5.4.4 信息传播服务

1）设置新闻中心

展会应设置新闻中心，提供媒体接待服务，引导和协调记者现场拍摄及采访。新闻中心的硬件设施和人员配备应根据展会的规模等实际情况而定。一般而言，新闻中心除了要配备电脑、传真机、写字台、纸和笔等供记者写稿、发稿用的必要设施之外，还要配备供记者小憩的茶水、咖啡及小点心等。另外，还可以在新闻中心放置一些有关展会内容的资料，供记者写新闻稿时参考。

2）新闻信息服务

（1）办展单位应向媒体统一提供展会相关资料，如办展背景、行业概况、展会特点、活动议程及展会相关数据等。办展单位往往会安排专门的新闻主管，统一发布展会的官方信息，并接受媒体采访。新闻主管要善于言谈，对展会的有关情况非常熟悉，能够随时回答记者提出的有关展会的各种问题。

（2）对涉及展会的影音、图像、文字等宣传材料进行审核。一旦发现报道出现偏差，应及时纠正。

（3）采集展会期间观众、参展商、展览面积、交易额等方面的数据，作为新闻的数据材料；收集各媒体的新闻报道，作为下一届展会的宣传资料。

一般情况下，展会会给每位记者发放一个"新闻袋"。所谓新闻袋，就是办展单位发放给记者和有关嘉宾的装有展会相关资料的资料袋，一般包括展会开幕新闻稿、展会背景介绍、展会亮点、展会有关数据、相关活动安排、会刊、参观指南以及一些小礼品等。新闻袋必须发放到每一位记者手中，以方便他们对展会进行报道。

展会要有意识地引导和安排记者对展会的各个侧面进行报道，或者对有关政府部门领导、各商（协）会领导、参展商、专业观众进行深度采访，以使社会公众对展会有一个深入的了解。

5.4.5 安全保障服务

安全问题对展会这种大型的公众参与性活动来说是相当重要的，展会主办方和承办方应共同制定安全管理规章，并指定专人负责展会的安全工作。

1）消防安全

展会开幕前后，展区内人员密集、展品众多，消防安全十分重要。一般来说，展会对消防安全的要求如下：

（1）参展商用于展位搭建的材料必须符合消防要求，是耐火材料。

（2）用电必须符合要求。

（3）展位之间的通道必须保持一定的宽度。

（4）展位的搭建设计要考虑消防安全的需要。

（5）禁止在展区内吸烟。

（6）展会的消防安全计划必须送交有关政府部门审批。

（7）实行消防安全责任制等。

2）人身安全

办展单位对参展商在布展或展览过程中有关人员的安全问题不负责任，但办展单位一般都要求参展商为其参展人员购买第三者责任险或展出人员险等，以保障参展人员的人身安全。同样，在展位搭建过程中，也存在很多人身安全隐患，办展单位也应提醒、督促相关单位购买有关保险。中国大地财产保险股份有限公司推出了展览会综合保险和展览会参展商综合保险。其中，展览会综合保险的保障范围涵盖了商业性展览会举办过程中各个环节的风险，包括展览会财产保险、公众责任保险、雇主责任保险等；展览会参展商综合保险的保障范围包括参展商财产保险、安装工程一切险、展品国内货物运输保险、雇主责任保险等。此外，其他保险公司也推出了各种各样的展会险种。办展单位、参展商及服务商（包括搭建商、运输代理、餐饮服务商等）可根据自身情况购买相应的保险。

3）展品安全

展品在装卸、运输、布展和展出过程中都有可能出现损坏、丢失等风险，有的展品十分昂贵，如果出现问题，就会造成很大的损失。因此，办展单位对展品的安全问题要加以关注。一般而言，展品在装卸和运输时的风险由参展商和运输代理协商解决；在布展或撤展时，展品安全由参展商自行负责；在展览期间，办展单位应安排专门的保安人员在展会现场内巡视，协助参展商保护展品的安全，但对展品的损坏、被盗等不负责任。同时，办展单位需要提醒参展商为其展品购买相关保险。

4）公共安全

办展单位应聘请专门的保安人员 24 小时巡逻，负责展会的公共安全。办展单位在制订安保计划时，也要制定危机处理流程及有关应急预案，以保证出现意外事件时能从容应对。

5.4.6　展区保洁服务

在展位搭建、展览和撤展过程中，会产生很多垃圾，这不但会影响展会的环境，还可能带来火灾等安全隐患，因此展会的保洁工作是必不可少的，也是比较重要的。展会现场的保洁工作一般由场馆方、搭建商和参展商分工负责。布展时产生的垃圾，如废弃的包装物等，通常由搭建商（包括特装搭建商）负责。在展览期间产生的垃圾，许多展会是这样处理的：通道和公共区域的清洁工作由办展单位负责，展位的清洁工作由参展商自己负责。也就是说，展会现场每天都有专门的工作人员处理通道和公共区域的垃圾，参展商则需要保持自己展位内的清洁卫生。撤展时，参展商也需要将自己展位内的垃圾清理干净。

5.4.7　贸易配对服务

能够寻找到自己的合作伙伴开展贸易合作，是参展商和专业观众参会的主要目的，因此办展单位应为参展商和专业观众提供贸易配对服务。贸易配对服务不仅仅局限于展览期间，而是贯穿于展前、展中以及展后的全过程。展前，根据参展商的需求定向邀约专业观众，并组建工作团队与专业观众进行沟通，精准掌握专业观众的采购需求；展中，按不同品类及渠道举办专场商务配对会，帮助参展商与专业观众实现精准匹配，完成商务洽谈；展后，在参展商与专业观众的实力和需求都进一步明确的基础上，进行跟踪反馈，促成交易。

5.4.8 餐饮和休息服务

展会期间，办展单位要为参展商、观众以及所有工作人员提供餐饮服务。办展单位一般会指定几家餐饮代理商，负责供应展出期间的各种餐饮（包括中式快餐、西式快餐、冷热饮料等），同时还要为有特殊饮食需要的来宾提供相应的餐饮。总之，展会现场的餐饮与休息服务对参展商和观众来说都是必不可少的（如图5-4所示）。

图5-4 展会现场的餐饮与小憩（莫云摄）

价值引领5-1   第十九届文博会线上线下为市民提供多样化服务

第十九届中国（深圳）国际文化产业博览交易会（简称第十九届文博会）从线上和线下两个方面为市民提供便捷的服务指引，助力市民畅享这场文化盛宴。

1.云上文博会引领潮流

在"文博会+"小程序主页面，组委会巧妙设计了展商目录和展品大厅，市民可一键下单心仪的文化产品。

此外，小程序内详细展示了产品的特点和参数，采购方可直接发送意向订单，与展商在线沟通、预约洽谈，实现"云洽谈""云推介""云招商"。

小程序内还设有活动直播和供采对接频道，与电商平台合作，共同打造一系列消费促进活动，精准对接6 000余家展商和大量线下买家。

另外，第十九届文博会吉祥物"小水滴"全新亮相，推出多款精美周边产品，如数字文创门票、数字盲盒等，市民可前往相关展区或商店选购。

2.提供多样化后勤保障

深圳国际会展中心设有多个服务台提供详细的文博会导览图，帮助市民了解展馆布局和各展区位置，更好规划参观路线。

现场提供翻译服务，市民可前往位于南登录大厅的咨询台，工作人员将提供翻译服务推荐。

展馆配备专业的安保人员和工作人员，如遇走散或物品遗失，市民可寻求帮助。市民还可前往南登录大厅旁的警务室报警，警方将提供必要的支持，包括查看监控录像等措施。

3.味蕾与文化同欢

深圳国际会展中心内提供了丰富多样的餐饮设施，从简单的茶歇、快餐到大型宴会，应有尽有，能够满足市民的各种口味和需求。1号至17号展厅的第三层设有餐饮区，第二层设有外卖区，方便市民在参观时品味美食。登录大厅的餐饮设施位于第三层，包括中餐厅、西餐厅、清真餐厅、自助餐厅、美食广场以及包房，能够提供多种餐饮选择。此外，一楼中央廊道设有5个休闲餐饮区，为市民提供额外的休息和用餐场所。

资料来源　程赞. 展会线上线下为市民提供多样化服务［EB/OL］.［2023-06-07］. https://www.sznews.com/news/content/2023-06/07/content_30260067.htm.

思政元素：人民至上　全心全意为人民服务

思政感悟：党的二十大报告指出，"要坚持全心全意为人民服务的根本宗旨"。会展从业者应用心用情办好展会，通过贴心的服务让客商乘兴而来、满意而归。

5.5 住宿与旅游服务

5.5.1 住宿服务

展会往往聚集着参展商、观众以及有关服务商等大量人员，在短短几天的时间里，如此多的人聚集在一起，吃、住、行等都需要协调。协助预订酒店是办展单位为参展商和专业观众提供的基本配套服务。展会中的住宿服务通常有三种方式，即办展单位自行安排、指定旅游代理商和委托专业代理机构。

1）办展单位自行安排

办展单位可以和一些宾馆、酒店合作，与它们签订合作协议，指定它们为展会的接待酒店，并向参展商和专业观众推荐。一般情况下，合作酒店会以比市场价更优惠的价格接待这些宾客。在指定接待酒店时，办展单位应选择那些离场馆较近、信誉好的酒店，以保证服务质量和方便客商；办展单位还要考虑客商的需求，提供高、中、低不同档次的酒店以供客商选择，酒店一般不宜低于三星级。

指定了展会接待酒店后，办展单位应通过参展商手册或服务指南将酒店的基本情况（包括酒店名称、地理位置、星级、价格）和负责人的联系方式告知参展商和专业观众，由参展商和专业观众自行决定是否需要预订。如果需要预订，则预订者可将附带的酒店预订表填好，传真或发邮件给指定的联系人。

2）指定旅游代理商

办展单位可以指定一家旅游代理商，由该代理商为参展商和专业观众提供酒店、票务（代订、代送火车票或飞机票）、旅游等服务。指定的旅游代理商一般会在展会现场设立接待台，为参展商和专业观众提供预订服务。

采用这种方式，既可以减轻办展单位的工作压力，也可以为参展商和专业观众提供更为专业的服务。

3）委托专业代理机构

随着服务业分工的进一步细化，一些专业代理机构开始将服务大型会展活动作为主要业务，这些专业代理机构会主动与办展单位联系，并且能够提供优惠的价格和专业的服务。

5.5.2 旅游服务

高质量的旅游服务也是打造品牌展会时应考虑的重要因素。

参展商和专业观众选择旅游服务一般有两个目的：一是商务考察，即收集有关产品的市场信息和了解市场行情。考察的目的地一般是大型商场或产品的主要产地等。二是观光休闲，即在观赏自然风景和文物古迹的过程中放松身心、增长见识。商务考察可以安排在展前、展中或展后进行，观光休闲一般安排在展会结束之后。

同样，大多数办展单位都倾向于将与旅游有关的业务委托给专业的旅游代理商负责，自己则做好协调和监督工作。在指定旅游代理商时，除了要考察各旅游代理商的实力和服务水平外，还要考察其接待能力、收费标准和个性化服务等。对于海外参展商，旅游代理商除了要安排好旅游线路外，还要提供海关签证、交通指引、住宿选择、餐饮安排甚至语言翻译等多种服务。

情景模拟 5-1

场景：假设你是某展会的现场负责人，展会已经进入现场服务阶段了，你该如何开展工作？

操作：

（1）现场负责人带领 10 名同学组成服务小组，并分派工作。

（2）根据实际情况安排一些同学，分别扮演公安部门、消防部门、市场监督管理部门、税务部门、海关、参展商、服务商（运输代理、搭建商、餐饮公司、保洁公司、旅游代理商等）、专业观众。

（3）现场负责人指挥团队做好各方面的工作。

（4）其他同学在旁观察。

（5）在旁观察的同学提出问题及优化建议。

（6）教师对情景模拟情况进行点评、总结。

知识掌握

⊙ 选择题

1）会展服务的特点包括（   ）。

A.过程性　　　　　　　B.人文性　　　　　　　C.专业性

D.集聚性　　　　　　　E.差异性

2）会展服务的基本要求包括（   ）。

A.以顾客为中心　　　　B.以全程服务为导向　　C.以真诚换取信任

D.以细节取胜　　　　　　　E.以企业为中心

3）参展商和专业观众最看重的服务是（　　）。

A.现场咨询　　　　　　　　B.贸易配对

C.餐饮　　　　　　　　　　D.休息和娱乐活动

4）展会现场安全主要考虑的因素有（　　）

A.消防安全　　　　　B.人身安全　　　　　C.展品安全

D.公共安全　　　　　E.财务安全

5）从办展单位的角度看，展品运输服务主要包括（　　）。

A.来程运输　　　B.回程运输　　　C.国内运输　　　D.国外运输

在线测评 5-1
选择题

◉ 简答题

1）会展服务有哪些基本要求？

2）国内展品运输的主要工作环节有哪些？

3）办展单位对参展商和专业观众的服务包括哪些内容？

4）撤展工作包括哪些内容？

5）展会现场的安全服务包括哪些内容？

6）简述组织专业观众登记与入场的一般程序。

知识应用

◉ 案例分析

凝心聚力优化提升　全力以赴再谱新篇

创办于1957年的广交会，是中国历史最长、规模最大、商品种类最全、采购商来源最广的综合性国际贸易盛会。60多年来，广交会历经风雨、从未间断，有力地促进了中国与世界各国各地区的贸易合作和友好往来。

党中央高度重视广交会，国家主席习近平曾向第120届广交会、第130届广交会致贺信，充分肯定了广交会为服务国际贸易、促进内外联通、推动经济发展做出的重要贡献，为广交会高质量发展指明了前进方向。

2023年10月，备受全球工商界瞩目的第134届广交会如约而至。本届广交会是自2008年第104届广交会改革以来组展优化调整力度最大的一届，规模也再创新高。在当前复杂的国际环境和外贸形势下，办好本届广交会，对于帮助中国企业拿订单、拓市场，增强信心，激发活力，推动外贸稳规模、优结构和高质量发展具有重要意义。

全面提升组展质量

第134届广交会展览总面积扩至155万平方米，比上届增加5万平方米；展位总数7.4万个，比上届增加4 589个。在扩规模的同时，本届广交会打出组展优结构、提质量组合拳，实现全面优化提升。一是调整展区设置，优化展览布局。跨期调整7个展区，细化拆分1个展区，对2个展区进行更名并拓展展示内容，展区总数增至55个。调整后，各期展区结构更均衡、题材协同更紧密。二是突出品牌引领，强化示范作用。开展品牌展位重评，品牌展位规模增至1.45万个，覆盖展区从47个增至53个。共评审出2 584家品牌企业，吸纳新的优质企业1 212家。在工业自动化及智能制造、新能源汽车及智慧出行等5个展区首设品牌展位，更多外贸出口"新三样"企业为广交会注入新活力。三是优化安排方式，提升参展质量。修订一般性展位安排办法，对各交易团一般性展位基数进行重核，使广交会展位安排更加符合中国外贸结构和需求变化，在扶优扶强的同时惠及更多有发展潜力的企业。本届广交会拥有高新技术、专精特新、制造业单项冠军称号的企业约4 600家，参展质量进一步提升。

着力开展精准招商

多措并举开展全球招商，努力实现到会采购商数量增长、质量提升、结构优化。在境外采购商招商方面：一是拓宽渠道，覆盖全球。加强与224家驻外使领馆经商机构及68家驻穗总领馆合作，向全球采购商发出参会邀请。全球合作伙伴增至190家，覆盖103个国家和地区。二是聚焦重点，提升质量。赴欧盟等重点市场招商，参加欧美专业展会，拓展优质行业资源。加大欧美市场新媒体广告投放力度，精选孕婴童、新能源汽车、食品等行业专业媒体开展宣传，吸引优质采购商参会。重点邀请全球零售业250强企业、线下参会人数排名前100位的企业等大买家驻会采购。三是优化服务，强化对接。做好组团参会激励、邀请函申请等全方位参会服务。聚焦电子家电、纺织服装等重点题材，组织国家外贸转型升级基地和产业集群参与，举办10余场"贸易之桥"全球贸易推广活动和8场"好宝好妮探广交"活动，宣传推介优质企业及亮点产品。

持续优化线上平台

第134届广交会持续完善线上平台，将实现101项功能优化。一是商机管理更便利。新增商机线索管理功能，企业可查询、管理平台各渠道获客信息，采购意向增加采购金额、来源地等维度。二是供采对接更顺畅。拓展名片筛选维度，可通过名片快捷访问企业店铺、发起即时沟通。三是展示内容更专业。针对展览不同阶段的不同特点，动态调整页面布局；为特定类别展品增设行业属性参数，突出展品特点。四是平台服务更丰富。增加展示中心模板数量、套餐服务内容，推行线上服务费在线支付。同时，深化线上线下引流互促，展前组织在线预对接、预匹配，展中举办跨国企业线下采购说明会、线上"一对一"对接活动。常态化推出月度行业主题活动，集中展示热门产品、精选企业、采购需求。优化"线上打卡、线下奖励"流程，为线上平台活跃度高的采购商提供线下参会奖励。

大力拓展展会功能

第134届广交会积极丰富业态，拓展功能，着力打造集资讯交流、创新发布、产业推介、贸易服务等于一体的多功能综合平台。一是优化创新发布平台。本届广交会设计创新奖（CF奖）共有1 288家单位的2 284件产品参评，参评产品数量再创新高，获奖产品共141件。线上线下举办数百场新品首发首展首秀活动，推介新产品、新技术、新品牌、新服务。二是提供高品质行业资讯。以精品化、专业化为方向，围绕电子家电、家居装饰品、医疗器械等举办7场行业论坛，邀请知名研究机构、电商平台以及龙头企业高管出席，分享权威信息资讯。三是设立贸易服务专区。组织金融保险、物流仓储、检测认证等领域逾200家企业参展，为企业提供全链条贸易服务。

全面提升服务水平

第 134 届广交会聚焦办证、交通、安检、筹撤换展、餐饮、导向标识等各方关切，采取多项措施切实提升展览服务和展客商参展参会体验。一是优化证件服务流程。实行"提前办证、远端办证"。引导境外采购商线下参会前完成预注册，在展馆、酒店、机场共设置 237 个办证点。广交会办证中心提前于 10 月 12 日开放，提供 24 小时办证服务。境内采购商可以线上预申请、预制证、预寄证，参会前完成办证。二是强化交通验证管理。加强展馆周边道路尤其是散场高峰时段交通的管控疏导，完善应急通行措施。加大地铁、轻轨、巴士等公共交通运行频次，提升运力。在展馆主要出入口增设验证设备，保障设备网络顺畅，加强培训与引导，提高验证效率和进馆速度。三是提高筹撤换展保障能力。编制筹撤展工作标准作业流程（SOP），使运作更加规范有序。第一期筹展时间增加 1 天，延长第二、三期筹展加班时间，延长第三期撤展时间。加大展品储运投入力度，提升展位搭建服务承接能力，开展特装施工企业资质认证，特装施工企业约 160 家，比上届增长 36%。保障标摊搭建材料供给，提高展材周转效率。四是提升参展配套服务水平。增加餐饮供给，增设 18 个点位，餐饮点总数达 68 个，就餐座位增至 1.2 万个。增加餐饮种类，新增多个知名中西式快餐品牌，推广预订送餐，增加售卖通道。优化全馆导向系统，新增 65 处、优化 59 处，以便利采购商参观采购。

系统推进绿色办展

第 134 届广交会将全方位保障人员安全、展馆安全、消防安全、设施设备安全、用水用电安全、食品卫生安全、网络安全等，完善应急预案、组织应急演练，全力防范化解各类安全风险，筑牢安全屏障。

第 134 届广交会展览规模大、创新举措多、优化调整力度强，我们将以习近平新时代中国特色社会主义思想为指导，努力把第 134 届广交会办成一届成效明显、成果丰硕的国际经贸盛会，持续擦亮广交会"金字招牌"，为促进外贸高质量发展、推进高水平对外开放、服务构建新发展格局做出积极贡献！

资料来源　储士家. 凝心聚力优化提升　全力以赴再谱新篇 [EB/OL]. [2023-10-15]. https://www.cantonfair.org.cn/zh-CN/posts/677705487835500544.

问题：广交会是从哪些方面来打造其高品质服务的？

◉ 实践训练

选择本地的一个展会，到现场观察办展单位对展会现场的管理情况，思考其成功之处和不足的方面，并提出解决办法。

会议实务

学习目标

知识目标

- 了解展会中相关会议的特点及策划要领。
- 明确会议在展会中的重要性。
- 熟知展会会议的策划流程。

技能目标

- 能够策划会议接待方案。
- 能够合理布置会议场地。

素养目标

- 培养爱岗敬业、知行合一的职业素养。
- 具有良好的职业道德，提高社会责任感。

知识导图

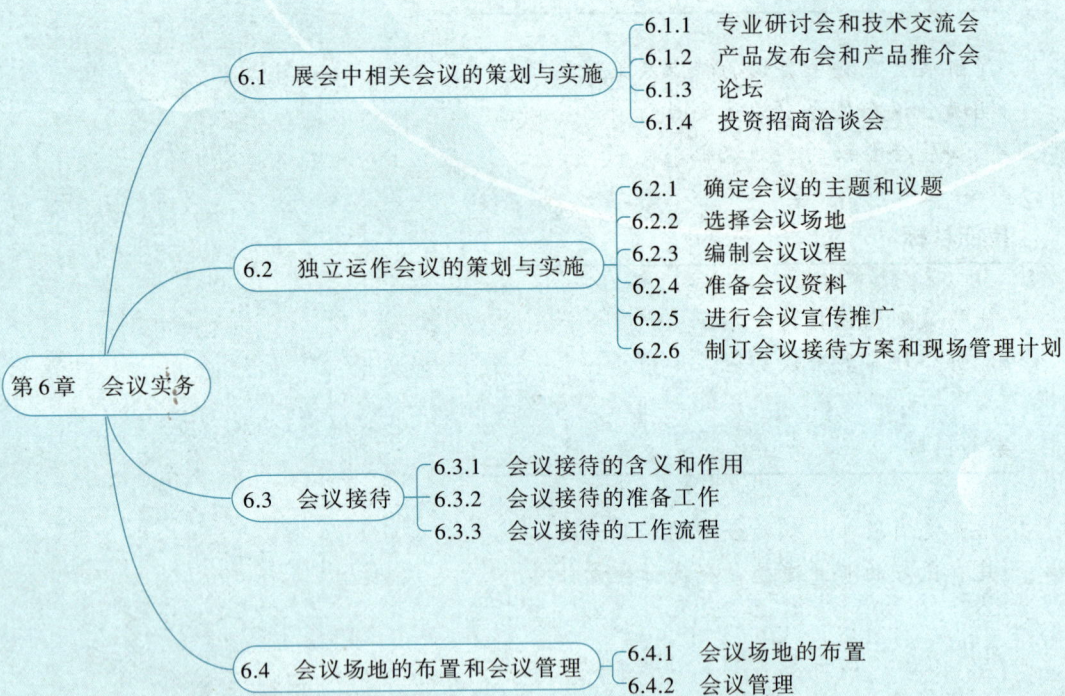

第6章　会议实务

6.1　展会中相关会议的策划与实施
- 6.1.1　专业研讨会和技术交流会
- 6.1.2　产品发布会和产品推介会
- 6.1.3　论坛
- 6.1.4　投资招商洽谈会

6.2　独立运作会议的策划与实施
- 6.2.1　确定会议的主题和议题
- 6.2.2　选择会议场地
- 6.2.3　编制会议议程
- 6.2.4　准备会议资料
- 6.2.5　进行会议宣传推广
- 6.2.6　制订会议接待方案和现场管理计划

6.3　会议接待
- 6.3.1　会议接待的含义和作用
- 6.3.2　会议接待的准备工作
- 6.3.3　会议接待的工作流程

6.4　会议场地的布置和会议管理
- 6.4.1　会议场地的布置
- 6.4.2　会议管理

让会议更真实
——直击2017世界骨科创新大会

2017年4月8日至9日，2017世界骨科创新大会暨展览会（WOISE 2017）在上海光大会展中心国际大酒店召开。

干货满满，实用才是硬道理

本届大会以"洞悉数字骨科新领域、共探传统疗法新变革"为主题，集聚了多位国内外知名骨科专家莅临授课，共同分享他们在脊柱、关节、足踝等方面的宝贵临床经验。大会学术氛围浓厚，整体学术水平较高。演讲嘉宾精心准备，演讲内容涉及各相关专业的热点、难点，参会代表踊跃发言、热烈讨论，许多与会者甚至站在会场后面认真聆听。展厅内也是人头攒动，展板前你来我往，新产品得到了充分展示，厂商服务受到了好评。

会议内容紧凑、丰富，瞄准国际学术前沿。大会不仅邀请了医疗器械行业的专家岳伟教授解读骨科器械审核最新制度，同时邀请了中美双方的骨科大咖前来授课，详细报告国内外骨科的最新疗法。中国工程院院士、上海交通大学医学院附属第九人民医院骨科教授戴尅戎进行了精彩的致辞，欢迎远道而来的各位骨科同仁共聚一堂。我国著名骨科及骨显微外科专家、大连大学附属中山医院院长赵德伟教授以"创伤性股骨头坏死相关研究"为主题进行了精彩演讲。

本届大会吸引了来自不同级别、不同类型医院的宣传工作者，在两天内面对面畅谈医院宣传工作的甜酸苦辣。此外，每个专场的讨论环节都留出了答疑时间，并设立了嘉宾讨论区，让智慧迸发出耀眼的光芒。

形式多样，内容丰富博眼球

在两天的会议里，组委会精心安排了主题演讲、临床病例分析、专家大咖头脑风暴、骨科创新技术器械展览与客户互动体验、一对一商务洽谈、BoneTech创新奖颁奖盛典、医生专利成果转化、骨科创新手术Workshop+VR现场直播等内容，会议形式多样、内容丰富，充分调动了参会人员的积极性。

其中，主题演讲共分四场，从年轻骨科医师的培养到国内外先进医疗水平的探讨，内容翔实，演讲嘉宾水平高，获得了与会者的一致好评。骨科临床病例的分享，更是吸引了众多的参会代表。真理越辩越明，在演讲嘉宾的精心准备和主持人的引导下，学术辩论热烈、深入。

WOISE 2017是行业内首届学术与产业紧密融合的骨科创新大会。在大会上设立的BoneTech创新奖，旨在表彰具有代表性的优秀企业，并且特设了最佳创新医疗技术奖、最佳创新骨科影像技术奖、最佳创新骨科器械奖、最佳创新骨科制药奖、最佳骨材料应用奖、最佳创新3D打印应用奖。

为了推动我国骨科领域的发明专利进行临床转化，WOISE 2017征集了具有产业化前景、高创新水平、实际应用价值的发明专利进行现场汇报展示，为具有专利的医师提供了一个实用、高效的专利成果转化平台，并邀请专家以"骨科临床专利成果转化路径和实践"为话题，分享医学专利成果转化的成功案例。

VR+直播，让会场零距离

此次大会的另一个亮点是与时俱进，引入"互联网+"新模式，这也有利于国内医学不发达的医疗卫生机构、国外医疗水平相对落后的国家分享最新科研成果，从而推动了医学界的国际交流与合作。

一些医师受到不利学习条件的影响，缺乏现场观摩权威骨科大师手术的机会，更无法将书面知识应用到临床手术中。此次大会应用VR技术全程直播脊柱经典手术，特邀上海长征医院主任医师史建刚教授主刀，与会者可以零距离参与手术。

此外，此次大会还设立了VR医疗体验馆，通过医联提供的VR眼镜，与会者能够在1∶1还原的手术现场中，以第一视角全方位了解手术过程的各个环节。

资料来源　叶冬东. 让会议更真实——直击2017世界骨科创新大会［J］. 中国会展，2017（8）.

这一案例表明：成功的会议不但需要丰富多彩的内容，而且要与时代紧密结合，充分运用现代科学技术，对相关会议资源进行有效整合。

6.1　展会中相关会议的策划与实施

会议存在于政治、经济、文化、体育、教育、宗教、军事等各个行业，可以从不同的角度、采用不同的标准划分为不同的类型。

1）按照主办单位的不同，会议可以分为企业会议、社团会议、政府会议、事业单位会议四类

企业会议是指由企业主办，以行政、管理、技术、营销等为主要内容，以促进企业发展为目的的会议；社团会议是指由协会、工会、妇联、学会、商会、基金会等社会团体主办的会议；政府会议是指由政府机构主办的会议；事业单位会议是指由学校、医院、科研机构、文艺团体等事业单位主办，以文化、教育、卫生、体育、科学技术为主要内容的会议。

2）按照规模的不同，会议可以分为小型会议、中型会议、大型会议、特大型会议四类

小型会议是指参会代表人数少于200人的会议；中型会议是指参会代表人数在200～799人的会议；大型会议是指参会代表人数在800～1 999人的会议；特大型会议是指参会代表人数在2 000人及以上的会议。

3）按照举办周期的不同，会议可以分为定期会议和不定期会议两类

定期会议是指按照固定的时间间隔召开的会议；不定期会议是指召开时间间隔不固定，或因突发性事件而临时召开的会议。

会议是展会期间最常举办的活动，现代展会越来越讲究展览与会议并重。办展单位在展会期间往往会组织各种与展会题材相关的会议，并邀请一些著名的专家、学者、企业界人士及政府官员参加。通过组织各种会议，与会人员能够交流行业内的最新信息和动态，传播发展的新理念，推广新技术，介绍新产品。此外，会议也能帮助展会加强行业信息交流，提升展会档次，提高展会品质，扩大展会的影响力和知名度。比如，世界体育用品企业联合会（WFSGI）每年都会聚集其全世界的会员，在德国慕尼黑国际体育用品博览会（ISPO Munich）举办期间召开行业年会，此举使得ISPO Munich成为世界体育用品行业巨头聚会的超大舞台，具有引导世界潮流的功能。与展会同期举办的有关会议现场更是名流荟萃、智者云集，影响极其深远。

不同的会议，有不同的参加者、会议目的及内容，不同的会议主办者对会议的规格、目标等也有不同的要求。从办展单位的角度来看，展会期间举办的相关会议一般有专业研讨会、技术交流会、产品发布会、产品推介会、论坛、投资招商洽谈会等。

6.1.1　专业研讨会和技术交流会

专业研讨会和技术交流会是展会期间最常见的两种会议类型。这两种会议具有强大的信息传播功能，讨论的问题往往能够紧扣展览对象所处行业的发展热点，能够吸引大量的参展企业和观众参加，对于丰富展会的信息具有十分重要的作用。

1）专业研讨会的特点

专业研讨会是指以研讨行业发展动态为主要内容的会议。专业研讨会的特点如下：

（1）所讨论的内容往往是偏重理论性的话题，如行业发展的特点、对行业发展的总结、行业未来的发展趋势、对行业热点问题的研讨、对行业内企业管理及营销等理念富有前瞻性和启发性的研讨等。

（2）举办专业研讨会最主要的目的是为听众拓展思路、启迪思维、开阔视野，加深听众对行业发展现状、发展特点和发展趋势的了解。会议主讲人往往是科学研究机构、高等院校的有关专家，也有来自企业的管理人员。

（3）专业研讨会的听众范围很广，他们可能是企业的管理人员、技术人员、一般工作人员，也可能是来自各类科学研究机构、高等院校的有关人员。

（4）专业研讨会涉及的议题较为抽象，不需要太多的设备和演示。

2）专业研讨会的策划要领

（1）确定好会议主题。专业研讨会的主题要鲜明，要能紧紧把握时代脉搏，真实反映该行业某一领域的发展动态；主题立意要高，要有前瞻性，对行业的发展现状和发展趋势的剖析要适度超前，对行业的热点问题要看得更远、更深；主题要有价值，能体现行业发展的特点和趋势，紧扣行业热点和难点问题，不能脱离行业发展实际，要将研讨会的学术价值与社会价值统一起来。

为了更好地确定会议主题，会议组织者可以征询相关科研机构、高等院校有关专家的意见，也可以对行业中的各类企业展开调查，让其提出一些建议。

（2）确定好会议规格和规模。专业研讨会的规格要根据会议的目的来确定，如有的专业研讨会面向知名专家、学者，有的专业研讨会则面向大众。专业研讨会的规模要适中，太大会浪费人力、物力等资源，太小又不能满足信息交流的需要。

（3）发出预告性通知。举办专业研讨会，要先发出预告性通知或论文征集通知。通知的内容主要包括：举办专业研讨会的目的；会议主办单位；会议主题及议题；提交论文的要求、方法和时限；会议举办的大概时间和地点；会议经费分担；会务咨询的联系人和联系方式。预告性通知要附上回执或报名表。

（4）审核论文，确定参会人员。为了保证专业研讨会的品质，会议组织者对于收到的论文要进行审核，最后根据会议的议题和规模，确定参加会议的人员。

（5）确定会议演讲嘉宾。会议演讲嘉宾对会议的作用是非常重要的，因此会议组织者必须花费一定的精力来邀请合适的演讲嘉宾。对于演讲的主题，会议组织者至少应在会议开幕前一个半月或更早的时间通知演讲嘉宾，以便其早做准备。

（6）发出正式邀请，落实接待工作。参加会议的人员确定以后，会议组织者要及时向他们发出正式邀请函或邀请信。邀请函中要注明会议举办的具体时间、地点及报到接待的方式。会议组织者要妥善安排参会人员的食、住、行。对于一些重要的演讲嘉宾，还要安排专人陪同。如果演讲嘉宾或者听众中有持不同语言者，还要注意配备翻译人员。如果有可能，可以事先让翻译人员了解一些演讲的内容，以便其在现场更准确地进行翻译。

（7）布置会场。如果会议召开日期临近，则会议组织者应妥善安排和布置会场。专业研讨会的会场布置应当简单典雅、设施先进。主席台布置应突出演讲人员的地位。如果有分组讨论，则应事先安排好分会场。

（8）印发会议代表名单。专业研讨会是行业交流的良好平台。为了方便参会代表会后联系和交流，同时也为了留作纪念，会议组织者应及时印发会议代表名单。

（9）会后总结。专业研讨会结束后，会议组织者应及时对会议筹备及举办过程中的经验和教训进行总结，以便下一次举办会议时能够使会议水平得到进一步提高。

3）技术交流会的特点

技术交流会是指以技术的交流和传播为主要内容的会议。技术交流会的特点如下：

（1）技术交流会讨论的主题往往是偏重实用性的技术方面的问题，如行业新技术的开发与应用、实用技术的推广、企业管理技术和营销技术的交流等。

（2）举办技术交流会的主要目的是促进技术的交流和传播。

（3）技术交流会的主讲人往往是来自企业技术部门或科学研究机构、高等院校的有关技术人员。

（4）技术交流会的听众基本上是技术人员，也有一小部分企业管理人员。

（5）技术交流会涉及的议题基本上都与技术有关，会议中有较多的操作示范和技术演示，需要较多的设备以供使用。

4）技术交流会的策划要领

（1）技术交流会的主题要能够反映所在行业最新技术的发展状况和发展趋势，以及该行业实用技术的发展情况。会议组织者要尽量与行业内技术领先的企业联系，或与专业的科研机构、高等院校沟通，以确保技术交流会的主题与技术问题密切相关，并且新颖、实用。

（2）由于技术交流会的演讲内容是关于技术的话题，因此演讲过程中大多需要进行现场演示，这就要求会议议程的编制不可太紧，会议每一个具体议题的时间安排都要合理，并且要留有一定的余地。此外，技术交流会的资料比较复杂，准备时要认真细致，不要出错。

（3）由于技术交流会大都是企业唱主角，因此会议组织者可以向有关企业收取一定的费用作为会议经费（主要是针对那些带有产品推广或者广告性质的演讲），这种情况较为普遍。还有些企业出于宣传企业形象的目的，会提供一定的赞助费。

（4）会议主讲人员应有一定的技术背景和经历，要能回答听众关于该技术议题方面的一些问题；如果会议需要翻译人员，应尽量让翻译人员事先熟悉该演讲所包含的一些专有名词，以保证翻译人员在现场能够准确翻译。

（5）会议现场的布置应满足会议议题的技术要求，要能够提供会议所需要的特殊设备，要安排懂设备操作和维护的现场工作人员。如果会议组织者不能提供这些设备和人员，则可以要求演讲人员自行配备。

6.1.2　产品发布会和产品推介会

产品发布会和产品推介会的主办者可以是办展单位，也可以是参展企业，还可以是行业协会。这两种会议对于丰富展会的发布功能和展示功能都有很强的促进作用。

1）产品发布会的特点

产品发布会是以发布新产品或者有关新产品的信息为主要内容的会议。与产品推介会相比，产品发布会的产品和信息发布功能更强大，在展会期间举办这种会议，能够有效提升展会对参展商和专业观众的价值。产品发布会的特点如下：

（1）举办产品发布会的主要目的是推出新产品或者发布有关新产品的信息。可能是已经正式推向市场的最新产品，如汽车展中某品牌的新款汽车；还有可能是有关新产品的信息，如汽车展中的概念车、服装展中的流行色等。

（2）产品发布会一般采用类似新闻发布会的形式举行，或者就是一次新闻发布会。因此，在产品发布会中，会议组织者要特别注意为有关新闻媒体提供必要的服务。

（3）产品发布会的观众中有很多新闻记者、产品设计方面的技术人员和企业管理人员，他们往往希望得到最新的产品及其发展动态和趋势方面的信息。

2）产品发布会的策划要领

产品发布会一般是由企业或行业协会策划和组织的，但展会中的产品发布会很多是由办展单位与发布新产品的参展商合作推出的。其中，办展单位主要负责整个发布会的框架设计和现场服务，实施方案则由发布新产品的参展商策划和执行。从办展单位的角度来讲，产品发布会的策划要领如下：

（1）确定发布会的主题。在策划产品发布会时，办展单位首先要与一些研发能力较强的企业或者行业协会进行沟通，了解该行业新产品发展的动态及其对发布会的设想与要求，从而确定一个大主题。将这个大主题与展会期间举办的产品发布会结合起来，统一安排和协调，并制订一个现场实施方案。

（2）设计产品发布会的框架。这里所说的"产品发布会的框架"，是指产品发布会的策划方案，包括媒体邀请计划、观众组织计划、现场执行计划等内容。如果展会期间有多场产品发布会，则办展单位应对所有场次的产品发布会进行统筹安排。

（3）召开产品发布会，提供现场管理与服务。在召开产品发布会时，办展单位主要负责产品发布会的现场管理和服务，包括时间控制和咨询服务等。

（4）完成善后工作。产品发布会的善后工作主要包括对现场观众进行调查、跟踪媒体报道情况、答谢发布产品的企业和进行工作总结等。

策划产品发布会的常用技巧见表6-1。

表6-1　　　　　　　　　　　　　策划产品发布会的常用技巧

工作技巧	说　明
突出发布主题	统一安排不同参展商的产品发布会，使发布会组织有序、主题明确
统一协调安排	统筹安排展会期间所有场次的产品发布会，避免现场出现混乱
提供展示平台	利用媒体日、新产品专区等，为参展商展示产品创造更多的机会；制订切实可行的媒体邀请计划
增强教育意义	产品应能够反映行业发展的新趋势和新技术；控制待发布产品的档次和质量
做好现场服务	做好会场布置、现场协调、安全保卫和咨询服务等工作

3）产品推介会的特点

产品推介会是指以推广某项技术或产品为主要内容的专题推介会。产品推介会的参加对象主要是相关的用户，也包括媒体记者。产品推介会在举办过程中常常同时举行相关的展示、演示活动。产品推介会的特点如下：

（1）产品推介会的目的很明显，就是将产品更好地推向市场。这些产品一般都是可以正式在市场上出售并且可以大批量生产的产品。

（2）产品推介会邀请的对象主要是企业产品的用户，因此一般采用用户座谈会、经销商会议等形式，同时举行相关的展示、演示活动。

4）产品推介会的策划要领

与产品发布会相同，产品推介会的执行者一般也是参展企业，办展单位在产品推介会中主要负责推介会框架的设计和现场服务。因此，办展单位在策划产品推介会时可以借鉴产品发布会的一些方法和技巧。然而，产品推介会与产品发布会是两种不同的会议，因此办展单位在策划产品推介会时还应该注意以下几个问题：

（1）将策划重点放在采取何种方式和手段才能使听众了解所推介的产品等方面，以求尽快将产品推出市场。为此，办展单位往往要安排与所推介产品相关的展示、演示活动。

（2）提供产品展示平台，以方便用户全面了解该产品。对展示平台的设计和环境的布置要求不必太高，展示的场地面积也不需要太大。

（3）产品推介会有较多的实物展示、演示活动，有时还需要邀请现场观众参与操作，因此办展单位提供的现场服务项目应相对多一些。办展单位应尽可能按照参展企业的要求布置产品推介会现场，提供必要的道具，安排足够数量的服务人员，同时要协助参展企业控制现场的人流和秩序。

6.1.3 论坛

论坛是以促进对话、交流与合作为宗旨，以弘扬学术民主为旗帜，以专家学者为主体的会议。凡是具有历史和现实意义的研究课题，以及政府、民间共同感兴趣的问题，都可以作为论坛的议题。论坛能够集聚各路精英，集合人类的文明成果，是传播先进文化、促进生产力发展、启迪人类智慧和灵感的重要舞台。

1）展览会论坛的主要功能

展览业发展到今天的层次和水平，离不开论坛的支撑。论坛的主要功能体现在以下几个方面：

（1）拓展展会功能。论坛使得展会同时具备产品展示、信息发布和贸易对接等功能。

（2）丰富展览的内容。论坛能够丰富展会现场的活动内容，真正实现"会"与"展"相结合。

（3）协助展会开展招商、招展活动。很多时候，专业观众不是被展览而是被论坛吸引来的，因此论坛对相当一部分参展商和专业观众而言具有很大的吸引力。

（4）指导相关行业的发展。论坛的主题大都是对展会涉及行业的发展趋势以及行业热点、难点问题的探讨，以帮助行业内的企业做出明智的决策。

（5）促进交流与合作。论坛为参展商和专业观众提供了一个新的商业平台，有时还可以策划专门的合作洽谈会。

2）展览会论坛的策划要领

（1）进行市场调查。为了使论坛的内容有的放矢，在论坛筹备期间，办展单位应多方收集市场信息，对该行业进行深入的研究，努力抓住行业热点问题，并通过互联网等途径调查近期举办的同类展会的论坛主题、收费标准、潜在目标听众的评价和建议等，从而为下一步确定论坛主题提供翔实的背景资料和参考依据。

（2）确定论坛主题。根据市场调查结果，结合相关科研机构和院校专家的意见及建议，确定论坛主题。论坛主题应与展会主题相呼应，并面向目标听众（主要指参展商和专业观众）；能够抓住行业发展的热点和难点问题，具有现实指导意义。

（3）策划具体议题。论坛的议题应该是具体的、可操作的，不能为了凑内容而设计。围绕一个主题，可以提出多个子议题。多个务实且富有吸引力的子议题能够共同支撑论坛的主题。

（4）制订论坛的策划方案。策划方案的主要内容包括：论坛的基本情况，如名称、时间、地点和规模等；论坛的议程和举办形式；论坛的目标听众；演讲嘉宾的遴选、邀请和接待安排；论坛相关资料的准备；论坛召开；现场调查等活动的安排；论坛总结；论坛赞助；论坛预算。

（5）寻求赞助，开展宣传推广。办展单位应积极寻求赞助，尤其是要争取参展商为论坛提供赞助。办展单位可给予赞助商一定的回报，如转让论坛的冠名权，允许赞助商在会刊上免费做广告、在会议期间发表演讲等。宣传推广工作也可以和招展工作及专业观众的组织工作协同进行。

（6）执行会议计划。会议计划的执行主要是指论坛现场的协调和管理，以确保论坛既定目标的实现。其内容主要包括：场地布置和设备安装、现场调度、现场接待服务等。具体操作参考本章第3节和第4节。

6.1.4　投资招商洽谈会

投资招商洽谈会是专门为招商引资而举行的接洽谈判活动，是现在很多企业拓展市场的主要手段之一，也是企业和产品走向消费者的一个重要方式。在展会期间，投资招商洽谈会也是一种较常见的活动。

投资招商洽谈会的策划要领包括：招商广告的发布、会场的选址及布置、会前费用预算、招商资料的准备、人员分组与协调、投资招商洽谈会的运作、投资招商洽谈会后的促进。

在展会期间举行投资招商洽谈会，办展单位要注意对投资方进行资质审查，确保投资方没有欺诈行为；要遵循自愿原则，办展单位不能搞"拉郎配"，应由项目招商和投资双方自愿洽谈、自愿签订合同。

6.2　独立运作会议的策划与实施

除了展会中的各种会议外，还有一种独立运作的会议，它不依附于任何展会。这种会议的费用独立核算，自负盈亏。本节所指的会议均为这种类型。

会议策划既是一次会议的起点，又贯穿于会议的全过程。有效的会议策划能够提高会议活动的经济效益，塑造良好的会议品牌形象。

会议策划涉及的内容很多，主要包括确定会议的主题和议题，选择会议场地，编制会议议程，准备会议资料，进行会议宣传推广，制订会议接待、现场管理计划等。

6.2.1　确定会议的主题和议题

1）会议主题策划

会议主题策划是会议策划的一项重要内容。主题是会议中贯穿各项议题的主线，一个鲜明、能反映时代特征、具有紧迫感的主题能够对会议潜在的听众产生强大的号召力。

会议主题是所有参会人员都关心的大课题，是会议的灵魂。若会议没有主题或主题不明确，则会议发言很难集中，会议甚至可能名存实亡。因此，会议组织者切不可粗心大意，应主动征询各方领导及行业专家的意见，结合会议的定位确定会议的主题。如果召开的是国际会议，则会议组织者应事先同各代表团团长协商，以共赢为原则确定会议主题。

会议主题要简明、有号召力、引人瞩目。有时，在主题外还可另加副题，副题用来补充和说明主题。例如，联合国亚洲及太平洋经济社会委员会第72届会议的主题是"一带一路"，但"一带一路"的范围很广，为了便于讨论，又加上了副题——"从愿景到行动"，从而使主题的范围更加集中。这就形成了一个"主题+副题"的方式——"一带一路：从愿景到行动"。

一般来说，会议的主题要有创意，并且要具备前瞻性、总结性和时代性。会议的成功之处往往在于主题的立意高远。立意高远并不是不切实际地好高骛远，也不是摆弄噱头，而是站在时代的高度，用科学发展观审视现实问题，以对历史负责任的态度提出严肃的课题。

2）会议议题策划

议题，是会议所要讨论的题目，是主题的具体化。设立议题时，要注意它们与主题之间的关系。主题是各议题的统帅，各议题必须与主题相互配合和呼应，既不能在内容上与主题相冲突，也不宜在立意上高于主题。比如，世界经济论坛2023年年会的主题是"在分裂的世界中加强合作"，五大议题分别是：如何解决当前能源和粮食危机；如何应对当前的高通胀、高负债；如何应对工业不景气；如何解决当前社会脆弱性问题；如何应对当前地缘政治风险。从中可以看出，主题较为总体和前瞻，议题则较为局部和现实，主题和议题较好地呼应在一起。

3）会议议题策划要注意的问题

（1）议题的迫切性。在议题的拟定中，要明确中心议题或主要议题，保证与会者能够把主要精力集中在最重要和最需要认真思考的问题上。提交的议题必须是必要的且需要立即讨论的，不要让那些没有必要的议题分散与会者的精力和占用会议时间。

（2）议题的适度性。在一次会议中，议题的数量要适度，要避免因议题过多而导致会议效率下降。如果确实需要讨论较多的议题，则可分段开会，以控制一次会议的议题数量。

（3）议题的充分性。议题的准备一定要充分，在拟定议题的同时，应提交相关的背景材料，有时还要形成两个以上备选方案，以便在讨论和决策时参考。这样既可以节省会议时间，也可以最大限度地提高会议的决策质量。

（4）议题的集中性。对于内容相关的议题要适当集中或归并讨论，避免或最大限度地减少重复讨论。

（5）议题的表述要准确。议题的表述要清楚准确，避免产生歧义。

▶ 会展案例6-1

2023年世界互联网大会乌镇峰会的主题和议题

2023年世界互联网大会乌镇峰会于2023年11月8日至10日在中国乌镇举办。该峰会的主题和议题分别如下：

主题：建设包容、普惠、有韧性的数字世界——携手构建网络空间命运共同体。

议题：全球发展倡议、数字化绿色化协同转型、人工智能、算力网络、网络安全、数据治理、数字减贫、未成年人网络保护等。

分析提示：2023年世界互联网大会乌镇峰会基于产业各界对互联网发展的前瞻性思考，提炼峰会的主题，并从中延伸出了多个紧扣主题的议题，开展全新亮点活动，吸引全球目光，成为国际互联网领域公认的对话交流合作高端平台。

6.2.2 选择会议场地

选择会议场地就是选择会议地点。事实上，随着世界政治、经济的发展，现代会议地点的选择已经超越了会议本身的意义，并且越来越具有浓厚的政治和经济色彩。一些重大的国际会议往往能够给主办者带来巨大的政治利益甚至经济利益，能够提高主办者的国际地位。例如，2017年，著名的《财富》全球论坛在中国广州举行，这说明整个世界看好我国的政治稳定和经济发展，同时也给广州向世界展示其国际大都市形象创造了极好的机会。因此，会议举办地是吸引潜在与会者的一个重要因素。

会议场地的选择主要包括两个方面的内容：一是会议主办地的选择；二是会议场馆的选择。

1）会议主办地的选择

会议主办地的选择应考察以下因素：

（1）该地的特点是否和会议主题相关联。

（2）当地的环境（包括自然环境和社会环境）如何。如该地的天气状况、治安状况以及经济状况是否良好，有无独特的历史、文化及自然风光等旅游资源，是否有可供购物和休闲的场所等。

2）会议场馆的选择

会议场馆的选择应考察以下因素：

（1）会议设施条件。会议设施条件是选择会议场馆时必须考察的内容，包括会议场馆的容量是否合适，是否有所需要的各类会议室，照明、视听等现代化设施设备是否齐备等。

（2）服务设施条件。服务设施条件考察的内容主要包括：会议场馆交通的便利性；是否有所需的娱乐设施；是否有足够使用的公共卫生间等。

（3）住宿条件。住宿条件考察的内容主要包括：是否有足够的不同类型的客房（如单人间、双人间、套间等）；客房内是否有上网设备；客房管理水平如何；最早入住客房时间和最晚退房时间等。

（4）餐饮条件。餐饮条件考察的内容主要包括：公共区外观是否清洁；备菜区是否干净，餐品是否合乎卫生标准；餐厅工作人员是否热情，是否能够提供有效、快速的服务；菜品是否齐全，是否能够提供所需茶点；餐品价格是否合理；是否具有举办主题宴会的能力等。

（5）工作人员。工作人员考察的内容主要包括：工作人员是否需要特殊指导；工作人员的服务态度、做事效率如何；接待处的人力是否充足；询问处是否全天候有人值班等。

（6）安全状况。安全状况考察的内容主要包括：会议场馆是否设置了火灾报警系统，是否公开了安全疏散路线；是否有保安队伍；是否有常驻医生；会议场馆距离最近的急救中心有多远等。

（7）费用情况。费用情况考察的内容主要包括：会议场馆的各类收费与折扣；工作日和周末的收费标准是否有所不同；是否可以提供免费使用的工作房间；是否可以使用信用卡消费；是否要求投保等。

6.2.3 编制会议议程

一般情况下，会议议程由会议主办者确定，在会议中由主持人掌握。

会议议程的编制应当详尽、明确，具有可操作性，如会议主持人是否致开幕词、由谁宣布会议开始、由谁介绍主讲人及嘉宾的简历等。每项发言、每项活动的名称、主持人或发言人的身份、发言限定时间等，都要有明确的规定。会议中的重要仪式，如升国旗、奏国歌、颁奖、献花等，也要有具体的说明。

在会前，会议议程还应作为会议资料发给与会人员，让与会人员详细了解会议每项活动的具体时间及内容。

行业广角6-2

让你的会议
不同凡响

6.2.4 准备会议资料

会议资料用于向与会人员和相关媒体提供会议信息，也供会议主办者建立档案之用。会议资料的设计和制作一般由专门的公司负责。

会议资料的内容包括：

（1）会前资料，如会议专用信封、信纸、海报、通知（邀请函）、注册登记表等。

（2）会议期间资料，如会议议程、入场证、晚会请柬、餐券、论文集、与会人员名册、赞助商资料、会议室位置图、会议场馆地图、主要风景点介绍等。

会议资料在认真核对后即可进行打印。印刷份数要留有余地，不能有多少与会人员就打印多少份，因为个别与会人员可能会丢失材料而需要第二份，也可能会临时增加几位列席代表。

另外，在分发会议资料时应注意：

（1）会议资料不要堆在服务台由与会人员自由取阅，那样会令人感到会议主办者欠缺诚意，会议资料应装在资料袋里，在与会人员报到时分发。

（2）不要在会场上分发资料，以免干扰会议；有保密性的文件、资料，要登记签收。

6.2.5 进行会议宣传推广

会议宣传推广是传递会议信息、传达会议精神的一种方法，其目的在于提高会议的知名度，增加与会人数。

会议宣传推广同会的新闻报道紧密相连，但又不局限于会议的新闻报道。重要会议可视情况采取请记者参加会议、召开新闻发布会、发表新闻公报等方式进行宣传推广。除此之外，还可以运用组织内部的宣传渠道和宣传方式（如会议主办者网站、会议简报）进行宣传推广，也可以运用张贴海报、在相关媒体上刊登会议广告等方式进行宣传推广。

会议宣传推广可视会议需要在会前做、会中做，或在会后做。会议宣传推广的时期不同，宣传目的、宣传手段和宣传效果也会有所不同。

会展案例6-2

服务的思维：解读中国平安智能金融峰会的服务方式

2018年1月30日，中国平安新人小高峰第四季度成果大会暨中国平安智能金融峰会在北京举行，来自北京各大区的研发与销售人员共计300人出席本次大会。

在本次峰会上，中国平安的会议服务团队为出席大会的嘉宾安排了与以往不同的会议服务。从签到环节到背景设计，从讲台风格到会场布景，都体现了会议服务人员独具匠心的安排。融入现代化的服务与视觉体验，让金融企业会议告别以往座谈会式的沉闷，这一做法诠释了会议策划者与服务者对现代企业会议服务的新思维。

智能机器人签到

本次峰会为了凸显"智能"主题，签到处的服务由两个智能机器人负责，人工服务只起到辅助作用。负责本次峰会活动的项目部经理李建辉表示："以前办会一般都是礼仪小姐与工作人员协同为参会者办理各种参会手续，并安排人引领嘉宾入场。但是，由于近些年活动的同质化现象比较严重，不少供应商与客户对参加我们所举办的活动不再像以前那样重视，客源的减少对活动品牌的塑造也产生了不利影响；同时，活动办得没有活力也会直接影响企业产品的发布效果。因此，今年我们推陈出新，采用两个智能机器人办理入场签到。基本过程是，参会者的手机会事先收到信息提示，这是由一串数字组成的签到码。参会者在机器人那里输入签到码后，机器人会自动打印参会证件与入场券，整个过程不超过20秒。此外，机器人还会与参会者互动，预祝参会者成功参会。"

沙发增加体验感

步入会场，震撼你的不是讲台，而是300多个白色的卧式沙发。整个会场虽然被分割成不同的区域，但每个区域的座位都是这种白色的卧式沙发。李建辉表示，大会在举办之前，会务部门集中学习了各种类型的场地布置，终究觉得只有坚持"以人为本"的服务理念，才能留住参会者。这种摆场让参会者更加舒适，同时也更加尊重每一位来访者。李建辉说："我们之前统计过，每场会议活动能够达到满场效果，有三点最重要，即会务服务、参会体验与出席嘉宾，而这三点中参会体验最关键。沙发可以提高参会者的体验，达到我们需要的效果。简单来讲，从参会者坐在沙发上那一刻起，他留下来的概率就增加了。"

来者都是演说家

演讲嘉宾是一场会议活动的重要组成部分。为此，会务组往往会安排合理的话题与流程让嘉宾上台讲话。但是在本次峰会上，话题与流程都是由演讲嘉宾自己设计的。"其实来者都是演说家。"李建辉讲道，"为了突出本次峰会的新意，我们更加注重参会者的发言，后边所看到的演讲嘉宾都是普通的参会者。让演讲告别独立的舞台与场下进行互动，同样场下的参会者可以带着自己的疑问或想法上台解说。"李建辉表示，互动可以大幅提升会议活动的活力。参会者既可以让自己成为这场会议活动的话题制造者，也可以自带成果展示给全场参会嘉宾。总之，要让整场活动在凝聚共识的同时增加互动性，要让参会者都能够体会到参与感。

最后，李建辉总结道："在策划本次峰会的时候，会务组就曾考虑要在话题设置上有所改变，把主动权交给参会者未必不是一个很好的方式。300多人的会议活动其实算不上大，要想突出亮点就要更精致地打造这场活动。因此，服务的思维可以铸就高质量的会务工作，会让会议活动更具生命力。"

资料来源　裴超. 服务的思维：解读中国平安智能金融峰会的服务方式［J］. 中国会展，2018（6）.

分析提示：每一场会议活动都要善于用全新的方式吸引参会者。会议服务决定了会议活动能否给参会者带来高质量的体验，会务策划则决定了会议活动能否具有强大的品牌影响力。会议活动比拼的不仅仅是意识形态，而且体现了企业的创新实力，这一切都源于服务的思维。

6.2.6　制订会议接待方案和现场管理计划

会议各项内容确定以后，就要制订完整的会议接待方案和周密的现场管理计划。

会议主办者应在会议现场适当的地方设立接待台，安排人员负责接待工作；要事先确定接待程序和接待方式，以免到时措手不及；对会场的现场调度要有规划，能够及时解决现场可能出现的拥挤和混乱等问题。

6.3　会议接待

6.3.1　会议接待的含义和作用

1）会议接待的含义

会议接待是指围绕会议参加人员的迎送和食、住、行、游等方面所做的安排，是会务工作的重要组成部分。

2）会议接待的作用

（1）为会议活动提供保障。规模较大或者会期较长、需要安排住宿的会议活动都应该安排会议接待。接待人员的态度如何，关系到会议留给与会者的印象。彬彬有礼、服务周到的接待，能够让与会者有宾至如归的感觉，从而为会议活动的顺利进行提供了保障。

（2）树立良好的社会形象。会议接待也是会议主办方对外宣传、树立良好形象、提高知名度的好时机。接待活动的合理安排、接待人员的友好态度，都有利于树立会议主办方良好的社会形象。出色的国际会议接待还有利于提高一个城市乃至一个国家的国际声望。例如，2010年上海世界博览会的接待工作堪称世界一流，这大大提升了我国的国际形象。

6.3.2　会议接待的准备工作

1）了解与会人员的情况

需要了解的与会人员的情况包括：

（1）与会人员的姓名、性别、年龄、民族、工作单位、职务、宗教信仰、健康状况等基本情况。

（2）与会人员参加会议的目的。

（3）与会人员抵离会址的时间和交通工具，以便安排人员和车辆迎送。

与会人员的上述情况可通过汇总会议回执和报名表，或查阅以往会议的档案资料获得。对于一些重要会议，也可请与会人员出示有效证件和盖有公章的信函，以便确认其身份，做好接待工作。

2）拟订接待方案

根据与会人员的基本情况和会议主办方的实际情况，拟订详细的接待方案，以确保会议接待工作的顺利进行。

3）落实具体事项

根据接待方案，具体安排、落实与会人员食、住、行等方面的事项，最好指定专人负责。

4）做好接待经费的预算

接待经费是整个会议经费的重要组成部分，主要包括与会人员的食宿和交通费用，有时还包括参观、旅游、观看文艺演出的支出及礼品、纪念品的费用。

5）安排好安保、保密及新闻报道工作

对于重大国际性会议，还应预先安排好各国领导、嘉宾及与会代表的安全保卫工作和文件资料的保密工作，并安排好新闻报道工作。

6.3.3　会议接待的工作流程

1）迎接

（1）确定迎接规格。通常遵循身份相当的原则，即主要迎接人与主宾身份相当，当不可能完全对等时，可灵活变通，由职位相当的人出面，其他迎接人员不宜过多。会议主办单位通常按照高规格接待来宾，以展现高度重视、对外开放、扩大宣传的姿态。

（2）掌握来宾到达的时间。准确掌握来宾到达的时间，及早通知全体迎接人员和有关单位；如果有变化，应及时通知有关人员。迎接人员应提前到达迎接地点，不能太早，更不能太迟，甚至迟到。

（3）适时献上鲜花。迎接普通来宾，一般不需要献花；迎接十分重要的来宾，可以献花。所献之花要用鲜花，并保持花束整洁、鲜艳，忌用菊花、杜鹃花、石竹花或者黄色花朵。献花的时间一般安排在参加迎接的主要领导与主宾握手之后，通常由儿童或女青年将花献上，可以只献给主宾，也可以向所有来宾分别献花。

（4）不同的客人应按不同的方式迎接。对于大批客人，可事先准备特定的标志，让客人从远处即可看清；对于首次前来又不认识的客人，应主动打听，并自我介绍；对于比较熟悉的客人，则不必介绍，向前握手、互致问候即可。

会展链接6-1

如何称呼、介绍和握手

关于称呼，国际上，对男子通常称先生，对女子通常称夫人、女士、小姐。其中，对已婚女子称夫人，对未婚女子称小姐，在不确定对方婚姻状况时可称女士。对地位高的官方人士，还可直接称其职务。

迎接一批客人，应该如何介绍呢？通常由礼宾工作人员或欢迎人员中的身份最高者，先将前来欢迎的人员按身份从高到低依次介绍给来宾。在介绍两个人相互认识时，一般先把男士介绍给女士，把年幼者介绍给年长者，把身份低者介绍给身份高者。

接下来就是如何握手的问题，伸手次序由尊者决定。在公务场合，职务高、身份高者先伸手；在非公务场合，年长者、女性先伸手。注意：握手时忌用左手、忌戴手套、忌戴墨镜、忌手脏；握手时不要与他人交叉，让别人握完再握；握手时目光要注视对方，面带微笑，切忌用力上下晃动，轻轻一握即可。

2）陪车和引导

（1）客人抵达后，如果需要陪同客人乘车，还要注意座位的次序。乘坐轿车时，通常有两种情况：

其一，如果由专职司机开车，则主人通常坐在司机后面，主宾通常坐在主人的右侧。上车时，最好请主宾从右侧门上车，主人从左侧门上车，避免从主宾座位前穿过。如果主宾先上车，坐到了主人的位置上，则不必请主宾挪动位置。

其二，如果是主人自己开车，则要请主宾坐在主人的右侧，即副驾驶的位置。

乘坐中型或大型面包车时，前座高于后座，右座高于左座；距离前门越近，座次越高。为客人关车门时，要先看清客人是否已经坐好，切忌关门过急，以免伤到客人。

（2）引导是指会议期间会议接待人员为与会者指引会场、座位、餐厅、住宿房间以及告知与会者想要去的地方的行驶路线、具体位置、交通条件等。引导看似是小事，却能给与会者提供许多方便。引导应贯穿于整个会议期间。

引导时，接待人员应站在被引导者左前方约1米远的位置，随着被引导者的步伐轻松行进，并时刻注意保持步速，可以适时回头或用眼角余光观察被引导者的跟随情况。出入房门时，引导者要主动开门、关门；出入无人控制的电梯时，引导者应先入后出，操纵电梯；在转弯或有台阶的地方，应及时提醒被引导者注意。

3）会议登记

在会议召开前，会议登记是最重要的工作，接待人员应配合会务组做好与会人员的登记工作。会议登记一般分为两种形式：一是预先登记；二是现场登记。会议组织者一般鼓励与会者进行预先登记。预先登记能使会议组织者提前掌握出席会议的人数和名单，也便于组织者对客房和餐饮进行安排，还能减少会议登记现场的拥挤。少数因特殊情况未能预先登记的人员，也可以在会议现场进行登记。

为了做好会议登记工作，会议组织者必须准备好各种所需材料：

（1）会议登记表。会议登记表是收集与会人员信息的最佳途径之一。会议登记表内容的设计取决于会议组织者需要了解多少与会人员的信息。如果由会议组织者与酒店共同设计会议登记表，则表中还应包括酒店所需要的信息。表6-2是会议登记表参考格式。

表6-2　　　　　　　　　　　　　××会议登记表

（××年××月××日）

序号	姓名	性别	工作单位	职务	职称	通信地址	电话	入住酒店	房间号

（2）会议入场证。会议入场证是与会人员入场时向工作人员证明自己身份的证件，可作为出入凭证等。会议入场证通常印有会议标志、会议名称，以及与会人员姓名、单位、编号等，有时还附有本人照片。对于一些大型的重要会议，入场证可以采用较精致的塑料烫金印刷。会议入场证通常采用不同的颜色来区别不同类型的与会人员。会议入场证的字迹应在3米之外可以辨读。

（3）票证。票证包括会议期间所用的餐票及其他特殊活动票证，票证要按时间、用途写清楚。票证是控制人数的一种好方法，尤其是在特殊活动中，以票证为凭证可以准确掌握出席人数。

（4）会议资料袋。会议资料袋内装有与会人员在会议期间所需要的各种资料。资料的多少主要取决于会议的类型，但通常包括以下几个方面：①入场凭证和票证；②会议活动程序（内容要详细、具体、全面）；③活动更正表（对有关信息安排的最新变更）；④会议内容摘要；⑤演讲嘉宾的简历；⑥组委会情况；⑦会议室位置图；⑧展厅地图；⑨赞助商资料；⑩会议所在地地图；⑪主要风景点介绍；⑫展览信息。

此外，会议资料袋内还可装有文具、记录纸，以及酒店提供的信封（包括钥匙牌、欢迎卡）等。

（5）与会人员名单。如果与会人员已预先登记，那么与会人员名单最好放在会议资料袋中；如果与会人员是现场登记，那么应在会议结束前将名单印发给与会人员。与会人员名单便于与会人员查找同事、老友，结识同行业的新朋友，也便于以后的通信及交往。

（6）会议签到资料。对有些会议来说，与会者在登记或出席会议时应履行签到手续。使用何种签到资料应视会议的大小、种类而定。常见的会议签到资料有以下几种：

第一，签到登记簿。这是会议组织者为本次会议签到而专门印刷的，签到内容包括签到者的姓名、性别、年龄、职务和工作单位等。大多数会议都是在登记时完成签到的。

第二，宣纸册页签到簿。这是一种装帧精美的簿册，用宣纸制作，锦绫裱封，往复折式，古色古香，签到时用毛笔书写，具有收藏价值。签到者仅签名即可。它适用于小型会议或大型会议的特邀嘉宾等。

第三，签到卡片。这是一种一次性的签到卡片。卡片上有会议名称、时间和持有卡片人手签的姓名。会议期间举行几次全体会议，会议组织者就为每位与会人员发放几张签到卡片。每次举行全体会议时，与会人员在入口处将一张签到卡片交给负责签到的工作人员即可。

第四，电子签到卡。与会人员在收到会议文件的同时，还会收到一张电子签到卡。与会人员进入会场按序入座后，只要将签到卡插进签到器的特定位置上，大会中心和主席台的屏幕上就会立刻显示出大会的实到人数。

4）茶水与茶歇服务

（1）茶水服务。在一些大型、时间较长的会议中，为了解决与会人员的饮水问题，会议服务人员通常会提供茶水服务。具体做法为：

第一，入场半小时前，会议服务人员开始打水，饮水处的服务人员备好茶叶。

第二，开会前15分钟，会议服务人员开始沏茶。

第三，与会人员入场时，会议服务人员站立在接待桌旁，两手交叉放在腹前，面带笑容，一字排开。与会人员入座时，会议服务人员主动上前表示欢迎、问候，并给每位与会人员斟第一杯茶。

第四，与会人员饮茶、交谈时，会议服务人员应站立在接待桌旁，仔细观察各桌的饮水情况，并及时续水。

（2）茶歇服务。茶歇对于一般的大型会议而言可能不需要，但对于中小型会议，特别是公司高层会议而言是很重要的。茶歇的主要功能是使与会人员能在紧张的会议间隙得到一些放松，同时为他们提供和其他与会人员交流的机会。茶歇通常安排在上午和下午会议的中间，一般持续15～45分钟。

茶歇的准备工作包括点心准备、饮品准备、摆放准备、服务准备等，不同时段可以更换不同的饮品、点心组合。茶歇可以分为西式与中式两种，西式茶歇基本上以咖啡、红茶、西式点心、水果等为主，中式茶歇则以绿茶或者花茶、果茶、水果及点心等为主。

5）会议食宿安排

（1）住宿安排。总体来说，住宿安排应遵循以下原则：

①住宿安排要相对集中。这不仅有助于会议期间的信息沟通和会务联系，而且有助于休会期间与会人员之间的沟通和交流。

②住宿地与会场的距离要近。与会人员的住宿地最好与会场同在一个宾馆或酒店，或彼此距离较近，这样既可以方便与会人员，又能为会议主办方省时间和交通费用。

③房间安排要合情合理。会议期间，与会人员的人数较多，他们的身份、职务、年龄、生活习惯等差异较大，对房间的要求也不一样。因此，在安排房间时，应了解与会人员的基本情况，做到合理分配。例如，有些学术会议，与会人员的身份高低不同，在安排房间时，有必要进行适当的区别。

④住宿规格适中，勤俭节约。在会议活动的费用中，住宿费用往往占很大比例。因此，安排住宿时应根据会议活动的实际需要来确定与会人员住宿的规格与标准。

住宿安排除了应遵循以上几点原则外，还应注意以下细节：

①安排房间时，要考虑房间的布局是否集中，楼层内各朝向的房间数是否配置均衡。

②会议主要嘉宾的随行人员的房间应安排在主要嘉宾房间的附近，最好安排在隔壁或对面，以方便照顾。

③会议接待人员的休息室应安排在离入口或电梯间较近的地方，并有醒目的标志，以方便与会人员联络和寻找。

④如果与会人员中有老、弱、病、残人士，应尽量安排他们住在低楼层或离服务台近的房间，以保障他们在会议期间的安全。

⑤对于相互敌对的国家、团体的与会人员，应尽量安排在不同楼层。

⑥如果参加会议的贵宾因某种原因不能按时抵达会场，则应预留出条件优越的房间。

⑦安排房间时，应尽量把先到达会场，或准备同时离开会场的人员的房间集中在一起，这样既方便管理，又节省费用。

（2）餐饮安排。一般而言，展会不统一安排餐饮（特邀嘉宾或者重要客户除外），会议则统一安排餐饮。会议的餐饮安排主要有以下几个环节：

①统计就餐人数。准确统计就餐人数是会议餐饮安排的重要前提。就餐人数主要依据会议报到人数统计，还可分组统计，然后汇总。

②确定就餐标准。统一安排餐饮的会议，应重视对成本的控制，早、中、晚餐要分别确定标准。

③定好就餐形式。会议餐饮通常有两种就餐形式，即自助餐和围桌餐。自助餐（又叫冷餐会）常用于宴请人数众多的宾客，往往设主宾席座位，其余各席不固定座位，食品与饮料均事先放在桌上，宾客自由取食。当前，自助餐形式很受欢迎，宾主双方都感到轻松自由，也便于交流。采用自助餐形式时，服务人员应确保食品及饮料的持续供应，及时添加点心、菜肴和饮料，保证有足够的盘、碟、叉、勺。围桌餐安排起来比较复杂，特别是召开大型会议的时候。采用围桌餐形式时，宾主均按身份排位就座，用地产白酒和其他饮料招待宾客。现场要布置得庄重大方，可以少量点缀鲜花。正式宴会时通常要挂大字横幅，有时还要配以标语，标语的内容可以根据宴会的主题来确定。

④预订餐厅，商定菜谱。会议前期考察时，应注意餐厅及用具的卫生情况。选择餐厅时，还要考虑餐厅大小、餐厅与会场和住宿地的距离等因素。菜谱的确定要考虑就餐标准，要在预算范围内根据就餐形式商定一份科学、合理的菜谱，并且尽可能满足少数民族及有特殊饮食习惯的与会人员的需求。

⑤发放就餐凭证。就餐凭证一般有两种：一种是专门印制的会议就餐券，在与会人员报到时与会议资料一起发放，每次就餐时收回；另一种是会议证件，凭该证件即可进入餐厅就餐。

⑥就餐时间安排。就餐时间一般应同会议的作息时间一致，安排时要考虑就餐的速

度。早餐和午餐时间以1个小时为宜，晚餐时间可适当延长。

6）安排观看文艺节目与参观游览

在休会期间或会议结束后，可以安排与会人员观看文艺节目或参观游览，这样既能做到劳逸结合，也能促进与会人员之间的交流，还可以带动会议地的旅游消费。

（1）观看文艺节目。安排观看文艺节目时应注意以下几个问题：①文艺节目应当呼应会议的主题；②充分考虑观看对象的兴趣和要求；③文艺节目应体现会议所在地的民族特色和传统文化；④文艺节目不能影响会议的进行；⑤安排好观看人员的接送。

（2）参观游览。参观游览一般可分两种：一种是商务参观考察。会议主办方的工作主要是落实交通工具、安排食宿、安排陪同人员，陪同外宾参观考察还应配备翻译。这类参观考察也可委托会议中介公司来组织。另一种是旅游观光。一般来说，会议旅游主要为短线游，时间不超过两天（大多数为一日游）。会议主办方大都委托旅行社操作，但要选择信誉好、价格合理的旅行社，并应提前将旅游时间、游览线路等安排告知与会人员，同时做好报名工作。

7）安排返离，清理会场

会议结束后，会议接待人员还要做好与会人员的返离工作，让与会人员顺利平安地返回其所在地，具体要做到：

（1）预订返程票。在会议报到登记时，要求预订返程票的与会人员应填写返程方式、时间、航班或车次等内容，会议接待人员应及时与有关部门联系订票事宜。在会议即将结束时，会议接待人员应把预订的返程票交到与会人员手中，并确认无误，做好钱票交割手续，同时根据与会人员的返程时间做好送行安排。

（2）会议费用的结算。会议接待人员在安排与会人员返程的同时，还要准确、及时地结算与会人员的会议费用。结算时要做到：出具会议期间各项费用的明细表，多退少补，开具正式发票等。

（3）合影留念。一般情况下，会议结束后可安排全体与会人员合影留念。尤其是在有领导人参加的会议中，与会人员与出席会议的领导人合影留念通常是必不可少的。

（4）告别欢送。与到会迎接一样，与会人员离会时也要热情欢送。具体要求是：安排好车辆，将与会人员送至机场或车站；与会领导、特邀嘉宾等身份较高者应当由会议主办方的主要领导亲自到机场或车站送行。

（5）清理会场。会议结束后要清理会场，将其恢复到和使用前一样的状态。在检查会场和房间时，若发现与会人员遗忘的物品和文件，应及时通知归还。

价值引领6-1　　　　　　聚焦理念引领　唱响合作强音

世界互联网大会乌镇峰会是在中国举办的规模最大、层次最高的互联网大会，也是世界互联网领域盛况空前的高峰会议。2014年，首届世界互联网大会乌镇峰会成功举办，之后每年一度，来自世界各国的政要、互联网精英齐聚永久会址乌镇，共商全球网络空间的协作共赢。10年来，世界互联网大会凝聚共识、搭建平台，推动构建网络空间命运共同体的理念不断深入人心，丰硕成果不断涌现，合作共赢稳步推进，向全球贡献了推动互联网发展与治理的智慧和方案。

2023年世界互联网大会乌镇峰会（简称2023年乌镇峰会）以"建设包容、普惠、有韧性的数字世界——携手构建网络空间命运共同体"为主题，从合作与发展、技术与产业、治理与安全、人文与社会等多个维度，围绕数字化绿色化协同转型、全球发展倡议、网络安全技术发展、数字减贫、青年与数字未来等举办20场分论坛，反映国际社会以数字合作推动全球发展、增进人类福祉的共同愿景。来自全球126个国家和地区的1 800多名嘉宾以线上和线下方式参会，国别数创历届新高。

世界互联网大会秘书长任贤良在2023年乌镇峰会新闻发布会上表示，本次峰会具有聚焦理念引领、唱响合作强音、亮点精彩纷呈、获得广泛传播四个特点，并用"四个第一"说明了2023年乌镇峰会的亮点：第一次颁发"十年纪念荣誉"，向积极参与峰会活动、为峰会筹办及大会国际组织建设做出突出贡献的机构、互联网领域的领军人物颁发十年纪念荣誉；第一个互联网科技馆开馆，全球首个以互联网为主题的大型科技馆——乌镇世界互联网科技馆在峰会期间开馆，通过展示关键技术、标志事件、重要人物勾勒互联网发展进程，生动揭示互联网技术成果对人类社会的深刻影响；第一次设立"全球青年领军者计划"，定期遴选全球互联网领域的优秀青年，与各方共同打造开放包容、充满活力的大会国际组织青年社群；第一次颁发"世界互联网大会领先科技奖"，将连续7年举办的世界互联网领先科技成果发布活动全面升级为世界互联网大会领先科技奖，打造全球互联网领先科技成果创新展示平台。

深化数字领域国际交流合作

"人类社会的发展史是不同文明交流对话、互进共融的历史，互联网为不同文化交流互鉴搭建了更为便捷的交流纽带。"在2023年乌镇峰会上，国家互联网信息办公室主任、世界互联网大会理事长庄荣文提出倡议，"我们应当落实好全球文明倡议，搭建数字文化传播平台，加强数字文明交流对话，使人类优秀文明成果充盈网络、凝聚力量、滋养人心，共同建设全球网民共有的网上精神家园。"

与会嘉宾纷纷表示，各方应本着多边主义精神，共同承担责任，携手应对数字化转型的新问题、新挑战。正如阿拉伯信息通信技术组织秘书长本·阿莫所言，数字世界充满无限机遇和重大挑战，需要建设一个强调包容、普惠、有韧性的网络空间命运共同体。

共同推动数字世界繁荣发展

2023年乌镇峰会期间，参会嘉宾围绕峰会主题进行深入交流，在共同推动数字世界繁荣发展、共同激发数字技术动力活力、共同促进数字文明发展进步、共同维护网络空间安全稳定、共同推动网络秩序公正合理等方面达成了广泛共识。

"在实践中推动构建网络空间命运共同体，是大会国际组织的职责和使命。"任贤良介绍，2023年乌镇峰会期间，发布了《发展负责任的生成式人工智能研究报告及共识文件》和《跨境电子商务国际规则体系发展研究报告》，总结了人工智能和跨境电商的全球技术产业发展态势，提出了促进产业发展、完善治理体系的倡议主张。

"随着跨境电商的快速发展，越来越需要加强信息沟通与合作交流，让中小企业在品牌打造、法律合规、数字化转型等方面获得支持。"拼多多高级副总裁王坚表示，此次世界互联网大会跨境电子商务工作组发布的《跨境电子商务国际规则体系发展研究报告》为业界提供了有意义的研究成果，将助力跨境电商发展。

2023年乌镇峰会期间还发布了《网络主权：理论与实践》（4.0版）概念文件，以及《中国互联网发展报告2023》和《世界互联网发展报告2023》蓝皮书，为全球互联网发展与治理提供思想借鉴与智力支撑。

"携手构建网络空间命运共同体精品案例"发布展示。从电商帮扶埃塞俄比亚的农民将咖啡销往全球，到网课助力中国农村的年轻小伙为家人开启新的生活，13项精品案例展示了各方对构建网络空间命运共同体理念主张的积极响应与深刻践行。

中国工程院院士邬贺铨表示，世界互联网大会将进一步成为互联网技术创新发展的驱动者、互联网安全发展治理的积极贡献者、新时期国际科技合作的示范者。

打造前沿技术展示舞台

"硬核成果悉数亮相。"2023年世界互联网大会乌镇峰会浙江省承办工作领导小组副组长、浙江省人民政府副省长柯吉欣谈及2023年乌镇峰会的变化时说，10年来，乌镇峰会已成为前沿技术的体验窗口和新潮产品的展示舞台。

"我们要以更高标准打造全球互联网领先科技成果的创新展示平台。"担任世界互联网大会领先科技奖评审委员会主席的邬贺铨介绍，峰会首次将成果区分为基础研究、关键技术、工程研发三种类型，更好地展现了互联网领域的最新科技成果。

世界互联网大会领先科技奖评选活动共征集到中国、美国、俄罗斯、英国、德国、意大利、日本、韩国、阿联酋等国家的领先科技成果246项，涵盖多个前沿领域。经过40名海内外专家的评审，最终全球首个5G Advanced-ready调制解调器及射频系统、知识增强大语言模型关键技术等15项成果入选。

作为每年乌镇峰会的重头戏，"互联网之光"博览会也有了新变化——不仅境外展商数量创历史新高，而且首次推出了以"未来之境"为主题的未来生活数字体验馆，观众可以通过建立"数字分身"，体验未来社区、未来出行、未来学习等科技成果。

迎来"首次"的，还有乌镇世界互联网科技馆。它充分利用AR智能导览、AI数字人对话等互联网特有的方式，展示全球互联网技术创新成果，给人们带来了一个365天永不落幕的世界互联网大会乌镇峰会。

资料来源 姚亚奇，陈海波，陆健.聚焦理念引领 唱响合作强音——2023年世界互联网大会乌镇峰会成果丰硕［N］. 2023-11-11（4）.

思政元素：构建人类命运共同体 深化文明交流互鉴

思政感悟：2013年3月23日，国家主席习近平在莫斯科国际关系学院发表演讲，首次提出"人类命运共同体"理念。2015年，国家主席习近平出席第二届世界互联网大会开幕式并发表主旨演讲，强调互联网是人类的共同家园，各国应该共同构建网络空间命运共同体，推动网络空间互联互通、共享共治，为开创人类发展更加美好的未来助力。此后每届乌镇峰会都把"命运共同体"这个理念融入大会的执行与运作中，并取得了可喜的成绩。2022年7月12日，由全球移动通信系统协会（GSMA）、国家计算机网络应急技术处理协调中心（CNCERT）、中国互联网络信息中心（CNNIC）、阿里巴巴（中国）有限公司、深圳市腾讯计算机系统有限公司、浙江之江实验室共同发起的世界互联网大会国际组织正式成立，助力全球互联网发展治理。党的二十大报告也明确提出，"促进世界和平与发展，推动构建人类命运共同体""坚持交流互鉴，推动建设一个开放包容的世界"。

作为世界上最大的发展中国家，在推动全球数字经济的包容性、普惠性与韧性发展方面，中国将始终坚持开放共享的理念，始终坚持搭建全球互联网共商共建共享平台，推动国际社会顺应数字化、网络化、智能化趋势，与各国共同推动网络空间互联互通、共享共治，努力建设一个安全、稳定、繁荣的网络空间，为共同推动构建网络空间命运共同体迈向新阶段贡献力量。

6.4 会议场地的布置和会议管理

6.4.1 会议场地的布置

会议场地是与会者交流、沟通的空间，是会议活动的基本环境。会议场地的布置要体现出与会议目标、主题、内容相协调、相适应的气氛，场内各种标志要显著、明确。会议场地的布置包括以下几个方面：

1）背景台的布置

背景台上最主要的物件是会议标志，这个标志过去通常采用横幅的形式。在我国，横幅的样式以红底白字居多。横幅的内容主要是会议名称，如果同时有中英文名称，一般采用中文在上、英文在下的形式。

现在比较流行的布置则是背景板。背景板的内容主要包括：一是会议的 Logo 和相关组织的 Logo 或者会徽；二是会议的中英文名称及会议的举办时间和地点；三是会议的主办方、协办方。会议背景板的设计要注意同寄送给与会代表的会议通知的设计相吻合，并且尽量简洁，不要使用过多的颜色和进行过于烦琐的设计。

2）主席台的布置

主席台的布置根据不同会议的需要会有所不同，但最常用的形式还是在主席台的中央摆放长条桌，桌子的长度根据就座主席台的人数而定。长条桌上通常要摆放鲜花、茶杯或矿泉水、桌签、纸和笔、话筒等。会议主持人一般坐在长条桌的一侧，面前摆放话筒。桌签上标有就座主席台上的人员的姓名，国内会议使用中文标注，国际会议还需要使用英文标注，也可以同时使用中英文标注，中文在上、英文在下。主席台右侧摆放讲台一个，有时候两侧均有讲台。讲台上也应摆放鲜花，还应摆放话筒供主持人或翻译以及发言人使用。

3）会场座位的布置

会议内容及参加人数不同，会场座位的布置也不同。会场座位的布置主要有以下几种类型：

（1）礼堂式。这是一种最常见的会场座位布置方式，听众座椅面对主席台一排排摆放，中间留有较宽的过道（如图6-1所示）。

礼堂式座位布置的优势、劣势和适用情况如下：

优势——座位格局开阔、有气势，能充分利用会议室的空间。

劣势——座位一般是固定的，无法进行调整；会场后部可视性较差。

适用情况——大型讲座式会议、开（闭）幕式、全体会议。

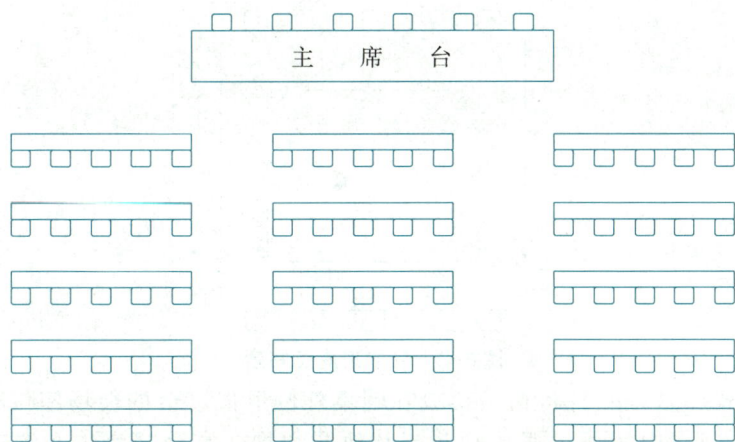

图6-1　礼堂式座位布置

（2）教室式（课桌式）。这是一种在会议室内将桌椅按排纵横摆放的会场座位布置方式，其形式与课堂教学相似。这种座位布置方式依据桌子的大小而有所不同（如图6-2所示）。

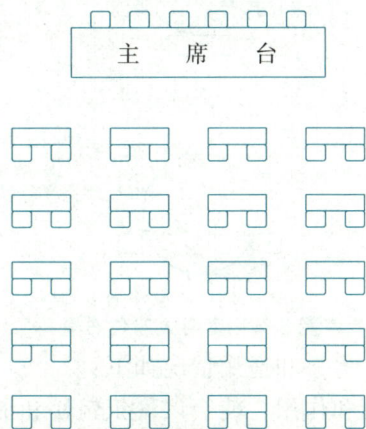

图6-2　教室式座位布置

教室式座位布置的优势、劣势和适用情况如下：

优势——人均空间较大，有利于做笔记；布置上有一定的灵活性。

劣势——会议室后部可视性较差。

适用情况——需要做笔记的小型讲座和演示会。

（3）中空式。这是一种将会议桌连接在一起，形成中空的正方形、长方形或多边形，椅子摆放在会议桌外围的会场座位布置方式。

比较常用的是回字形座位布置，即将桌子摆成中空的正方形，形似"回"字（如图6-3所示）。

中空式座位布置的优势、劣势和适用情况如下：

优势——易形成融洽与合作的气氛，有助于相互交流与沟通。

劣势——对会议人数有所限制，难以使用试听设备。

适用情况——小型和特小型会议、座谈会、协商性会议及分组讨论会。

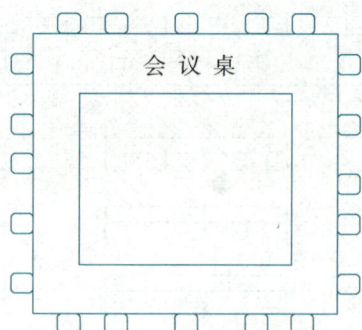

图6-3 回字形座位布置

（4）宴会式。这是一种将椅子摆放在圆桌外侧形似宴会的会场座位布置方式（如图6-4所示）。圆桌中间可以摆放鲜花或其他展示物。宴会式座位布置还有很多变化形状，可根据具体场所和时间来安排。

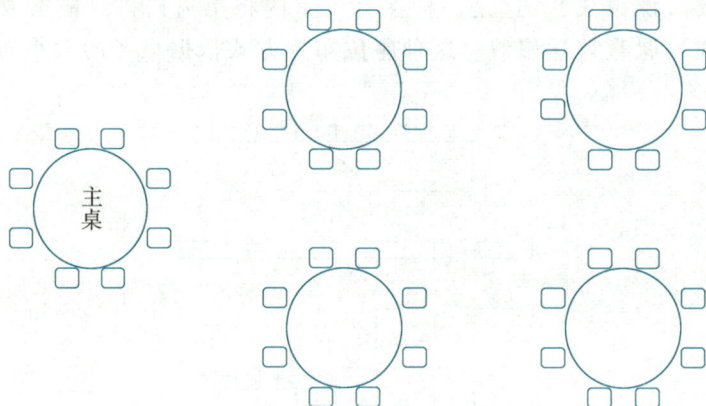

图6-4 宴会式座位布置

宴会式座位布置的优势、劣势和适用情况如下：

优势——突出主桌的地位和作用，使会议气氛轻松和谐，方便与会者谈话和交流。

劣势——要求会议主持人具有较强的组织能力和控制会议的能力。

适用情况——宴会式会议、茶话会、研讨会以及分组讨论。

（5）U形。这是一种将会议桌连接摆放，形成英文字母"U"形，椅子摆在桌子外围的会场座位布置方式（如图6-5所示）。

（6）董事会式。这是一种将会议桌摆放在会议室中间，椅子摆在会议桌外侧的会场座位布置方式。根据会议桌的形状，这种座位布置通常又可分为董事会长方桌式和董事会椭圆桌式两种形式。

（7）鱼骨式。这是一种面对主席台方向，将会议桌按鱼骨形状摆放的会场座位布置方式。

（8）阶梯式。这是一种为了减少座席间的视线遮挡而设立的存在一定落差的会场座位布置方式。

（9）酒会式。这是一种只摆放酒会用的高脚桌子，不摆放椅子，以自由交流为主的会场座位布置方式。

屏 幕

图 6-5 U 形座位布置

（10）其他类型。根据不同的需要，会场座位还可以布置成马蹄形、T形、E形等特殊形状。

总之，会场座位布置应根据会议的规模和性质以及需要营造的会议气氛来安排，既要符合会议组织者的要求，又要做到合理使用会议场所。

4）安排视听设备

视听设备是会议中的必需品，用于辅助演讲、代替现场发言、进行娱乐活动等。随着科学技术手段的不断进步，富有经验的会议策划者会充分利用先进的视听设备，以使会议取得圆满成功。

视听设备的安排包括：①确认视听设备来源。一般而言，会议中心都有视听设备供客户使用，这是会议中心作为专业的会议场所必备的服务条件。如果会议中心没有视听设备，则会议组织者可以向会议服务公司租赁，由会议服务公司提供专业的视听设备。②确认安装完毕的时间。视听设备从租赁到安装的全过程都要安排具体的负责人，并明确安装完毕的时间。③测试视听设备。视听设备安装完毕后，负责人应对所有环节进行测试，操作人员应熟悉操作过程，会议召开前还要安排大会主持人熟悉视听设备的使用。通过对视听设备进行测试，会议组织者可以及早发现问题，以便在会前加以纠正。

会展链接 6-2

会场布置细节

（1）桌子和椅子。桌子要大一些，以便与会者在桌子上摊开资料。如果开会时间较长，则座椅应尽量舒适些。

（2）会场的温度。在开会前30分钟，打开空调，使会场温度适宜，温度通常设定为 $18 \sim 25℃$，并保持室内空气清新。

（3）音乐。按照会议的不同进程，播放不同风格的音乐。

（4）灯光。灯光不要太强，要柔和、淡雅。一般性会议宜选用白炽灯或日光灯照明。带有喜庆色彩的会议，如颁奖仪式等，可适当使用彩色灯光。此外，主席台上下的光线反差不能太大。

（5）色调与色彩。时间较长的会议可用蓝、绿色调布置会场，以消除与会者的疲劳；代表大会、庆祝大会的会场布置要鲜亮、醒目一些，以显示热烈、庄严、喜庆的气氛；一般性短会的会场布置以简洁明快为主，不必进行特殊布置。

（6）花饰。会场内外适当布置些鲜花，能够烘托会议的气氛，能让与会者舒缓压力、放松心情。

（7）指示标志。可在会场外设一些指示标志，如带指示箭头、会议名称等的指示牌，目的是方便与会者找到会议地点。

资料来源　李莉. 会展服务礼仪规范［M］. 长沙：湖南科学技术出版社，2005.

6.4.2　会议管理

会议管理是指为了保证会议的顺利召开而采取的相应的管理措施。会议管理主要包括以下内容：

1）会前检查

会前检查是落实各项会议准备工作、保证开好会议的重要一步。重要会议在会前要反复检查。会前检查分为领导听取会议筹备处各组汇报和现场检查两种方式，并以后者为主，会务人员要配合领导的检查工作。检查的重点是会议文件材料的准备、会场布置和安全保卫工作等。大中型重要会议开始前的检查工作还包括警卫部署情况，以及票证检验人员、交通指挥及主席台服务人员的安排情况等。

会前检查要求每个细节都不能放过。就会议设备来说，要保证做到能够随时提供放映机灯泡和电线的备用品，保证在任何意外发生时机器都可以更换或修理；主持人应熟悉所有电源插座和灯开关的位置，并且可以把这些情况告诉有关人员。

2）会议保密管理

会议越重要，保密工作也越重要。会议保密工作涉及的范围很广，主要包括以下几个方面：①内部会议的内容不能泄露、外传，如各种文件的讨论稿、备选的决策方案、会议记录等。②有关经济、军事方面的数字和人事问题。③对于某些重要的会议，召开的时间和地点、出席人员等也要严格保密。

要做好会议保密工作，就应严格执行保密法规、纪律，制定一套保密措施。例如，会议文件应准确划分保密等级，必要时可规定只能在会场内翻阅，离开会场时应收回；注意检查会场上的扩录音设备及通信线路，防止泄密；对与会人员特别是现场服务人员应严格限制，加强保密纪律和保密观念教育；复印机、印刷机等印废的会议文件及底稿，应存放在指定地点，妥善保管，在会后或在一定时间内指定专人销毁。

3）会议经费管理

会议组织者应根据会议的各项支出和收入，合理安排会议经费。会议的支出主要包括：场地租金、会场设备及其布置费用、嘉宾的演讲费及接待费、各种资料的印刷费用、翻译费用、宣传推广费用等。会议的收入主要包括：门票收入、赞助费、参会费、广告收入等。对会议经费进行管理，就是要考虑会议本身的收支平衡问题。

4）会议危机管理

由于会议涉及面广、影响大、牵涉的人多，因此一旦会议期间出现危机事件，后果将十分严重。对会议进行危机管理是会议组织者必须充分重视的问题。

会议危机管理包括两部分内容：

一是针对突发事件的管理，即针对会议过程中可能发生的导致会议暂停、延期、现场混乱等不可预测的事故的处理。会议活动中常见的突发事件有：①主要发言人缺席；②登记代表数量不足；③发言人表现不当；④视听设备出现严重故障；⑤有国家性的重要活动与本次会议同时进行；⑥出现影响与会代表到会或离会的重要交通问题；⑦饮食供应令人不满。会议组织者应针对所有可能发生的事故制定防御和应急措施，并培训会务人员的临场应变能力和处理突发事件的能力。

二是准备会议备用方案。一旦原会议策划方案因故不能全部或部分实施，则可以使用备用方案。

情景模拟 6-1

场景：以班级为单位，举行一次"学生专业技能与就业专题研讨会"。

操作：

（1）设定上级领导或院系领导、来宾若干人，会议主持人1人。

（2）成立会务组，设定会议服务人员若干人，进行会议准备和现场接待。

（3）布置会议场地，采取适合的座位布局。

（4）分组进行专题发言，模拟专题研讨会的全过程。

知识掌握

⊙ 选择题

1）按照主办单位的不同，会议可以分为（　　　　）。

A.企业会议　　　　　　　　B.社团会议　　　　　　　　C.政府会议

D.事业单位会议　　　　　　E.家庭会议

2）策划会议议题时应注意（　　　　）。

A.议题的迫切性　　　　　　B.议题的适度性　　　　　　C.议题的充分性

D.议题的集中性　　　　　　E.议题的表述要准确

3）适用大型讲座式会议、开（闭）幕式和全体会议的会场座位布置类型是（　　　　）。

A.礼堂式　　　　　　　　　B.教室式　　　　　　　　　C.中空式

D.宴会式　　　　　　　　　E.U 形

4）适用茶话会、研讨会以及分组讨论的会场座位布置类型是（　　　　）。

A.礼堂式　　　　　　　　　B.教室式　　　　　　　　　C.中空式

D.宴会式　　　　　　　　　E.U 形

5）总体来说，会议住宿安排应遵循（　　　　）。

A.住宿安排要相对集中　　　　　　　B.住宿地与会议地的距离要近

C.房间安排要合理　　　　　　　　　D.住宿规格要适中

E.住宿要尽量豪华

在线测评 6-1

选择题

⊙ 简答题

1）以某一展会的相关会议类型为例，简述会议的策划和组织流程。

2）会议主题策划应符合哪些要求？

3）会议结束后，如何做好与会人员的返离工作？

4）不同的会议座位布置方式各有什么优缺点？各适合举办什么类型的会议？

5）会议活动中常见的突发事件有哪些？如何应对？

知识应用

⊙ 案例分析

"细节控+服务控+专业控"=客户"Partner"

2015年3月12日至13日，在古都西安，世界500强之一、全球领先的信息与通信解决方案供应商——华为掀起了一股强劲的热潮，第五届华为中国合作伙伴大会在西安曲江国际会展中心和曲江国际会议中心举行。来自全国的8 000多位合作伙伴齐聚西安，开设了4 000平方米的场景化展厅，并举办了服务、商业、技术热点等15个分论坛。

两天的会期，日程紧张密集，活动内容丰富，组织专业细致，论坛分享高效，伙伴交流充分，各项活动获得圆满成功，不仅让所有合作伙伴充分认识、了解、分享了华为的成功之道，而且进一步鼓舞了所有合作伙伴与华为开启广阔合作空间的饱满信心。面对紧密的活动日程，以及复杂多样的会议需求，曲江国际会展中心和曲江国际会议中心的硬件设施和服务水平为大会圆满成功提供了坚实的保障。

细节控：餐饮服务精准、安全

华为中国合作伙伴大会涵盖了万人主体大会、专题展览、分论坛、伙伴分享会、各行业分会等多种会议类型，会议、展览、宴会交错举办，需要提供千人宴会、自助餐、商务餐等不同的餐饮服务。曲江国际会展中心2万平方米的展馆和曲江国际会议中心40多间会议厅同时启用，呈现了物资使用多、搬运物资多、翻台率高、所需服务人员多的特点。为此，曲江国际会展集团提前安排分工，制订了详细的接待方案，把每项工作细化到人，克服了诸多接待难题。

华为中国合作伙伴大会累计参会人数近2万人；自助餐2场，共6 500人次用餐；晚宴桌餐近4 000人次用餐；商务套餐约3 500人次用餐。时间紧、数量大、品类多、任务重，仅餐具就要准备64 000件。同时，既要保证菜品的品质、新鲜度，还要保证供餐的速度、温度。本次大会的各项活动在曲江国际会展中心和曲江国际会议中心的不同场馆分别举办，厨房距离用餐区有一段距离，为了保障本次会议用餐的供应，曲江国际会议中心动用保温送餐车，在保证菜品新鲜度及温度的前提下，将所有冷热菜品分批送到专门备餐区，严格按照规定时间进行分餐、传菜、上桌。为了保证每一个供餐环节服务到位，曲江国际会议中心组织全程计时预演，掌控时间节点，数千人自助餐分时错峰，按照规划好的时间、路线取餐，以保障所有与会人员能够及时用餐，场面井然有序，这也成为曲江国际会议中心宴会服务的一个缩影。

会议供餐不仅要保证用餐安排井井有条，而且要保证餐饮的特色和安全。如此大规模的用餐，食品安全自然是重中之重。会议中心的工作人员与主办方就服务大会期间每餐的菜单进行了充分的沟通，在考虑菜品多样化的同时体现了陕菜特色，并且充分照顾了不同地域参会人员的口味与习惯，仅确定下来的食材品类就达100余种，每一个品类都严密监管食材来源。为了防止食品安全事故及食源性疾病的发生，杜绝和消除食品安全隐患，会议中心还专门邀请了西安市食品稽查分局的工作人员对员工进行食品卫生安全的培训，全面开展食品卫生安全宣传普及教育，以提高员工的食品安全意识和自身的食品安全管理水平，全力保障食品安全。

曲江国际会议中心专门成立了食品卫生安全领导小组，全面确保食品卫生安全各项工作细化到点，落实到人；所有食材的采购实行定点专供，所有食材必须保证票证一致，保证每一批次的食材都可追溯源头，并专门召开了食材供应商会议，严要求、高标准地部署食材供应工作，对每批次食材都进行验收记录，对每个餐品都进行48小时留样，以全面保障食品卫生安全。

服务控：精细入微，杜绝短板

大型会议往往是检验一家会议服务企业接待能力与服务水平的试金石。本次大会时间紧、任务重、变动大、需求多，为了保障会议顺利举行，曲江国际会议中心全面动员，提前进入大会接待模式，以保证整体活动的顺利进行。

在与主办方充分对接后，曲江国际会议中心编制了"华为2015中国合作伙伴大会"接待工作组织架构及各项服务方案、应急预案。曲江国际会议中心对各部门进行了明确的职责分工，对各级人员分批次进行服务要求宣贯学习，要求相关人员掌握每场接待的人数、规模及接待标准，及时调配所需物资，提前做好接待准备工作；对所有对客服务用品进行全面盘点，提前两周进行物资准备。

针对大会各项活动的要求及服务信息，曲江国际会议中心实行各岗位、各工种定人定岗盯会，每一名员工都要掌握会议的时间、地点，并制作每日、每场会议信息单页，在全员范围内进行发放。为了确保服务质量，会前、会中加强纪律检查，会后及时进行总结和提升。

此外，由于大会规模超前，曲江国际会议中心引入了大量临聘人员和志愿者，以补充人力的不足。曲江国际会议中心与西安众多高校建立了合作关系，许多旅游、酒店专业的大学生不定期进入会议中心顶岗实习，这不仅使曲江国际会议中心建立起了完善的外援人才数据库，而且为临时增加专业服务人员提供了可能。在接到任务后，曲江国际会议中心人力资源部门立刻着手外援引入工作，与酒店管理公司和西安欧亚学院、陕西省旅游学校等签订协议，充分发挥高校专业优势，临时聘用旅游、酒店、会展专业的大学生400余人，并安排专业老师对学生进行岗前商务礼仪、接待工作规范、会议服务要求等相关内容的培训和实操演练。在会议期间，以老带新的方式穿插进服务接待工作，保障了所有服务工作规范有序、忙而不乱。

专业控：想在客户需求之前

为了服务好本次大会，从与主办方的对接会开始，曲江国际会展中心与曲江国际会议中心就全力配合主办方做好全程会议活动规划，并抽调专人协助制定会议日程；同时，会展中心与会议中心全力配合、密切协作，为大会顺利进行奠定了良好的基础。

服务，就是要想在客户的需求之前，能够在第一时间快速响应。此次大会共有8 000多人集聚西安，仅在住房上就需要4 000间以上的标准间，曲江国际会议中心协助主办方联系西安当地酒店，迅速落实住宿安排；会议期间，主办方在会务安排之外临时提出加开会议室10个，会议中心紧急调整会议安排，临时抽调人员，开放了10间会议室，全力满足主办方的需求，保证了会议正常举办。

后记

接待如此大规模的会议，使得曲江国际会展中心与曲江国际会议中心获得了一次极富挑战性的实战检验，两大中心联合作战、及时沟通、精心准备、全力配合、齐心协力是保证会议成功举办的主要因素。

华为公司在会后面向合作伙伴发放的满意度调查表显示：客户对曲江国际会议中心的服务满意度达94.5%。华为公司还专门发来感谢信，对会议中心所有工作人员表现出的专业化的职业素养和耐心细致的服务表示高度的肯定和赞赏。

服务，就是从细节入手，从客户的角度出发，统筹工作，细致服务……会议场地供应商不是出租场地的房东，而是为所有合作伙伴提供专业会议服务的服务商。只有做会议服务的"细节控""服务控""专业控"，才能真正成为会议主办方的"Partner"（合作伙伴）。

资料来源　根据网络资料整理。

问题：服务如此大型的会议，对接待方而言是一次巨大的挑战。在本案例中，曲江国际会展中心和曲江国际会议中心是如何做到的？

⊙实践训练

选定你所在地的某家企业，为其制订一份合作伙伴大会接待方案。

要求：

（1）制订出会议总体接待方案和派生方案。

（2）选择部分接待内容进行分角色演示。

实践形式：以小组为单位完成。

第 7 章

会展电子商务

知识目标

- 了解电子商务在会展中的作用，以及我国网上会展的现状和发展趋势。
- 明确网上会展的概念和网上会展与传统会展的差异。
- 熟知会展的网络营销方式，以及如何进行会展网站建设。

技能目标

- 能够熟练应用各种会展网络营销方式。
- 能够运用会展网站进行展会营销宣传。

素养目标

- 坚持守正创新，传承工匠精神。
- 具有良好的职业道德，提高社会责任感。

知识导图

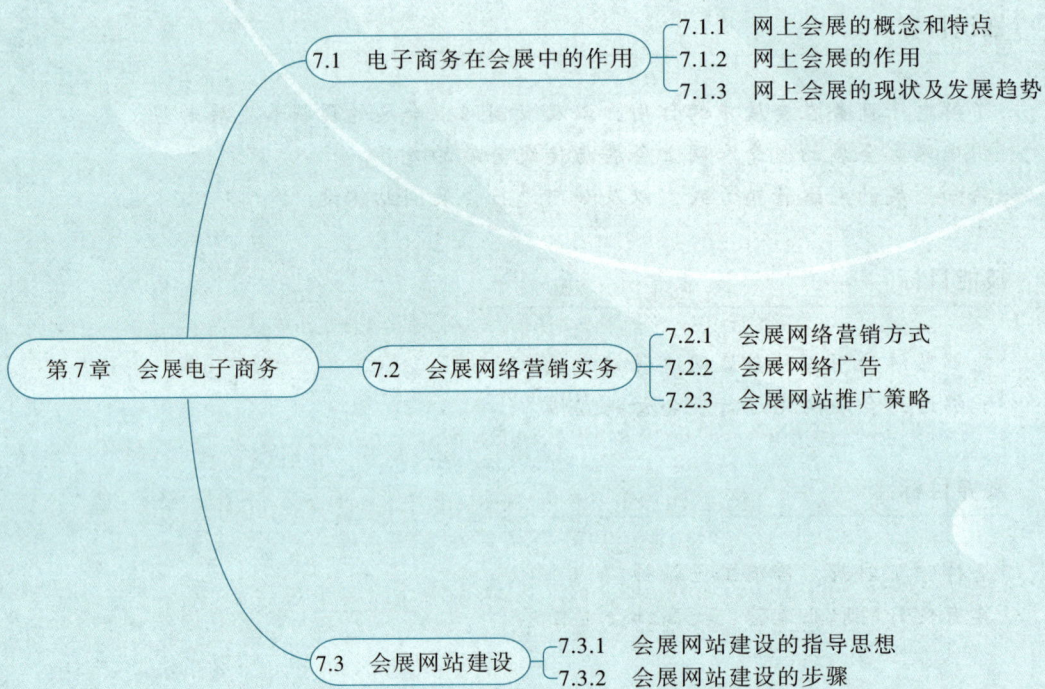

7.1 电子商务在会展中的作用
　7.1.1 网上会展的概念和特点
　7.1.2 网上会展的作用
　7.1.3 网上会展的现状及发展趋势

第7章　会展电子商务

7.2 会展网络营销实务
　7.2.1 会展网络营销方式
　7.2.2 会展网络广告
　7.2.3 会展网站推广策略

7.3 会展网站建设
　7.3.1 会展网站建设的指导思想
　7.3.2 会展网站建设的步骤

线上展览：数字化时代的展览新选择

线上展览具有时间与空间的灵活性。与传统的实体展览不同，线上展览不受地点与时间的限制，观众可以在任意时间、任何地点通过网络进行访问，尽情享受艺术之美。这不仅使得观众的选择范围更广，而且为艺术家与策展人提供了更多的展示与创作空间。

线上展览具有互动性与参与性。通过数字化平台，观众可以与展览进行更直接、多元的互动。从简单的留言评论到参与线上艺术活动的讨论，观众可以自由发表自己的观点与理解，与其他观众及艺术家进行互动交流。同时，线上展览可以提供多种参与方式，如线上导览、线上工作坊等，这使得观众能够深入了解艺术作品与艺术创作过程，从而拉近了观众与艺术之间的距离。

线上展览能够更好地保留与传播艺术作品。数字化技术使得艺术作品的展示、存储和传输变得更加便捷与高效。通过线上展览平台，艺术作品可以以高分辨率、多角度等方式被观众所欣赏，使观众在视觉上获得更好的体验。线上展览也可以将展览的时间延长，使更多观众有机会欣赏到优秀的艺术作品。另外，线上展览还可以通过网络传播触达更多的观众，从而为优秀艺术作品的传播与推广提供了全新的途径。

此外，线上展览具有成本较低的优势。传统实体展览需要租赁场地、搭建展览架构、运输展览作品等，这些都需要一定的资金支持，线上展览则没有这部分支出，因此成本较低。艺术家与策展人可以更加灵活地进行展览设计与创作，从而减少了经济上的压力。与此同时，观众也无须承担门票费用和交通费用，从而节省了参观的成本。

资料来源 大智慧数科. 线上展览：数字化时代的展览新选择［EB/OL］.［2023-07-26］. https://www.sohu.com/a/706271841_120841086.

这一案例表明：数字化时代为展览带来了全新的选择与可能性。线上展览具有时间与空间的灵活性、互动性与参与性、成本较低等优势，同时也面临着一些挑战与问题。随着科技的不断发展，线上展览将为观众带来更丰富多样的体验。

7.1 电子商务在会展中的作用

7.1.1 网上会展的概念和特点

1）网上会展的概念

我们将电子商务在会展中的应用称为网上会展，即利用网络技术手段，在互联网上举行会议或展览会。网上会展突破了现场会展在时间、空间上的局限性，被誉为"永不落幕的会展"。网上会展包括网上展览会（也称线上展览会）、网上会议等。其中，网上展览会就是对传统展览的虚拟，展览活动的各个环节都实现了电子化，组展者、参展商和观众之间的交流都通过计算机和互联网进行。网上展览会属于电子商务的范畴，本章介绍的网上会展主要指网上展览会。

2）网上会展的特点

通过网上会展与传统会展的比较（见表7-1），我们可以了解网上会展的特点。

表7-1　　　　　　　　　　　　　网上会展与传统会展的比较

项目	网上会展	传统会展
组展手段	网上发布信息，辅以在其他媒介上进行宣传	文件、传真、电话等，辅以电子邮件和互联网
信息发布范围	世界各地、非定向发布	有限范围、定向发布
展出场所	虚拟空间	实实在在的场地
展出手段	通过文字、图片、音频、视频等，宣传企业形象和产品形象	实实在在的产品，以直观的形象展开对外宣传
参展费用	仅需要支付远程登录费	需要支付展品运输费、展位租金、展位搭建费、人员费用等
展出期限	没有时间限制	一般有固定的展期，3～5天最为普遍
观众范围	世界各地	面向特定区域或特定人士
观众查找目标参展商的方式	网上点击、搜索引擎	在展出场地中按照产品分类、展馆和展位编号等查找目标
交流方式	依靠电子邮件等非面对面交流方式完成彼此间的交谈、磋商	面对面交流
契约方式	依赖数据信息、电子文件等完成组展方、参展商和专业观众之间的约定和责任规范	依靠书面材料

资料来源　刘松萍，李晓莉. 会展营销与策划［M］. 北京：首都经济贸易大学出版社，2006.

7.1.2　网上会展的作用

1）网上会展对经济社会的作用

（1）网上会展可以丰富各地信息港的有价值信息。网上会展的最大特点是依托各地运营机构和合作伙伴的信息平台或者企业网站来展示商品或服务。在网上会展中，参展商、展品等的信息都经过组委会、电信运营商的严格审核，从而保证了网络信息的真实性。网上会展信息的真实性和有价值性也提高了参与站点信息的价值，以及这些站点在本地或本行业的品牌影响力。

（2）网上会展是扭转行业、企业网络应用观念的有效手段。网络经济在网络泡沫消退后步入了务实阶段，扭转企业的网络观念将是企业信息化发展的关键一步。网上会展并不提倡上网能够解决企业的一切问题，而是主攻企业对供求信息的关注度，让企业能够得到真实有效的产品信息，并通过互联共享机制，让企业发布的信息广为人知，让企业切实感受到网络能够带来的实际利益。这样才能扭转企业的互联网应用观念，引导企业深入网络经济之中。

（3）网上会展是会展业应对突发危机的最佳选择。就传统会展而言，会展组织者以展会为媒介，为参展商与专业观众提供有效的交流平台，客观上是以集群与时空相结合的方式，为行为主体间创造交流的环境。然而，在遇到突发危机事件的情况下，这种方式便会受到挑战。网上会展以其高效、灵活的特点，表现出了特殊的应用价值，使人们在无法面对面接触的情况下，仍然可以照常开展经济交往与贸易活动，从而有效避免了传统会展可能出现的危险。例如，新冠肺炎疫情期间，以"非接触经济"形态出现的网上会展高效运转并且发挥了重要作用，成为我国会展业应对突发危机的最佳选择。

2）网上会展对企业的作用

（1）降低经营风险。与传统会展相比，无论是前期广告宣传及招展的费用，还是现场管理、展后服务的支出，举办网上会展的成本都要低得多。对会展企业来讲，策划和组织网上会展能够有效降低企业的经营风险：一是可以避免因不可抗力而无法如期开展导致的风险；二是可以避免因组展规模大幅低于预期导致的风险。

（2）随时发布信息。通过互联网，会展组织者可以随时发布、更改或补充展会的有关信息，包括展会概况、参展须知、展会进展情况、重大事件、相关新闻报道等。这是大多数传统会展做不到的，即使能够做到，不仅效率低，需要的资金也很多。

（3）便捷数据收集与分析。会展组织者可以通过内容分享数量、主页浏览数量、直播间人气等多维度收集数据，对参展商和展会过程进行定量分析，及时了解参展商对展会的评价与需求，准确评价展会效果。

（4）进行网上交易。网上会展的交易活动具有交易成本低、三方（会展组织者、参展商、专业观众）沟通迅速、服务方便快捷等优点。在网上会展中，会展组织者扮演着"网络商品交易中心"的角色，即以互联网和通信技术为基础，将参展商、专业观众和电子银行紧密联系起来，为客户提供市场信息、交易平台、售后跟踪等全方位服务。

（5）完善售后服务。对参展商而言，这里的售后服务主要包括两类：一是基本的产品支持和技术服务；二是增值服务。前者的常用形式有建立 FAQ 系统（问答系统）、提供产品分类信息和技术资料、建立网上虚拟社区、创建电子邮件列表等，其目的是兑现服务承诺和维持会展后期的正常运转；后者是指在基本服务之外，提供如发布市场信息、寄发会展简报等增值服务。

7.1.3 网上会展的现状及发展趋势

利用网络虚拟空间进行展览和贸易活动，已经是一种非常普遍的现象。特别是近年来，一些展览业发达国家实物展的总数已经有所下降，这是因为其开始更多地利用网络技术在网上进行产品展示、信息交流、业务洽谈，网上会展正在蓬勃发展。

电子商务是推进国民经济和社会信息化发展的必然趋势，是增强综合国力、实现社会生产力跨越式发展的重要手段，甚至是未来实现买卖交易活动的主流渠道。电子商务在会展中的应用能使更多的人用更低廉的成本，将自己的产品展示给大家。这种会展形式必然会给传统会展产业带来冲击，并且具有强大的生命力。

网上会展打破了时间与空间的局限，不仅使参展商和客户之间建立起了一对一、一对多和多对多的垂直接触，而且可以长时间为客户提供往来服务，有利于彼此更快捷、更深刻、更细致地增进了解，提高贸易效率，增加贸易机会。网上会展除了提供传统会展所具备的服务外，还提供"智能化"的增值服务，包括：利用网络系统和电子技术，实现会展流程管理和资源管理的电子化、智能化、规范化、自动化；展前、展中、展后的全过程管理均以互联网为基础，集成在一套互动性极强、与传统会展流程完全匹配的系统和平台上运作。这完全符合国际展览业协会制定的标准，能够彻底改变传统的人工管理流程，具有低筹展成本、低参展成本等优点。

人类社会已经步入了网络时代，以高科技产业为支撑，以知识经济、信息网络经济为主要内容的新经济形式正日益被人们所接受。这种经济形式的核心内容是网络经济，而网络经济的核心技术是网络技术。网络已成为人们生活的第二空间，是现代社会信息交流的一个重要平台；网络技术正渗透于人类经济社会生活的各个方面，它使企业进行市场营销、对外交流的方式、途径均发生了巨大的变化，也给世界会展业带来了新的机遇和挑战。会展业必须顺应潮流、抢抓机遇，借助网络技术提高产业竞争力，从而实现可持续发展。

▶ 会展案例7-1

青岛会展"云端"发力 "网上办展"渐入佳境

近年来，互联网技术的发展让会展业踏入云端。"云展会"在体现数字化时代市场主体新活力的同时，为岛城企业经贸发展与海内外经贸合作交流注入了新动力。

数字会展开拓新空间

会展业对带动产业发展、拉动市场消费、扩大对外贸易、推动经济发展发挥着重要作用。2020年至2022年这3年间，受新冠肺炎疫情影响，青岛会展活动被反复按下暂停键，会展业受到的冲击和影响是全方位的。但从积极方面来看，新冠肺炎疫情的出现对会展活动提出了更高要求，促使会展人深入反思极端突发状况下的产业生存与发展之道。例如，不少会展企业探索线上办展，利用网络资源和信息技术手段，开拓数字会展新空间。

2022年5月，《国务院办公厅关于推动外贸保稳提质的意见》发布，提出促进企业用好线上渠道扩大贸易成交，加快展会数字化、智能化建设，加强与跨境电商平台等联动互促，积极应用虚拟现实（VR）、增强现实（AR）、大数据等技术，优化云上展厅、虚拟展台等展览新模式，智能对接供采，便利企业成交。《青岛市会展业"十四五"发展规划》中也把数字化会展放在持续推进"五大攻坚"的首位，其重要性可见一斑。

自2022年以来，青岛市就开始积极探索会展新打法、新机制，形成具有青岛特色的会展产业链发展模式：强化顶层设计，强化效能提升，强化精准服务，强化"筑巢引凤"。其中，数字展会在经贸方面的助力优势显而易见。数字展会的线上属性使其更容易以全球化视野集聚行业资源，聚焦产业供需对接，围绕展销、采购、贸易、洽谈等企业具体需求，提供全方位、全链条、一站式交易服务，取得抓订单、拓市场的积极成效。

依托产业彰显专业

依托产业办专业线上展会，青岛会展企业已有成功实践。2023年6月2日，《区域全面经济伙伴关系协定》（RCEP）全面生效，标志着这一覆盖全球人口最多、经贸规模最大、最具发展潜力的协定进入全面实施新阶段，为区域贸易繁荣和全球经济复苏注入了强劲新动能。在这一背景下，2023山东（青岛）RCEP国际食品饮料数字博览会（简称RCEP博览会）于6月27日采用"线上+线下"办展的方式举行。展会期间，海内外各类供应商、采购商、产业资本集聚线上云展平台，为青岛带来"流量"；多国企业和嘉宾共同释放诚意，多方奔赴结出硕果。在展会的投资贸易洽谈会上，线上云端会场访问量突破200万次，达成意向成交额11.57亿元人民币，意向投资额1亿美元；平台线上注册用户突破3万户，2 053家企业参展，包括821家国内企业、1 232家国外企业，参展阵容较首届明显扩大。

RCEP博览会有关负责人表示，RCEP博览会作为青岛市首个面向RCEP成员的大型国际数字博览会，积极发挥青岛市食品产业集中度高、体量大、名企多、链条长的优势，主动对接国内外各类资源平台，多层次、多渠道加强宣传推广、招商招展，吸引国内外供应商、采购商。在数字化促进交易便利方面，RCEP博览会创新数字化服务，实现"从数字中来，到实体中去"。通过搭建数字交流平台，打通B2B（企业对企业）支付系统，与工厂的ERP（企业资源计划）、MES（制造企业生产过程执行系统）完成API（应用程序编程接口）对接，确保采购全流程的透明度与精准度，促进实体经济与数字经济双轮驱动，为未来青岛市打造数字博览会新名片蓄能。

数字化转型风口未弱

《UFI全球展览行业晴雨表》显示，全球58%的行业受访者在现有的展览产品中增加了数字服务和产品。中国各地积极借助数字展览融汇线上线下，助力外贸企业抢抓机遇、开拓市场，助力中外企业保持和拓展国际贸易渠道。

虽然新冠肺炎疫情等因素使得全球的大型线下展会受到了不同程度的影响，但这也加速了企业的数字化转型，并且为数字展会的发展提供了丰沃的土壤。

随着线下办展的恢复，线上办展的风口并未减弱。数字展会不再是替补的角色，更应成为整个会展行业转型升级和高质量发展的助推器。未来会展业的发展趋势将是线上线下双轮驱动，会展从业人员要站在时代和发展的高度看待展览服务模式创新，拥抱互联网、拥抱新技术。展览场馆智能化建设也将成为新方向，不仅包括建筑智能化，而且包括智慧场馆与智慧城市的结合。会展企业应充分利用5G、云计算、大数据等技术，助力会展业实现高质量发展。

资料来源　吕蕾. 青岛会展"云端"发力"网上办展"渐入佳境［N］. 青岛日报，2023-08-03（11）.

分析提示：随着网络技术的发展、办展模式的创新，越来越多的展会实现了线上线下办展的交互融合，线上会展成功地在会展领域占据了一席之地。

7.2　会展网络营销实务

7.2.1　会展网络营销方式

第52次《中国互联网络发展状况统计报告》显示，截至2023年6月，我国网民规模达10.79亿人，这说明利用网络开展营销活动已经成为不可逆转的趋势。就会展企业而言，其主要可以采用以下网络营销方式：

1）网站营销

（1）利用企业网站。这是指会展企业采用单独的域名，建立自己的网站。采用这种方式，会展企业可以发布或载入大量的信息；可以自由安排网页内容结构，以突出关键信息；还可以逐步完善网站的各项功能，如全方位的信息服务等。

（2）建立主题网站。这是指会展企业为了宣传推广某个展会，专门申请一个独立的域名，单独建立一个网站，这种情况比较适合大型展会。例如，中国进出口商品交易会、中国–东盟博览会等都建有主题网站。

2）电子邮件（E-mail）营销

这是指在用户事先许可的前提下，以电子邮件的方式向目标用户传递有价值信息的一种网络营销手段。目前，利用电子邮件与潜在和现有用户进行相互交流的营销组织已经越来越多，大部分会展企业也采用电子邮件这一方式。

（1）进行电子邮件营销需要具备的条件。

①技术条件：从技术上保证用户能够加入或退出邮件列表，能够实现对用户资料的管理，以及邮件发送和效果跟踪等功能。

②资源条件：在用户自愿加入邮件列表的前提下，获得足够多的用户电子邮件地址资源，这也是电子邮件营销发挥作用的必要条件。

③内容条件：营销信息是通过电子邮件向用户发送的，邮件的内容只有对用户有价值，才能引起用户的关注。有效的内容设计是电子邮件营销发挥作用的前提。

只有当这些条件都具备之后，才能开展真正意义上的电子邮件营销，电子邮件营销的效果才能逐步显现出来。由于电子邮件营销会向每一个目标受众传达个性化的内容，因此它也被看成直复营销的一部分。

（2）用户电子邮件地址的获取方式。

①通过网络营销方式获取。用户访问网站、注册网站、回答信息问询、在线提问、在线购票等行为，都会留下电子邮件地址。也就是说，在与用户相互接触的任何一个环节，网站都可以向目标用户询问电子邮件地址。

②通过日常的商业交往获取。例如，要求参与促销活动的用户填写电子邮件地址，或者在与用户的日常接触中以恰当的方式获取。

3）微博营销

微博是一种通过关注机制分享简短信息的公开社交网络平台，会展活动也可以借助微博平台开展营销活动。会展组织者经过注册后，可以在微博上发布会展活动的信息、开展互动交流和促销等。

（1）微博营销的优点。

①信息发布简单快捷。微博的内容简短，只需要简单构思，就可完成信息发布。

②互动性强。能与用户沟通交流，及时获得用户反馈。

③成本低。微博营销的成本较低。

④针对性强。关注会展活动的基本上都是客户或潜在客户。

（2）微博营销的缺点。

①用户的关注度不确定性大，这会直接影响营销效果。

②由于微博内容的更新速度快，因此如果用户未及时关注跟进，则营销内容很可能被湮没在海量信息中。

③微博信息量小、传播力有限，除非影响力大的著名微博，否则很难大范围传播。

（3）进行微博营销时需要注意的问题。

①对账号进行认证。认证可以形成较权威的良好形象，易于被外部搜索引擎收录，更易于传播。

②注重内容的发布与更新。微博的内容可以采用文字、图片和视频等多种形式，以形成良好的浏览体验；微博的内容应尽量包含合适的话题或标签，以利于搜索；应及时更新微博的内容，并形成规律，短时间内尽量不要连发多条信息。

③积极互动。多参与转发和评论，主动搜索行业和相关话题，主动与用户互动。可以举办一些活动或提供一些免费激励，这样能够快速吸引更多的用户，并提高用户的忠诚度。

④合理设置标签，推荐有共同标签或共同兴趣的人添加关注。

中国-东盟博览会、南宁国际民歌艺术节、中国盱眙国际龙虾节等大型会展活动都开通了微博，并通过微博大力进行营销。

4）微信营销

微信是腾讯公司旗下的一款产品，是目前流行的手机通信软件，支持发送语音短信、视频、图片和文字，还可以群聊。微信拥有庞大的用户群，截至2023年6月30日，微信及WeChat的合并月活跃账户数达13.27亿。

微信营销是指商家通过微信平台提供用户需要的信息，推广自己的产品和服务的点对点的营销方式。在会展企业员工的名片上，以及会展活动的海报上，均可看见会展活动的二维码，用户通过微信"扫一扫"功能，即可直达会展活动网站，迅速了解会展产品和服务等有关信息。

此外，会展企业还可以申请自己的微信公众账号，在微信平台上和特定用户进行全方位的沟通与互动。

行业广角7-1

会展企业如何用好微信生态下的营销链路

会展链接7-1

如何做好展会的微信营销

移动互联网、智能手机、社交媒体的快速普及，使得以微信为主的移动终端成为展商和观众在互联网搜索引擎外，获取展会信息的另一个重要入口，也成为会展企业营销转战的必争之地。微信二维码也挤满了从展会海报、展会入口、展馆通道到参展企业展位的各个角落，成为展会上无法忽视的常客。

微信营销的模式多种多样，其中以互动营销为主要营销手段的微信公众平台最引人注目。用户既可以通过线下扫描企业发布的微信公众号二维码关注微信公众平台，也可以通过线上搜索、朋友分享的方式订阅该公众号。微信公众平台则可以利用分组和地域控制实现精准的消息推送，然后凭借个人关注页和朋友圈实现品牌的"病毒式"传播。

那么，如何利用微信公众平台做好展会营销呢？

首先，微信公众平台运营需要优质的内容。展会微信营销针对的是专业买家，这实际上是会展企业通过微信针对买家的"圈子"进行营销，会展企业微信公众号的目标用户必然是潜在参展商、已报名参展商、潜在观众、已报名观众。展会上最新的产品和技术、参展商动态、展会活动、行业资讯、展会服务等，都是这些用户最关心的内容。在这个"内容为王"的时代，只有持续为用户提供有趣的、能够获取新知的、可带来商用信息价值的、与目标用户高度关联的内容，才能使展会微信公众平台成为"吸睛"法宝。只有留住用户，才能通过不断传递关键价值信息，撬动用户参展、参观的欲望和行为。

其次，结合线上活动与线下展会，增强互动性。我们在为企业编制营销方案的过程中，曾开发过"红包节""摇一摇""刮刮卡""大转盘""星际争霸"等一系列基于微信公众平台的互动小游戏，适合在展前、展中、展后增强会展企业与参展商、参展商与观众之间的互动，对微信公众号吸粉有极大的帮助，可以最大限度释放微信营销的效能。

再次，注重微信的媒体特性，增强用户黏性。大多数展会一年举办一次，或者一年举办两次，并且每次举办时间只持续3~4天。在展会的"空窗期"，会展企业可能面临参展商、观众流失的情况。通过微信公众号与用户保持联系，可以提高用户对展会的忠诚度，增强用户黏性。例如，建立一个垂直行业的"头条"媒体，将微信公众号打造成为一个资讯集合体，这样能够有效提高用户获取信息的效率，发挥微信作为媒体的属性，有效留住目标用户。

最后，注重功能性的建设优化，改善用户体验。微网站是用户在微信了解展会信息的主要通道，微网站体验的好坏将直接影响受众对展会品牌的判断。对微网站的功能进行优化，使其具备展会介绍、参展商介绍、同期活动、展会资讯、预登记、关联服务等多项功能，有利于塑造视觉性、功能性、权威性的微网站形象，改善用户体验，提高展会品牌影响力。

资料来源　王涛. 如何做好展会的微信营销［EB/OL］. ［2022-04-23］. https://www.yunliebian.com/yingxiao/article-18887-1.html.

7.2.2　会展网络广告

1）会展网络广告的设计

一个经过精心设计的网络广告和一个创意平淡的网络广告在点击率上会有很大差

距。设计者必须对会展网络广告链接的目标站点的内容有一个全面了解，找出目标站点最吸引访问者的地方，并将其转换为设计会展网络广告时的营销理念。

（1）引起注意。会展网络广告能够引起客户注意是其成功的第一步，也是设计会展网络广告的基本要求。因此，设计者必须采取措施，提高客户对会展网络广告的注意程度。

一般来说，注意程度的大小与刺激的强弱成正比。对会展网络广告来说，展会的标志应尽可能成为突出的目标。另外，也可通过突出影响较大的组织者（如某省政府主办或国家某部委主办）来引起客户的注意。同时，有效使用各种先进的设计手段，为会展网络广告配以鲜艳的色彩等，也可以使广告收到良好的效果。

（2）主旨明确。一个专业、有营销意识的会展网络广告，应该能让访问者（潜在客户）马上了解到该广告的内容及相关业务。如果会展网络广告没有连贯性、完整性，没有目标、灵魂，那么它也不会起到任何作用。

会展网络广告的文案是实现会展网络广告经营战略的主要手段之一，是决定会展网络广告能否吸引人的主要因素。例如，对于一个以信息内容为主体的会展网络广告来说，其文本应占突出地位，图像起点缀作用，目的是给受众一些视觉空间，就像城市建筑群之间的绿地、公园一样。同时，会展网络广告应该尽量在有限的篇幅里明确地告诉受众展会由谁来举办、主题是什么。

（3）内容新颖。心理学原理表明，旧的东西会使人产生心理疲劳，只有独特的、新颖的刺激才能给人留下深刻的印象。因此，广告内容要具有新颖性。

会展网络广告的内容不仅仅是一句口号、一条标语或一个画面，更是经过深思熟虑后提炼出来的企业理念和精神与宣传方式的完美结合。由于会展网络广告主要是在互联网这一特殊的载体上运行的，具有不同于传统广告的特点，因此其设计不仅要有一般广告设计专家的参与，而且要有网络技术专家的参与，从而真正做到内容新颖。

（4）照顾多数。很多网络广告都是技术挂帅，设计者认为采用的技术越复杂、越时髦越好。这种方法对于以表现自我为主旨的个人主页来说颇有可取之处，但是对于具有明确商业目的的会展网络广告来说，就不一定是好事了。

会展网络广告面对的是企业管理层，而他们对技术并不是很了解，因此会展网络广告的设计应该适当采用技术手段，突出文案内容，以保证有尽量广的传播面。在会展网络广告文案内容的安排及文字风格的处理上，也应贯彻照顾多数的原则。

2）会展网络广告的策略

会展网络广告的策略是指实现会展网络广告目的的方法和手段。

（1）会展网络广告的定位策略。所谓定位，是指会展网络广告宣传主题的定位，就是确定诉求的重点，或者说是确定企业的自我推销点。如果说会展网络广告的创意与表现解决的是"怎么说"的问题，那么定位解决的是"说什么"的问题。

对于大多数会展网络广告来说，其目的除了宣传展会、提高展会的知名度以外，最重要的就是劝说相关企业或组织参加展会。那么，用什么理由来说服呢？最好是有独特的理由，理由越独特，越不同于他人，说服效果越好。这种独特性就是会展网络广告诉求的重点，也是会展网络广告宣传的主题所在。

（2）会展网络广告的时间策略。这包括网络广告发布的时机、时段、时限等策略。

时机策略就是抓住有利时机，发起会展网络广告攻势的策略。有时候，抓住一个有利的时机，能使会展网络广告产品一夜成名。一些重大的文体活动，如奥运会、亚运会等都是发布会展网络广告的良机。此外，利用同行的订货会、展览会或相关网站发布会展网络广告也是一个很好的方法。

为了实现会展网络广告的实时传播，让更多的目标受众点击或浏览广告，还需要考虑广告的发布时段。做好发布时段安排，有利于节约费用。会展网络广告的受众一般都是企业相关部门的负责人，他们有固定的工作时间，习惯在工作的时候上网，所以在安排会展网络广告的发布时段时必须意识到这一点，尽量避免在晚上或假期发布广告。

时限策略是指在一次会展网络广告宣传中，确定宣传时间长短的策略。会展网络广告的时限分为集中速决型和持续均衡型两种。

从产品的角度来分析，会展活动属于季节性产品，所以在会展网络广告的投放过程中，最好采用集中速决型模式。在短暂的时间里，向目标市场大量投放广告，广告刊播的频率越高，对目标客户的刺激越强。

另外，还需要注意会展网络广告的投放频率。如果始终采取密集型信息传播方式，不仅花费太大，而且会引起受众的逆反心理；如果会展网络广告信息传递的频率太低，又可能造成受众对产品品牌的遗忘。因此，科学利用人的遗忘规律，合理安排会展网络广告的推出次数和各次会展网络广告之间的时距是非常重要的。

3）会展网络广告的发布

（1）会展网络广告的发布形式。会展网络广告的发布大致可以分为三种形式：

第一种形式是通过在网络上建立介绍公司及产品的FTP服务器来发布广告，由感兴趣的用户自己调阅这些广告，但这种形式资金投入较多，一般企业不愿承受。

第二种形式是向广告服务商租用空间，建立自己的站点，自己进行广告运作。这种形式的价格较第一种形式便宜许多。

第三种形式是在热门站点上做网络广告。这种形式资金投入最少，是目前应用最广泛的一种形式。

（2）发布会展网络广告时应注意的问题。

①慎重选择网络广告服务提供商。网络广告服务提供商是提供网络广告服务的商业站点或搜索引擎。不同网络广告服务提供商的服务内容、服务质量和服务费用可能存在很大的差异，选择一个服务优良、收费合理的网络广告服务提供商是展会成功开展网络营销的重要环节。

选择网络广告服务提供商时应主要考虑以下因素：服务商提供的信息服务的种类和用户服务支持情况、服务商的设备条件和技术力量配备、服务商的通信出口速率、服务商的组织背景、服务商的收费标准。

发布会展网络广告的首选站点是导航台，好的导航台能够将成千上万的企业吸引过来，从而给会展组织者带来更多的广告"暴露"机会。此外，还可以选择有明确浏览者定位的站点。虽然这类站点的覆盖面比较窄，但这些浏览者也许正是有效的宣传对象，如一些官方的会展网站或同行的网站。从这个角度来看，有明确的浏览者定位的站点的有效浏览量可能并不比导航台少。选择这样的站点发布会展网络广告，如果能获得很多的有效点击，则说明选择是经济、有效的。

②避免只考虑购买网站的首页。发布会展网络广告的最终目的是提高展会的知名度，从而吸引更多的企业参与。因此，许多会展组织者喜欢将会展网络广告发布到网站的首页上。但是各网站一般都将网站首页的广告价格定得比较高，这样就在客观上误导了对网络媒体缺乏认识的会展组织者，使其误认为网站首页的广告效果要比其他页面好。虽然网站首页的访问量一般都比较高，但是由于网站首页的访问人群存在主题不明确、目的性不强的特点，因此很容易导致网络广告发布的效果不理想，同时也会造成资金的浪费。

其实，网站首页广告的点击率并不高，因为对于经常上网的用户来说，他们已经习惯了原有的页面。选择内容与本企业的业务密切相关的分类页面发布广告，能够过滤掉那些对企业缺乏商业价值的访问者，从而避免为无效的广告显示付钱。在导航台中，还有很多按照主题进行的分类，每次检索时，数据库都会根据关键词生成检索结果的主页，在这些不同层次的主页中都可以发布网络广告，并且这些位置并不比网站首页差，因为这些页面吸引了大量有需求的用户。

③不要单纯追求网络广告的投放量。由于目前网络广告的平均费用较传统媒体低，因此很多时候会展组织者相信，只要在某个页面上大量投放广告，所得到的广告效果就一定好。

广告效果是随着广告的投放量不断提升的，但是这种提升并不是线性的，它有一定的阶段性。在开始阶段，广告的效果是随着广告投放量的上升而不断提升的，但是当广告投放达到一定数量时，广告的效果可能就不会再有很大变化了。例如，在某个浏览量很大的网站上投放大量广告，可能很快就能达到所需要的浏览量，但是仔细分析这些广告受众可以发现，最终换来的只是大量的重复受众，而这并不是会展组织者想要的结果。因此，并不是在浏览量最大的站点上大量投放广告就一定可以达到目的，在不同站点进行分散式投放可能广告效果更佳。

④减少强迫式广告的使用。在网上冲浪时，常常会碰到这样的情况：打开一个网页，会弹出一个广告窗口，关闭这个广告窗口后每当刷新该网页或是再次经过该网页时，这个广告窗口又会弹出来，令人不胜其烦。一些营销人员认为这样可以提高网络广告的发布效果，其实不然。中国互联网络信息中心的一份调查报告显示，人们对强迫式广告非常反感。弹出式广告/窗口在"网民对互联网最反感的方面"选项中居第一位，占22.1%。解决这一问题的办法就是减少强迫式广告的使用，在广告设计或营业推广方面做文章，如考虑使用"抽奖""赠品"字样以及多媒体技术，使广告产生特殊效果，从而吸引用户主动点击广告，变"推式"广告为"拉式"广告。

7.2.3　会展网站推广策略

建设会展网站的主要目的是传播信息和提供服务。然而，要实现这一目的，会展网站必须有较高的网络点击率。实现会展网站的高点击率可以从以下几个方面入手：

（1）搜索引擎策略。统计结果表明，50%以上的自发访问量来自搜索引擎。有效加注搜索引擎是推广会展网站的重要手段之一。加注搜索引擎既要注意措辞和选择好引擎，也要注意定期跟踪加注效果，并进行合理的修正或补充。例如，向搜狐、新浪、百度等知名搜索引擎和目录网站提交会展网站，通过搜索提交的关键词，会展网站即可出现在搜索结果的列表里。

（2）网络留言策略。频繁访问会展网站或者人气旺盛的网络平台，发布留言和论坛信息，内容主要包括本网站介绍或者本网站部分精品内容发布，以吸引爱好者访问。

（3）联盟策略。首先，实现同类网站互通有无，建立同盟，并做到"唯我马首是瞻"；其次，建立同行业（会展产业）的网站联盟，做到互相宣传、互相推广；最后，加入论坛联盟、网摘联盟、图摘联盟。

（4）数据库策略。注重用户资料、访问统计数据等的收集整理，并进行客观分析，这样既可以对用户行为进行引导，又可以给网站建设提供现实、权威的意见。

（5）友情链接策略。友情链接的最大好处就是可以提高网站在互联网上的曝光率、反向链接数。但是在加入友情链接的时候，一定要看准对方网站的价值，看准做了这个友情链接是否对本网站的流量有提高。

（6）软文推广策略。会展组织者应分别站在用户、行业、媒体的角度来有计划地撰写、发布和推广软文。软文要有价值，要让用户看了有收获，这样才能达到最好的宣传推广效果。

价值引领 7-1　　　　　　　　　　**会展业进入智慧新时代**

《中华人民共和国国民经济和社会发展第十四个五年规划和2035年远景目标纲要》提出，"加快数字化发展　建设数字中国"。在数字化浪潮下，数字会展科技将承担新的使命，会展业将加速线上线下融合发展趋势。

双线融合带来新场景新体验

数字化技术的发展为会展行业创造了更多机遇，让展会不再受制于空间和距离的限制，极大地扩大了会展的受众范围。在线展会、虚拟展会已经成为常见的数字化会展形式。2022西安国际城市安全高峰论坛暨应急产业博览会搭建的专属3D虚拟展厅一经开放，就吸引了众多网友"云逛展"。实景般的观展体验、永久有效的观展通道、充分长期的展览时间，使该博览会聚集了超高人气。该博览会的"云上会展"界面设置了元宇宙开幕式、云上展会、大咖云分享等板块，参会嘉宾根据需求进入不同的场景，足不出户逛展成为现实。观展者动动手指就能来到各个参展企业的展位，了解最新、最全的产品与技术。

线下展览的魅力主要在于场景体验、资源聚集和社会需求。线下展览的成功有利于提升线上展览的品牌力和用户黏性，而线上展览可以通过智能化的引流、邀约、展示和服务管理提升效率。"混合会展，双轮驱动"是会展企业拥抱数字化的重要业务模式，搭建线上线下两个平台，可以更好地服务产业客户群体。

会展元宇宙呈现多种形态

2022年是元宇宙快速发展的一年，在会展行业中，随着虚拟与现实相结合的虚实融合会展的不断深化，元宇宙逐渐成为会展内涵和外延的一部分，虚拟会展科技则是元宇宙概念在会展行业的初步探索与实践。当下，众多品牌会展活动的先行者在不断创新实践，探索虚拟会展科技与产业生态的融合，使虚拟会展呈现出蓬勃发展的态势。

中国会展经济研究会学术指导委员会主任袁再青表示，当下，包括元宇宙在内的数字经济发展速度之快、辐射范围之广、影响程度之深前所未有，"元宇宙+会展"是一个新课题。虚实结合是"元宇宙+会展"不可或缺的外在形态，虚拟实景搭建、特效实时渲染、动作捕捉、声学仿真、视频远程连线技术等，共同催生了元宇宙会展的新形态。

专注于科技服务会展的31会议创建的一站式虚拟活动与会议平台，将"面对面"的线下会议活动体验叠加到"屏对屏"上，融合现实与虚拟世界，让更多的人可以跨越时空参与活动，进行内容分享及互动。

会展人才培养适应多元需求

数字技术为展商和参会者提供了更加便捷、高效和可持续的展示和交流方式，同时催生了一批新的行业模式，如虚拟展览、在线展示、视频演示等。这些模式为展商和参会者提供了更加全面、精准和个性化的服务体验，也带来了更多的商业机会和收益。

数字技术不仅加速了传统会展的变革，也对会展人才提出了多重要求。会展从业者除了要掌握数字化技术，尤其是网络、移动和大数据技术，在数据分析和运营方面具有一定的能力外，还要具备创新思维和市场洞察力，以迎合市场的快速变化和消费者的多元化需求。

资料来源　佚名.会展业进入智慧新时代［EB/OL］．［2023-04-07］．http://tradeinservices.mofcom.gov.cn/article/lingyu/hzhanye/202304/147637.html.

思政元素：数字经济　守正创新

思政感悟：党的二十大报告指出："加快发展数字经济，促进数字经济和实体经济深度融合，打造具有国际竞争力的数字产业集群。"数字经济是世界经济的未来，抓住数字经济就抓住了高质量发展的制高点。会展业可带动旅游、住宿、餐饮、物流、基础设施、交通、建筑、商贸、人力资源等产业的发展，对城市经济的发展具有积极的促进作用，并有望在数字化浪潮下，迎来发展新机遇。

7.3　会展网站建设

现在的网站主要有广告和信息型网站、信息订阅型网站、商店型网站、售后服务型网站等类型。对会展网站来说，它应该属于广告和信息型网站。

7.3.1　会展网站建设的指导思想

会展网站建设的指导思想是：以用户为核心，提供更好、更个性化的服务；充分利用资源，用最少的资源实现最大化的收益和各业务环节的增值管理；提高效率，降低成本。

1）利用网络技术为展馆服务

展馆内部采用局域网，运行统一的OA（办公自动化）管理、项目管理、流程管理软件；采用客户机/服务器数据库管理方式，对参展商与观众进行管理；开展销售自动化，实行网上报名、网上下订单、网上支付等；建立网络参展商应答中心，开展网上营销；为参展商提供个性化服务。

（1）展前：网上会展门票远程预订、观众胸卡制作。

（2）展中：观众现场登记、个人信息显示、智能卡身份识别、现场人像制作、现场观众信息统计传输。

（3）展后：观众数据整理、观众数据统计分析、展会远程参观访问、展会现场摄像直播。

（4）电子商务：展馆电子商务平台建设、展馆展示、服务介绍、展馆服务预订、展品发布、展会报道、展会统计分析、展览论坛、新闻中心。

（5）系统集成：展馆内部系统集成建设，Web服务器运行，会展网络建设，上网接入。

（6）管理系统：展馆内部信息化管理系统、展馆信息资源管理系统、网络商务管理系统、展会服务管理系统。

（7）信息统计：网上观众及展会现场观众的统计分析、展馆信息资源统计整理、商务活动运作安排、数据仓库建立。

作为基础性设施的网络平台的搭建自然是相当重要的，各种信息的快速传递均离不开网络平台，现代会展中心在建设初期就必须将计算机网络工程规划考虑在内。根据会展中心网络功能的不同，计算机网络可以分为管理者计算机网络、参展商计算机网络、观众计算机网络、数据中心、高速接入网五个方面。

2）利用网络技术为会展组织者服务

会展组织者首先利用网络技术实现办公和管理上的信息化，以及各种信息、数据、指令的发布、传送、查询、控制、保存的网络化；其次在展会的运作、营销和功能拓展方面，展馆信息、展会信息、参展商信息、采购商信息都可以通过网络技术获取，招展和招商都可以通过网络技术实现。依托网络技术发展起来的展会，由于其招展和招商的便捷、高效、覆盖面广以及能够为参展企业和观众创造新的价值，因此有可能迅速做强、做大，从而使会展业进入良性循环的轨道。

（1）展前：建设展会的互联网商务平台，发布展会信息，有效利用网络优势进行展会推广、展会招商、展位预订、服务合作、服务预订、参展商信息发布、网上调研等，建立包含多种功能的大型数据库，对展会操作页面进行管理、维护。

（2）展中：展会现场新闻报道、信息发布、活动直播、观众登记，以及参展商、观众的统计信息发布。

（3）展后：展会信息资源整理、展会信息资源数据库提交、展会信息资源详细统计分析、展会成本统计分析、网上会展系统管理。

（4）电子名片制作：会展组织者为参展商和观众特制电子参展证。在签发该证前，会展组织者应要求参展商或观众输入个人资料，包括公司名称、联系方式、本人职衔、公司性质和业务范围等，然后把这些资料存入卡中。有了电子名片，会展组织者甚至不用花人力来看守大门，就可以准确记录入场人数。

3）利用网络技术为参展商服务

（1）展前：展会查询、展会比较、展位预订、服务查询。

（2）展中：现场报道、展台摄像、网上会展、网上路演。

（3）展后：网上展示、展品特效、在线交易。

（4）网上报名：可以让参展商直接在网上填写申请表，在网上浏览展会详情，自动统计出席人数，自动监控财务交易。

（5）住宿安排：会展组织者还应引导参展商在网上预订酒店，可以将团体住宿安排应用软件、网上预订工具和报名数据库结合起来使用，即把所有住宿安排信息都储存在一个在线数据库中，及时监控住宿安排情况，根据订房情况的变化及时调整住宿安排。

（6）旅行：让参展商在网上安排旅行、预订机票。

（7）电子名片使用：参展商可以自由选择租用会展组织者提供的电子名片读取设备，将其连接到自己的电脑上就可以使用了。买家需要把名片给参展商时，只需要把存有自己资料的入场证在读取设备上划过，所有资料就会在眨眼间传输到参展商的电脑里。参展商还可以把双方谈话的要点记录在相应的备注栏里，从而有条理地管理买家资料。

（8）网上会议服务：给任何地点的任何人做讲演；在线进行产品演示说明；向所有与会者播放演讲者希望展示的多媒体文件；演讲者带领与会者共同浏览网页；演讲者电脑中的任何应用程序都可以共享，与会者可以进行各种操作；使用桌面控制功能进行远程技术支持；视频功能使会议更人性化；VoIP（基于IP的语音传输）功能可以节约大量的电话费用。以上所有功能都是实时的、交互的，会议中的任何人都可以使用。

（9）网络营销：网络营销必须考虑外部宏观环境和参展企业的内部情况。外部宏观环境包括网民人数、在线交易额、互联网技术状况、互联网法律的完善程度、政府对待互联网的态度等。参展企业的内部情况包括参展企业的产品、资金、人才等。其中，产品是最重要的考虑因素。对于软件、书籍、影视作品等可以通过数字形式传播的产品，参展企业应该努力用信息流来替代物流。服务类产品和个性化、贵重产品不能或者不适合通过物流配送体系进行传播，参展企业可借助互联网进行营销，利用传统的分销渠道和零售终端最终实现交易。

7.3.2　会展网站建设的步骤

会展网站建设是一项系统工程，它涉及企业管理的各个层面，包括企业高层的战略决策、中层的业务管理和基层的业务执行等。

1）确定会展网站建设的目标

会展网站建设的目标主要有：为用户提供良好的服务；向有兴趣的来访者介绍会展相关信息。

2）划定会展网站访问者的范围

在确定了会展网站建设的目标后，就应该尝试划定访问者的范围了。划定会展网站访问者的范围时应考虑以下问题：

①网站的主要目标受众在哪些地区？包括哪些企业？

②谁会使用本网站？

3）确定会展网站提供的信息和服务

在划定了会展网站访问者的范围后，就需要确定会展网站提供的信息和服务了。不同的会展网站，其信息和服务内容不同，会展企业可根据会展网站要实现的功能进行设计。一般来说，不管什么样的会展网站，都应该包括以下功能：

（1）信息搜索功能。随着信息搜索功能由单一化向集群化、智能化的方向发展，信息搜索的商业价值得到了进一步扩展和发挥，网上寻找营销目标将成为一件易事。

（2）信息发布功能。网络信息的扩散范围、停留时间、表现形式、延伸效果、穿透能力都是最佳的，并且网上信息发布以后，可以有效跟踪，进行回复后的再交流和再沟通。

（3）商情调查分析功能。在线调查不仅可以节省大量的人力、物力、财力，而且可以在线生成网上市场调研分析报告、趋势分析图表和综合调查报告。

（4）市场营销功能。经济壁垒、地区封锁、人为屏障、交通阻隔、资金限制、语言障碍、信息封闭等，都阻挡不了网络信息的传播和扩散。新技术的诱惑力、新产品的展示力、网上路演的亲和力、地毯式发布和爆炸式增长的覆盖力，将被整合为一种强大的市场营销能力。

（5）特色服务功能。FAQ（常见问题解答）、BBS（网络论坛）、聊天室等各种即时信息服务，在线收听、收视、预购、付款等选择性服务，无假日的服务，送货到家的上门服务等，将极大地提高客户的满意度。

（6）客户关系管理功能。集客户资源管理、销售管理、市场管理、服务管理、决策管理于一体的客户关系管理，能够将原本疏于管理且各自为战的售前服务和售后服务统筹协调起来。

4）规划如何建设会展网站

在确定了会展网站提供的信息和服务后，就要规划如何建设会展网站了。规划如何建设会展网站时，应该考虑以下问题：

（1）是自己建设网站，还是委托他人建设？

（2）如何组织企业有关部门和人员参与网站建设？

（3）如何维护、管理网站？

5）分析会展网站的成本

会展网站的建设是一项长期发展规划，如果投入成本过大而收益太小，势必会影响它的持续发展，因此会展企业应对会展网站的成本进行分析。会展网站的成本包括使用平台（如主机服务器、连接硬件设备和支撑系统软件等）的成本和服务内容（如创意及网页设计、应用软件设计、日常管理、内容版权等）的成本。由于企业建立网站的目的不一样，因此很难制定出一个统一的成本分析方法。会展企业可以通过网站建立前与网站建立后营销成本的变化情况，分析会展网站的成本。

如果会展企业建立了一个十分吸引人的网站，但是并不对它进行及时更新，那么该网站可能很快就会被人们遗忘而失去作用。因此，会展企业在分析会展网站的成本时，还要考虑网站的维护费用。调查显示，每年用于网站维护的费用同最初建立网站时的成本差不多，至少也要达到原始投资的50%。

行业广角7-2

会展私域运营

知识掌握

◉ 选择题

1）微博营销的主要优点包括（   ）。

A.信息发布简单快捷 B.互动性强

C.成本低 D.针对性强

2）设计会展网络广告时应做到（   ）。

A.引起注意 B.主旨明确 C.内容新颖 D.照顾多数

3）发布会展网络广告时应注意（   ）。

A.慎重选择网络广告服务提供商 B.避免只考虑购买网站的首页

C.不要单纯追求网络广告的投放量 D.减少强迫式广告的使用

在线测评7-1

选择题

◉ 简答题

1）什么是网上会展？它与传统会展有什么不同？

2）会展网络营销的方式有哪些？

3）会展网站推广的方式有哪些？

知识应用

◉ 案例分析

数实融合：会展行业竞争的新场景

2023年，中共中央、国务院印发了《数字中国建设整体布局规划》（简称《规划》）。《规划》提出，全面提升数字中国建设的整体性、系统性、协同性，促进数字经济和实体经济深度融合，以数字化驱动生产生活和治理方式变革。《规划》中提及的"促进数字经济和实体经济深度融合"简称"数实融合"，这正是当下会展行业面临的新发展模式。

2023年3月1日，在31会议第六届用户和伙伴年会（31 CONNECT 2023）上，现场超过300人参会并参加实操培训，4 000多人通过"元会展星空"+"整合直播平台"线上沉浸式远程参会。与会者努力掌握31会议产品数字化升级的新场景、新应用。

数实融合是大势所趋

"数字化和线下实体展融合才刚刚开始。"在31会议联合创始人、CEO万涛看来，2023年是数字化和线下实体展融合的元年。

万涛表示，新冠肺炎疫情期间的数字会展被业界认为是线上会展，实际上，线上会展只是数字会展的一部分，并不是全部。新冠肺炎疫情导致线下实体会展活动处于停办、延期状态，客观来说，这给数字会展特别是线上会展提供了发展机会和空间。然而，随着线下实体展的复展，线上会展的红利已经耗尽，边际收益几乎没有。也就是说，线上会展的单边增长已经到达极限。

万涛强调，数字会展与线下实体展是一体的两面，相互融合，并不冲突。新冠肺炎疫情期间，数字会展与线下实体展"相思而不得相见"。随着线下实体展复展，数字会展与线下实体展真正实现相互融合，这表明数实融合会展创新模式揭开了新的篇章。

"31产品家族提供会展全场景组合服务。"万涛介绍说，无论是举办线下会议、展览，还是进行线上直播、研讨会，或是hybrid（混合）模式，所有的数据都在一个平台上，并且所有账号统一，不需要任何切换。

新旧能力重新配置

在当下的数字化大潮中，基本有三类企业：第一类是全面拥抱数字化的企业；第二类是对数字化半推半就的企业；第三类是根本不理数字化的企业。研究发现，第一类企业与第三类企业绩效最好，而半推半就型的企业绩效最差。由此可见，在数字化赋能中，企业面临新旧能力的重新配置。

"数字化是'新旧'会展的分水岭。"在上海博华国际展览有限公司（简称博华展览）创始人兼执行董事王明亮看来，会展行业已从"线下B2B展览+交易"的传统模式逐步向线上线下一体化的B2B2P2C全年无休的创新模式转型。

据了解，在数字化转型方面，博华展览已实现在线会展从展品发布走向供应链与客户端频繁活动的新模式，其背后由跨部门委员会设立的11个专业委员会（包括信息支持专业委员会、数字营销专业委员会、新媒体运营专业委员会、活动创意策划专业委员会、市场统筹专业委员会、精准营销专业委员会、云展电商专业委员会、海外销售专业委员会、互联网广告专业委员会、会议策划组织专业委员会、互联网拓展统筹专业委员会）运营支撑。

在博华展览看来，数字化转型仍依托于传统的展览项目，这意味着会展行业需要进行新旧资源与能力的重新配置，利用数字化搭建新型"撮合"平台。

扩大"服务+运营"外延

"31会议产品提供的不是普通的线上会展服务，而是数字化协同管理模式。"广西国际博览集团有限公司副总经理邓诗军介绍，他们目前正在使用31会议产品，服务南宁国际会展中心承接的会展活动。

"31会议产品是集成的，不必担心数据的安全。"邓诗军表示，在南宁国际会展中心举办的2023年广西·东盟国际纺织服装产业博览会（简称东盟纺博会）上，主办方通过打造一站式展览展示、互动体验、电商峰会、服装秀场、供需匹配、招商推介、资源对接的产业服务平台，进一步释放广西独有的区位、资源、产业、市场等优势。服务东盟纺博会的运行管理平台正是31会议升级后的产品。

作为东盟纺博会组委会秘书长，邓诗军表示，将通过3~5年的培育，使东盟纺博会成为面向东盟的、有影响力的和全面覆盖纺织服装业的全产业链展会，为推动广西纺织服装产业转型升级、实现产业高质量发展和建设对外开放高地拓宽路径。

资料来源　兰馨. 数实融合：会展行业竞争的新场景［N］. 中国贸易报，2023-03-28（A5）.

问题：结合案例，谈谈传统展会在互联网时代的发展方向。

⊙实践训练

访问本地某个展会的网站，了解其具有哪些功能，以及展会是如何进行网络营销的。

第 8 章 会展项目财务管理

第 8 章

学习目标

知识目标

- 了解会展项目财务管理的对象和内容。
- 明确会展项目收支预算的内容。
- 熟知会议、展览会、大型活动收支预算的差异。

技能目标

- 能够分析会展活动的收入和支出。
- 能够为会展活动选择合适的筹资方式。

素养目标

- 培养诚实守信的职业道德。
- 养成勤俭节约的良好习惯。

知识导图

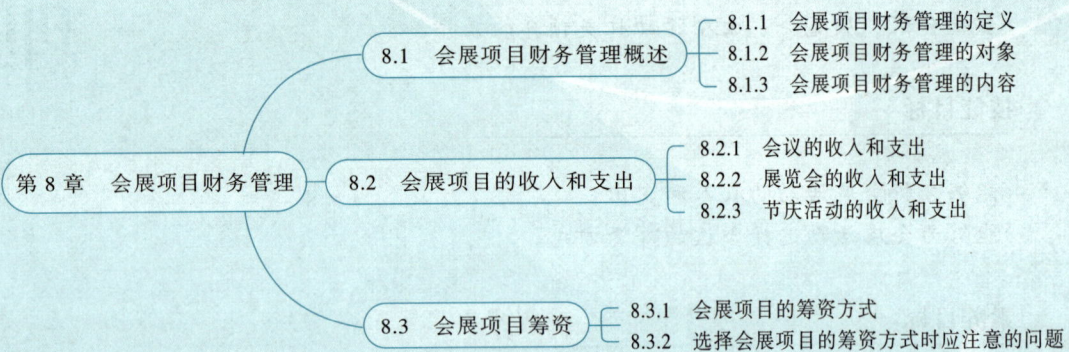

| 引例 | 郴州：节俭办会 同样精彩 |

2023年9月16日，第二届湖南旅游发展大会在郴州盛大绽放。从项目建设到会务接待，郴州市委、市政府坚持以最少的钱办最大的事，以实际行动证明，节俭办会，同样精彩。

定调谋篇 共襄盛举

"大会要办成精彩盛会，但要在精打细算上下功夫，在勤俭节约上做文章。"郴州市委书记吴巨培为第二届湖南旅游发展大会定下基调——要将节俭办会贯穿全程，充分考虑资金来源、市场主体、运营效果、投资效益，坚决防范风险隐患，坚持尽力而为、量力而行，既要干正确的事，又要正确地干事，做到不乱铺摊子、不搞形象工程、不增债务包袱、不留历史问题。

为筹备好第二届湖南旅游发展大会，全市上下有力、有序、有效推进各项工作，掀起项目建设高潮。郴州市市直单位和部门贯彻市委、市政府的相关部署，秉承"花钱必问效、用钱重实效"的原则，做优项目设计，做实投资规模，坚决不增加财政负担，不增加隐性债务，切实把每一分钱都用在刀刃上。

精打细算 严控规模

严格源头控制、严控项目全程、严管各个环节，第二届湖南旅游发展大会筹备工作启动以来，通过精打细算、精益求精，项目经费大大压缩。

郴州市财政局负责大会资金筹措，严格把好资金统筹关、使用关、效益关。建立市本级大会重点项目清单，每个项目明确一名局领导和一个牵头科室对接，既服务项目建设，又跟踪资金绩效。带队领导和责任科室定期深入一线，对超预算业主单位发函提醒。指导督促各部门严格审核项目投资规模，逐项明确项目资金来源，守牢不新增隐性债务底线。对无资金来源的，调出观摩项目或调减建设规模，确保不新增隐性债务。

办会兴城 惠及于民

"节俭办会，严格控制规模、压减支出，但最终落脚点还在于旅发惠民。"相关负责人介绍，大会各项目在推进过程中，郴州市将有限的资源、资金重点投入在惠民、利民的项目上。

以第二届湖南旅游发展大会为契机，郴州市新引进重大文旅项目16个，推动重点观摩项目28个。其中，郴州市将多年来群众呼声较高、需求较急的项目提请列入大会项目，推进公共服务设施建设、老旧小区改造等一批贴实际、见实效的民生项目，不断提升人民群众对举办大会的认同感和满意度。

资料来源 梁可庭，张毅. 郴州：节俭办会 同样精彩［N］. 湖南日报，2023-09-18（9）.

这一案例表明：会展活动作为一项经济活动，必须考虑如何增加收入与减少不必要的支出，这样会展活动才有可能实现可持续发展。如今，节俭办会、办展已经成为一种趋势、一种共识、一种行动，"节俭"并不等于简单，反而意味着需要挑战更高难度，付出更多努力，承担更大责任。

8.1 会展项目财务管理概述

8.1.1 会展项目财务管理的定义

在会展项目生命周期的不同阶段，资金的形态也会随之发生变化，从而形成资金运动。会展项目在运行过程中客观存在的资金运动即财务活动，体现的经济利益关系即财务关系。会展项目财务管理就是会展企业进行财务活动、处理财务关系的管理工作。

8.1.2 会展项目财务管理的对象

会展项目财务管理的对象是会展项目的资金及其运动。会展项目的资金运动主要包括资金的筹集、耗费和回收三个环节。其中，资金的筹集和回收是会展项目的现金流入，资金的耗费则是会展项目的现金流出。

1）资金的筹集

资金的筹集又称筹资，是会展项目资金运动的起点，也是会展项目最初的现金流入。会展项目的涵盖范围相当广泛，有的项目持续一天、几天或几周，如一些会议、节庆活动等；有的项目则可能持续几个月甚至更长时间，并且投资巨大，如大型的国际交易会、博览会等。不同规模的会展项目，其筹资方式也不同。一般情况下，中小型会展项目主要通过会展企业自身的经营积累和项目的收入来解决项目运营的资金问题；大型会展项目由于资金需求量大，还需要通过政府和企业资助、银行借款等多种方式筹措资金。

2）资金的耗费

资金的耗费是指会展项目的成本费用支出，是会展项目运营过程中耗费的活劳动和物化劳动的货币表现，也即会展项目的经济利益流出。会展项目的支出包括市场开发费、会展营销费、场馆租金、布展费、承包商费用、交通运输费、通信费和人员工资与津贴等。

3）资金的回收

资金的回收是指会展企业提供产品和劳务后，以主营业务收入或其他业务收入的形式收回资金，它是会展项目管理过程中形成的经济利益流入，是会展项目利润的主要来源。资金回收的数量通常大于资金耗费的数量，两者的差额即会展项目实现的利润。会展项目的收入主要包括展位费、门票、会务费、设备出租收入以及提供劳务的收入等。

需要说明的是，不同的会展项目，其资金运动的过程是不同的。有的会展项目在展前就以预收参展费等形式回收了资金，在项目运营过程中才发生资金的耗费，如中小型展会；有的会展项目则需要大量的前期投入，然后在项目运营过程中逐步收回资金，如一些大型国际会展项目。了解会展项目资金运动的过程，是进行财务管理工作的前提。

　　总之，资金运动是会展项目运营活动的价值方面。财务管理就是对会展项目资金运动的全过程进行决策、计划和控制的一系列活动。

8.1.3　会展项目财务管理的内容

1）筹资管理

　　会展项目的资金来源主要包括主办单位拨款、展位费、报名费、赞助费、代办费等，内容多且弹性大。

　　筹资管理要解决的问题是如何取得会展项目所需要的资金，包括向谁筹集资金、在什么时间筹集资金、筹集多少资金等。筹资数额的多少应考虑支出的需要。无论以何种形式筹集资金都是有成本的，如获得赞助费和捐赠收入就要给赞助商和捐赠者一定的回报，获得展位销售收入要为参展商提供一定的服务，借款要支付一定的借款利息等，即使是主办单位的拨款，虽然没有显性的资金使用成本，但还是有机会成本的。

　　因此，会展企业要考虑从多种渠道用多种方式来筹集资金，并要考虑资金使用期限的长短、附加条款和使用成本的大小等，科学预测资金需要量，合理确定筹资规模，并选择经济可行的筹资方式；要正确处理筹资成本和财务风险之间的关系，把成本和风险控制在安全范围之内；要考虑资金的时间价值，合理安排资金到位时间，既要避免资金闲置，又要防止资金滞后。

　　任何决策都有一定的风险，因此必须进行可行性分析。对于新的投资项目，必须做出更加深入细致的分析和研究。

2）营运资金管理

　　会展项目的营运资金是指在会展项目营运过程中快速周转的资金。许多参展商在会展项目即将开始前才支付参展费用，而会展项目的营运周期一般需要数月甚至数年，在这期间，会展企业需要预订会展项目场馆、进行广告宣传，还要支付通信费、差旅费、人员工资、交际应酬费、水电费、折旧费及其他费用。因此，为了保证资金的正常周转，会展企业必须重视营运资金管理，合理预测会展项目的规模和成本，确定营运资金的需求量；在保证会展项目顺利进行的前提下，节约使用资金；加速营运资金周转，提高资金使用效率；合理安排流动资金和流动负债的比例关系，降低偿债风险。

3）成本费用管理

　　会展项目的成本费用管理，是指会展企业为了保证项目目标的实现而编制成本费用预算，并对项目实施过程中发生的成本费用进行检查、监督和控制，努力将实际成本费用控制在预算范围内的管理过程。会展企业的产品就本质而言属于服务产品，而服务具有无形性。会展企业产品的特殊性提高了会展企业成本费用控制的复杂程度，因此在成本费用管理过程中，会展企业应正确处理成本费用、服务质量和经济效益三者之间的关系，在保证服务质量的前提下，合理控制成本费用，努力提高经济效益。

4）利润管理

　　利润是一定时期内的经营成果，是会展项目在经营期内的收入减去成本后的余额。会展企业应合理编制目标利润规划，采取各种有效措施挖掘各项资源的潜力，尽可能地提高会展项目的盈利水平。

会展企业在实施利润管理时，应综合分析和预测会展项目的规模、各项成本费用和价格定位等因素对目标利润的影响，合理制定目标利润；注重开源节流、讲求实效，采取各项措施增收节支，提高经济效益；认真进行税务筹划，依法履行纳税义务，在兼顾各方利益、正确处理眼前利益和长远利益的前提下，制定合理的利润分配政策。会展项目在创办之初不一定是为了获利，而是要通过优质的服务创建品牌。

8.2 会展项目的收入和支出

会展项目主要包括会议、展览会、节庆活动等，不同的会展项目之间存在很大的区别，收入和支出的具体组成部分也不相同。会展项目一般要持续一段时间，小型会议和展览从筹备到举办可能只有一两个月的时间，大型国际性会议和展览从筹备到举办可能长达一年甚至几年之久。但无论何种类型的会展项目，其收入和支出之间都要保持一个合理的比例，这样才不会导致现金流中断，从而保证会展项目的顺利进行。

8.2.1 会议的收入和支出

1）会议的收入

会议的类型不同，其收入的来源也不同。一般来说，政府部门或机构办会，收入主要来源于拨款和赞助费；会展企业或其他单位办会，收入主要来源于参会费和赞助费。从总体上来看，会议的收入主要包括以下内容：

（1）拨款。由主办单位拨付的款项是会议的重要收入来源，特别是对政府部门组织的会议来说。

（2）参会费。这是指参会者交纳的参加会议的费用。参会费是会展企业承担会议项目的主要收入来源。

（3）赞助费。这是指具有一定实力、符合一定条件的企业向会议提供的资金支持。随着会议市场的发展，赞助费已经成为越来越多会议活动的主要收入来源。

（4）参展费。在会议举办期间，经常会举办一些小型的展览，参展费即从参展商处获得的收入。

（5）广告收入。这是指会展企业在会议举办期间为一些企业进行广告宣传所获得的收入。

（6）参会费利息。如果会议准备时间较长、会议规模较大，则参会者所交纳的参会费数额也较大，相应的参会费利息也会较大，因此参会费利息也是会展企业的一项收入来源。

（7）提供其他服务的收入。这是指会展企业在会议期间为参会者提供其他服务所获得的收入。

2）会议的支出

会议的支出种类繁多，大体可以分为固定费用和变动费用两部分。其中，固定费用主要包括管理费用、印刷费用、广告和宣传费用、职员差旅费用、演讲嘉宾费用等；变动费用主要包括食品和饮料费用、展览费用、客房费用、赠品费用等。具体来说，会议的支出主要包括以下内容：

（1）公关营销费。这是一个范围很广的支出类别，包括广告和宣传费、公共关系费、邮费、编印资料费、摄影摄像费等。

（2）会议场地租赁费。

（3）会议项目管理费，如会议项目管理人员工资等。

（4）提供各项服务的费用，如运输费、休闲娱乐费、旅游费、保险费、食品和饮料费用等。

（5）其他费用，如演讲嘉宾费用、翻译费用等。

（6）税费。

8.2.2　展览会的收入和支出

1）展览会的收入

（1）展位租金收入。在编制展位租金收入预算时，应先确定标准展位和光地的单价。确定单价时主要考虑的因素有展会的品牌和知名度、为参展企业提供的配套服务、展会历史销售实绩以及盈利目标等。

标准展位是指由会展企业统一搭建布置、向参展企业提供的面积为9平方米（3米×3米）的展位，以个为单位计算租金。光地是指会展企业向参展企业提供的室内或室外若干平方米的展览场地，由参展企业根据自己的规划布置、装饰，以每平方米为单位计算租金。由于光地不需要会展企业进行围板搭建，因此其价格低于标准展位。

一般而言，仅靠会展组织者是难以完成全部招展工作的，还需要委托代理商招展，以确保实现出售全部标准展位和光地的目标。按惯例，受托招揽国内企业参展应收取的代理费为展位费的10%～20%，受托招揽国外企业参展应收取的代理费为展位费的10%～30%。具体代理费比例视不同展会的知名度和展位稀缺性以及代理商招展数量的多少而定。在编制展览会的此项预算时，通常按展位收入总额的10%预支代理商招展费用。

（2）展具租赁收入。展具租赁收入主要来源于参展企业在布置展位时因租用会展企业的展具用品而支付的费用，如租用展示柜等的费用。在编制该项预算时，会展企业应按品种单价和数量计算收入并扣除相应的成本。

（3）广告收入。广告收入主要来源于参展企业在展会会刊、展会期间场馆内外等广告宣传载体上刊登和发布广告时支付的费用。在编制该项预算时，会展企业应根据每项内容的单价和数量计算收入，并扣除相应的制作成本。

（4）赞助费。赞助费主要来源于参展的著名企业或其他非参展企业为该展会提供的资金支持，会展企业通常也会给予赞助企业相应的资源作为回报，如冠名权、指定使用赞助企业的产品等。在编制该项预算时，应参考该展会的历史数据和会展企业寻求赞助的能力。

（5）其他服务收入。其他服务收入是指会展企业为参展企业提供其他相关配套服务而获得的收入，如展品留购、展品运输等。

2）展览会收入预算表

以某美容秀身展览会为例，其收入预算表见表8-1。

表8-1 　　　　　　　　　　　　　某美容秀身展览会收入预算表

项　　目	金额（元）
（1）展位租金收入	
标准展位（150个×8 500元/个）	1 275 000
光地（注：使用面积可设50个展位）	935 000
合计	2 210 000
（2）赞助费	
××化妆品控股有限公司	20 000
××美容中心	20 000
××美容美体控股有限公司	10 000
××美颜瘦身专卖店	10 000
××减肥中心	20 000
合计	80 000
（3）广告收入	
会刊广告	150 000
美容化妆秀（24场×4 000元/场）	96 000
会场内广告摆设（15处×2 000元/处）	30 000
合计	276 000
收入总计	2 566 000

3）展览会的支出

（1）招商招展费用。招商招展费用主要是为了使展会成功举办，确保标准展位和光地能够全部出售和邀请到有质量的专业观众前来参观展会而投入的前期费用，一般由招商招展资料印刷费用、邮寄费用和境内外招商招展费用三部分组成。在编制该项预算时，应根据展会招商招展方案逐项列出明细。例如，对于招商招展资料印刷费用，应首先根据印刷品的种类、数量和单价计算出单项总额，然后汇总编制预算。邮寄费用的预算也是如此编制。境内外招商招展费用主要由职员差旅费、组织推介会费用及礼品费用等组成。如果展会有国外企业参加或需要邀请国外客商参观，则应单独编制境外招商招展费用预算。另外，招商招展费用一般在距离展会开幕至少半年就开始产生，所以会展企业在筹措资金时应充分考虑此项费用的特殊性。

（2）广告宣传费用。进行广告宣传是为了提高展会的知名度。广告宣传费用主要由境内外媒体广告、场馆广告、市内环境宣传广告和新闻媒体公益广告等的制作及发布费用组成。其中，场馆广告主要是指展会期间在展馆内外运用某些载体进行展会宣传的方式，如条幅广告、灯箱广告和广告牌等；市内环境宣传广告主要是指展会开幕前和展会期间在市内主要道路的显著位置进行展会宣传的方式，如彩旗广告和沿街条幅等。该项预算应根据展会的广告宣传方案逐项编制，然后进行归集汇总。

（3）场馆费用。场馆费用是展会的主要开支项目。一般来说，展会在立项后就应立即落实展览场地，以确定展览面积和举办时间，便于及时开展招商招展工作。此项费用主要是指支付给场馆方的费用，包括室内外场地租金、水电费和其他费用。该项预算应以展会主办方与场馆方签订的合同为主要依据，逐项编制。其中，室内外场地租金、场馆其他费用在合同中都有明确的金额表示；水电费应根据场馆方标明的单价乘以估算数后进行预算。

（4）后勤配套费用。后勤配套费用包括快餐厅和办公室等的搭建及布置费用、清洁费、工作用车及办公家具等的租赁费、物品购置费、花卉布置费、运输及搬运费、医务室费用和保险费等。该项预算应根据后勤配套方案及相关合同，按其单价和数量逐项编制。

（5）开幕式费用。开幕式费用主要由环境布置费用（包括开幕式主席台、记者台的搭建费用，红地毯的购买及铺设费用，音响租赁费用等）、现场氛围渲染费用（包括购买小气球、礼宾花、高空礼花、彩旗的费用和乐队演出费用等）、礼仪人员费用，请柬制作及邮递费用等组成。该项预算应依据展会开幕式方案逐项编制。

（6）招待会费用。招待会费用主要由酒店费用（包括餐费、舞台费和停车费等）、环境渲染费用（包括背景板的设计和制作费用、乐队演出费用等）、工作人员费用、请柬制作及邮递费用等组成。该项预算的编制方法基本上与开幕式预算的编制方法相同。

（7）人员费用。人员费用主要包括展会专职人员的工资、奖金及相应的保险费用等。该项预算的数据来源于会展企业的人力资源部门。

（8）税费。根据税法规定计算相关税费，并编制预算。

4）展览会支出预算表

某展览会支出预算表见表8-2。

表8-2　　　　　　　　　　　　　　某展览会支出预算表

项 目	金额（元）
（1）展览会场地租金	400 000
（2）演讲及表演者酬劳、交通费、住宿费	150 000
（3）印刷费	200 500
海报印刷费（2 000张/A2）	40 000
展会会刊印刷费（5 000本）	150 000
会场广告印刷费	7 500
工作证及访客证印刷费（1 000个）	3 000

项　目	金额（元）
（4）展览会推广费	379 000
新闻媒体推广费	300 000
推广过程中的布置、运送费	8 000
海报设计费	6 000
展会会刊设计费	20 000
网页更新费	20 000
纪念品费用（5 000份）	25 000
（5）社交活动费	120 000
开幕及闭幕典礼制作费	120 000
（6）执行费	405 000
工作人员薪酬（10人）	120 000
员工保险费	80 000
员工差旅费（5日）	90 000
员工通信费	115 000
（7）综合表演费	520 000
制作公司费用	220 000
模特费用	120 000
公关公司费用	120 000
视听器材费用	60 000
支 出 总 计	2 174 500

8.2.3　节庆活动的收入和支出

　1）节庆活动的收入

节庆活动的收入主要包括：

（1）广告收入。

（2）优惠销售收入。

（3）赞助费。

（4）注册费。

（5）其他收入，如租赁收入、餐饮收入、纪念品收入等。

2）节庆活动的支出

节庆活动的支出主要包括：

（1）市场营销费用：包括广告费（专项广告费）、宣传手册设计费、宣传手册邮寄费、宣传手册印刷费、公共关系费等。

（2）活动设计及管理费用：包括装饰费用、保险费、通信费、法律咨询费、摄影费、活动节目单编辑设计和印刷费、报告编制与出版费、按比例分摊的日常管理费等。

（3）职员/志愿者费用：包括职员住宿费、志愿者住宿费、志愿者表彰和奖品费用等。

8.3　会展项目筹资

8.3.1　会展项目的筹资方式

会展项目筹资是指会展企业通过一定的渠道、采取适当的方式，获取所需资金的一种行为。会展项目筹资方式是指在筹措会展项目资金时选用的具体形式。

1）自有资金

自有资金是指会展主办单位自行拨付的款项。拨款可以采用现金、实物资产等形式。其中，实物资产包括场地、设备、材料等。

在筹资过程中，财务人员必须对会展主办单位提供的耗费性实物资产（如纸张、油墨、木材等）进行估价，根据市场价格确定会展主办单位提供的非耗费性实物资产（如场馆）的成本，并将这些成本统一纳入筹资成本。

2）借入资金

借入资金又称债务资金、负债资金。根据可使用时间的长短，借入资金可分为短期负债和长期负债两种。

（1）短期负债。短期负债容易取得，可以解决会展项目对资金的临时性需要，但是归还期限较短，一旦会展项目资金安排不当，不能及时归还资金，会展企业很容易陷入财务危机，因此筹资风险较高。短期负债主要包括短期借款、商业信用等。会展企业向银行借入短期借款时，银行一般会附加一些信用条件，如补偿性余额条件和担保条件等，同时要支付利息。商业信用产生于企业之间的日常交易，是在交易中形成的企业间的借贷关系。和短期借款筹资相比，商业信用筹资的程序简单、成本低，在会展项目中有较为广泛的应用。

（2）长期负债。长期负债筹集的渠道主要有银行长期借款、发行公司债券和融资租赁等，这种方式主要用于大型会展项目。例如，2010年上海世界博览会采用发行债券的方式筹资。通过长期负债筹得的资金一般用于项目基础设施建设和购置其他固定资产，因为这些方面资金的占用时间长且需求量巨大，单靠自有资金和短期负债难以满足会展项目长期运营的需要。

3）商业赞助

目前，商业赞助被广泛应用于各种大型会展项目中，是大型会展项目的一项重要收入来源。需要注意的是，赞助不是慈善捐赠，赞助单位需要从会展项目中获取一定的利益。要想获得商业赞助，主办单位在策划会展活动时必须考虑如何给赞助商以合适的回报。

4）市场开发

市场开发是指以会展项目的标志、名称、形象等所有知识产权的转让为条件而获得资金、实物、技术和服务的行为。它也是大型会展项目的一项重要收入来源。

会展案例8-1

最高奖励500万元！河南郑州航空港区会展业扶持政策重磅发布

2023年9月27日，河南郑州航空港区会展业推介会在北京举行。会上发布了《郑州航空港经济综合实验区加强会展引领作用、支持会展业优先发展的若干意见》（简称《意见》）和《郑州航空港经济综合实验区会展业发展专项资金管理办法》两项会展业扶持政策。根据文件内容，郑州航空港区每年将安排会展专项资金3 000万元，单个项目最高可获得500万元奖励资金。

《意见》将会展产业作为推动港区建设的战略先导性产业予以优先发展，明确了港区近五年会展业的四项重点任务：一是完善会展基础设施建设，打造会展产业集聚区；二是积极引进国内外知名展会，培育本地品牌展会；三是培育市场主体，完善会展产业链；四是加大宣传力度，营造会展发展氛围。

《意见》还明确了一系列服务保障措施，郑州航空港区管委会将成立以区主要领导任组长、各相关部门主要负责人为成员的会展经济领导小组，建立联席办公会议制度，并建立常态化、标准化的政务服务体系，针对不同规模和性质的展会制订标准化的支持方案，打造标准、高效的服务流程。对于列入港区年度重大展会项目的展会，郑州航空港区管委会可根据主办方申请向重要嘉宾签发邀请函，协调相关领导出席重要活动，提供产业对接、场地保障及公安、消防、交通、通信、宣传等多方面支持。

根据《意见》的相关规定，郑州航空港区每年将安排3 000万元会展专项资金用于会展产业扶持。对于展览面积达到8 000平方米以上的经贸类展会，按照每百平方米3 000元的标准予以奖励；对于符合港区"4+3+3"产业体系的项目，奖励标准上浮20%，单个项目最高可获得500万元奖励资金。对于在港区举办的高端会议项目，最高可按场地租金100%的标准予以奖励。对于帮助引进展会的第三方企业或机构，将给予最高30万元的工作经费补助。同时，对于消费类展会、节庆赛事活动、绿色化及国际化展会项目，以及会展企业落户、会展园区运营等，都将给予相应的奖励和补贴。

资料来源 杨凌. 最高奖励500万元！河南郑州航空港区会展业扶持政策重磅发布 [EB/OL]. [2023-10-02]. https://www.zzhkgq.gov.cn/2023/10-02/2887579.html.

分析提示：为鼓励和支持会展业的发展，加强当地支持会展业发展专项资金的管理，提高资金的使用效益，地方政府通常会采取会展专项资金奖励、补助等方式，直接对一些优质的或有发展潜力的会展项目进行鼓励，以充分发挥财政专项资金对会展业的引导和激励作用。

8.3.2　选择会展项目的筹资方式时应注意的问题

为了提高筹资效率、降低筹资风险，会展企业在选择筹资方式时必须注意以下几个方面：

（1）比较项目筹资成本和项目投资回报。会展项目筹资成本是指会展项目取得和使用资金所付出的代价。投资回报是指会展企业将筹集的资金投入会展项目中后取得的报酬。

（2）分析项目筹资风险的大小。筹资风险是指不能偿还到期债务的风险。自有资金是会展企业的永久性资金，在会展企业存续期内不需要偿还，因此风险最低。对于通过负债筹集的资金，会展企业一般要按事先约定的期限还本付息。偿还期限越短，筹资风险越大；偿还期限越长，筹资风险越小。

（3）考虑资本市场状况和企业的经营现状。

（4）优化筹资结构。筹资结构是指各种筹资方式之间的比例关系。为了确定合理的筹资结构，会展企业应考虑以下两个方面的内容：①确定负债和自有资金的合理比例；②确定长期负债和短期负债的合理比例。

会展企业在做出筹资决策时，应在控制筹资风险与谋求最大投资收益之间寻求一种均衡。首先，对不同的筹资方式进行组合，得出多种筹资方案，分别计算出不同筹资方案的加权平均资本成本；然后，选择加权平均资本成本最低的几种方案，根据会展企业的财务现状、项目预算以及市场发展趋势等进行综合分析；最后，选择最合适的筹资方案。

价值引领 8−1　　　　　向"绿"而行　青岛会展探索绿色发展之路

2020 年 9 月，我国在联合国大会上庄严承诺，力争在 2030 年前实现碳达峰，在 2060 年前实现碳中和，这就是我国的"双碳"目标。"双碳"目标不仅与能源、工业和交通关系密切，而且逐渐改变着我们每个人的生活方式。我国会展业的高质量发展也需要围绕"双碳"目标。

青岛市会展业明确提出开展绿色会展攻坚行动，坚持低碳环保、绿色价值理念，积极构建会展生态链，推进会展绿色发展，鼓励绿色场馆设计、绿色展品筛选、绿色会展设计、绿色布展撤展、绿色延展服务，逐步运用绿色技术替代传统材料及工艺，降低会展产业链中各个环节的能源消耗以及废物、废水、废气排放，引导、推动各参展企业和搭建商用可回收材料替代传统展材、环保展具重复循环使用，构建环保观展环境。与国际会展组织、标准化机构合作，鼓励和支持重点展馆、重点展会开展试点，推动绿色展馆、绿色展会认证。在制定新的会展扶持政策时，把鼓励绿色展会发展作为专门条款，通过政策引导行业走绿色发展之路。

扭转观念　集合多方力量

绿色会展涉及会展产业链上下游以及相关方，如场馆、搭建、能源、交通、食材、印刷品等，其中绿色搭建和展装最为关键。以搭建材料为例，多数人并不是不理解使用绿色搭建材料的好处，只是认为绿色材料可操作性低，不能用于设计感较强的展台的搭建，同时认为绿色材料的价格高于普通材料，增加了成本。但事实上，随着科技的日新月异，绿色搭建效果也有了明显提升，已经可以满足一些特装展台的设计需求。从长远效益来看，可循环使用的搭建材料能够控制一定的活动成本，其中可拆装的结构化材料还可大大降低物流成本。

将绿色付诸行动

如何做到会展业的绿色可持续发展？从最初的设计到施工，再到选用的材料，从细节处着手，时刻考虑绿色环保。新能源汽车、易分解的垃圾袋、环保饭盒、可循环使用的环保材料……除此之外，会展中常见的绿色行动包括但不限于：胸牌主体部分的重复使用，在线注册（不使用纸质表格注册），使用电子文件、电子账单，减少文件打印、纸张双面打印，非必需性资料按需发放而不是每人一册，会议文件用电子版发到客人手机里，多使用可生物降解的材料，不用瓶装水等。要说最环保的展会，那必然少不了云上展会。通过VR、AR、5G、大数据等一系列先进技术，展会得以全方位真实呈现于云端，从而打破了展会的时间和地域限制，轻松打造出一场环保无污染的绿色展会。

资料来源　尚政涛，邱程程. 向"绿"而行　青岛会展探索绿色发展之路［EB/OL］. ［2021-11-18］. http://expo.ce.cn/gd/202111/18/t20211118_37094788.shtml.

思政元素：绿色发展　人与自然和谐共生　中国式现代化

思政感悟：节约资源和保护环境是我国的基本国策。党的二十大报告指出，要"加快发展方式绿色转型。推动经济社会发展绿色化、低碳化是实现高质量发展的关键环节""实施全面节约战略，推进各类资源节约集约利用，加快构建废弃物循环利用体系。完善支持绿色发展的财税、金融、投资、价格政策和标准体系，发展绿色低碳产业，健全资源环境要素市场化配置体系，加快节能降碳先进技术研发和推广应用，倡导绿色消费，推动形成绿色低碳的生产方式和生活方式""积极稳妥推进碳达峰碳中和"。青岛市会展业在国家发展战略的引领下走绿色发展之路，可以起到绿色经济的示范作用，从而传播绿色理念和文化，促进和带动全社会发展绿色经济。

知识掌握

⊙ 选择题

1）会展项目的资金运动主要包括（　　）。

A.资金的筹集　　　B.资金的耗费　　　C.资金的回收　　　D.资金的捐赠

2）会展项目财务管理的内容包括（　　）。

A.筹资管理　　　B.营运资金管理　　　C.成本费用管理　　　D.利润管理

3）会展项目的筹资方式主要有（　　）。

A.自有资金　　　B.借入资金　　　C.商业赞助　　　D.市场开发

⊙ 简答题

1）会议的收入和支出包括哪些内容？

2）会展项目的筹资方式有哪几种？

在线测评8-1

选择题

知识应用

⊙ 案例分析

2012年伦敦奥运会的收入与支出

1）伦敦奥运会的支出

伦敦奥运会及残奥会组织委员会（LOCOG）发言人对LOCOG和奥林匹克筹建局

（ODA）这两个机构职能的区别总结得十分精辟，那就是ODA是负责筹建奥运场馆的，而LOCOG是负责具体筹划奥运会这个大型"演出"的。在场地和场馆的准备方面，ODA投入了62.48亿英镑，还有25.37亿英镑的开支出自当地政府机构，或者由英国文化、媒体和体育部（DCMS）直接拨款，而LOCOG在场馆方面仅拨出了20亿英镑。

LOCOG表示，在奥运会结束之前，不会公布任何开支细节。因此，我们只好根据我们所了解的信息，来分析LOCOG的资金使用情况。分析结果是，奥运会开幕式一半的经费都出自LOCOG，残奥会整体运营费用的一半也是由LOCOG来承担的。

公共开支数据的主要来源是ODA的年报以及DCMS发布的一些报告，其中DCMS发布的报告中具体分析了所筹集资金的支出情况。

（1）在伦敦奥运会的所有支出中，最大的一笔支出就是筹建奥林匹克公园，这个项目耗资18.22亿英镑，主要工程有基础设施建设、修路、清理现场以及电线铺设。

（2）在支出榜上，排在第二位的是场馆建设费用，共支出11.06亿英镑。在场馆建设中，对奥林匹克体育场的投入是最高的，达4.28亿英镑。

（3）在所有奥运场馆中，筹建费用最少的是篮球馆，为400万英镑。

（4）尽管奥运会整体安保的预算被设定在5.33亿英镑，但实际上还有4.75亿英镑用于奥运期间的安保工作。

（5）在伦敦奥运会的所有支出中，另一笔数目较庞大的支出是遗产专项基金——伦敦遗产开发公司拿出2.96亿英镑作为遗产专项基金，用于奥林匹克公园改造，以确保在奥运会结束后，奥林匹克公园不会被荒废。

2）伦敦奥运会的收入

（1）门票。门票收入历来是奥运会收入的一个重要组成部分。伦敦奥运会门票自2011年起售，共有800万张，其中包括649场比赛门票、39场训练门票，价格从20.12英镑/张至2 012英镑/张不等。尽管LOCOG一直强调90%的门票价格在100英镑/张以下，并专门推出了只销售给年轻人的20英镑/张的低价票，但一些热门比赛及比赛现场最好位置的门票价格还是很惊人的，开幕式和闭幕式门票的价格则分别高达2 012英镑/张和1 500英镑/张。

（2）商业赞助。对奥运会来说，商业赞助已经在其收入中占据越来越重要的地位。对于赞助商而言，能在奥运会上露脸，无疑是最好的营销。奥运会的赞助计划共分为四个层级：第一个层级是国际奥组委的TOP赞助商；第二个层级是奥运会主办国的合作伙伴；第三个层级是奥运会主办国的赞助商；第四个层级是奥运会主办国的供应商。

LOCOG规定每个行业的赞助商只有1家，底价400万美元，这使得赞助奥运会的"门槛"比以前提高了许多。这一招显然十分奏效，可口可乐为战胜百事可乐抛出了1 200万美元的高价，富士以700万美元的高价击败柯达。据统计，仅本届奥运会的11家TOP赞助商就提供了11亿英镑的赞助。

（3）博彩收入。英国的博彩公司自然不会放过奥运会这个赚钱的绝佳时机。奥运会期间，每8个英国人中就有1个投注比赛。与奥运会相关的投注种类，从英国代表团的金牌数、奖牌数，到开幕式伦敦会不会下雨、辣妹组合会不会亮相闭幕式，简直是包罗万象。据称，奥运会期间，博彩业可为英国带来大约170亿英镑的收入。

不过，英国博彩业并不只是让私人的腰包鼓起来。英国国民博彩基金规定，每年博彩收入的28%必须投入文化体育事业。本届奥运会中的22亿英镑就来自博彩业。英国博彩业2012年向帆船项目投入2 200多万英镑，向自行车项目投入2 600多万英镑，向游泳项目投入2 800多万英镑。

伦敦旅游局高级代表、传播总监肯·凯林曾预测，伦敦奥运会对英国旅游业的影响会持续到2016年或2017年，有望给英国带来22亿英镑的收益，而其中50%的收益将来自奥运会后的长期收益。

VISA公司曾在一份报告中指出，为期7周的伦敦奥运会和残奥会将使英国的消费总额达到创纪录的7.5亿英镑，其中海外游客的旅游消费将达7.09亿英镑。到2015年，英国经济将从奥运会的消费刺激中获得51亿英镑的持续效益，这意味着从2013年到2015年，英国经济年均增长率将达到3.5%。

（4）其他收入。当然，除了上述几项收入来源外，转播费及特许商品销售等也为伦敦奥运会的盈利做出了贡献。据悉，伦敦奥运会的电视转播收入有望达到约19.12亿英镑。

资料来源　王苇航. 伦敦奥运会能否提振英国经济［EB/OL］.［2012-08-15］. http://finance.sina.com.cn/roll/20120815/204312859746.shtml.

问题：

（1）伦敦奥运会的筹资渠道包括哪些？

（2）伦敦奥运会的收入包括哪些内容？

◉ 实践训练

调查一个会展项目的收入和支出情况，总结该会展项目的主要收入来源和主要支出来源。

会展评估

学习目标

知识目标

- 了解会展评估的概念、意义及目的。
- 熟知会展评估的内容和评价标准。
- 了解会展评估的步骤。

技能目标

- 能够制订会展评估计划。
- 能够撰写会展评估报告。

素养目标

- 培养爱岗敬业、知行合一的职业素养。
- 培育和践行社会主义核心价值观，具有良好的职业道德。

知识导图

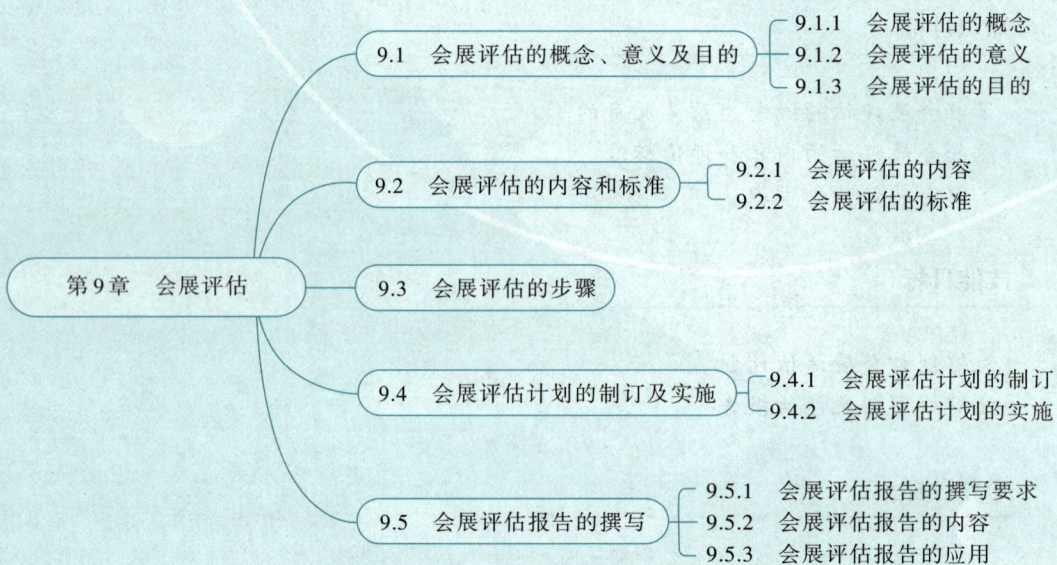

- 第9章　会展评估
  - 9.1　会展评估的概念、意义及目的
    - 9.1.1　会展评估的概念
    - 9.1.2　会展评估的意义
    - 9.1.3　会展评估的目的
  - 9.2　会展评估的内容和标准
    - 9.2.1　会展评估的内容
    - 9.2.2　会展评估的标准
  - 9.3　会展评估的步骤
  - 9.4　会展评估计划的制订及实施
    - 9.4.1　会展评估计划的制订
    - 9.4.2　会展评估计划的实施
  - 9.5　会展评估报告的撰写
    - 9.5.1　会展评估报告的撰写要求
    - 9.5.2　会展评估报告的内容
    - 9.5.3　会展评估报告的应用

引例　**2023中国国际彩盒展展后报告（节选）**

2023中国国际彩盒展展后报告（节选）见表9-1。

表 9-1　　　　　　　　　　2023中国国际彩盒展展后报告（节选）

展会规模	数量
专业观众数量	28 513 名
新观众数量	13 686 名
观众所在公司年产值	**占比**
3亿~5亿元（含5亿元）	8.66%
1亿~3亿元（含3亿元）	16.63%
5 001万~1亿元（含1亿元）	8.81%
1 001万~5 000万元（含5 000万元）	28.52%
501万~1 000万元（含1 000万元）	16.33%
101万~500万元（含500万元）	11.49%
100万元及以下	9.57%
观众参观的目的	**占比**
关注新产品、新技术及新的市场趋势，为后期采购做准备	36.70%
与现有的供应商、代理商、合作方会面，对业务合作进行回顾和探讨	14.89%
来展会见几个特定的展商或公司以洽谈订单业务	9.14%
和现有客户或熟人见面，通过展会期间非正式活动进行社交，联络感情	8.90%
来展会上拓展人脉，结识新朋友，以期待创造新的业务机会	10.41%
在展会上与人交谈、出席会议论坛以学习行业知识，自我提升	7.59%
评估展会效果，以决定未来是否参展	4.24%
观察参展的竞争对手动向	3.19%
与尽可能多的供应商交谈，以便达成具体业务目标	4.56%
其他	0.37%
观众采购力	**占比**
决策/批准	49.01%

续表

推荐/影响	25.83%
提供采购需求	18.10%
没有	7.06%
观众工作职责	占比
企业管理	31.92%
技术	12.53%
采购	13.11%
设计开发	6.99%
生产制造	8.83%
销售	18.17%
市场	7.06%
品质管理	1.39%
观众所在公司业务范围	占比
彩盒厂	37.91%
硬盒厂	10.17%
塑胶盒厂	6.27%
纸浆模塑厂	2.82%
纸箱厂	8.34%
标签厂	5.19%
纸制品厂	7.69%
代理商	3.14%
制袋厂	1.63%
造纸厂	0.63%
烟包厂	0.91%
彩盒用户	3.76%
设备及零配件供应商	5.02%
耗材供应商	3.45%
媒体	0.27%
协会	0.91%
其他	1.88%

注：表中数据因四舍五入带来的计算误差可忽略不计。

资料来源　励展博览集团. 2023中国国际彩盒展展后报告 ［EB/OL］. ［2023-10-20］. https://www. sino-foldingcarton. com/content/dam/sitebuilder/rxch/sino-corrugated/2023/10yue/20/ch-zhbg. pdf. coredown-load.977646841.pdf.

这一案例表明：中国国际彩盒展展后报告特别注重对观众数据的收集，观众的数量和质量是参展商是否愿意参展的决定因素。这一评估报告有力地促进了下一届展会的招商招展。

9.1　会展评估的概念、意义及目的

9.1.1　会展评估的概念

会展评估即对一个会展项目的目的、执行过程、质量、服务、直接和间接的经济效益与社会效益、影响所进行的系统的、客观的分析和评价。判断一个会展项目是否成功，并分析其原因、总结经验教训，可以为会展主办单位与承办单位提供参考；及时、有效的信息反馈，还可以为参展商、专业观众提供参考。

9.1.2　会展评估的意义

会展评估是会展整体运作管理中的一个重要环节。通过会展评估，会展企业不仅可以判断该会展项目的效益如何、存在哪些需要解决的问题，而且可以判断该会展项目以及类似的会展项目今后是否仍有必要继续举行。会展评估无论是对会展主办单位与承办单位而言，还是对会展行业管理机构、参展商和观众而言，都具有重要的意义。

1）会展评估对会展主办单位与承办单位的意义

对会展主办单位与承办单位而言，会展评估工作不能只停留在统计和整理诸如参展商数量、参观人数、利润等数据上，而应深入挖掘下去，对参展商质量、观众质量等进行细致的分析和纵向、横向的比较。同时，每一届会展活动的举办环境都有所不同，而这种不同必然会导致会展评估的内容发生变化。因此，会展评估应根据相关的会展调研来深刻分析、评价当前的会展市场环境，从而为今后会展项目的市场开发、运营管理提出合理的建议。

2）会展评估对会展行业管理机构的意义

会展行业管理机构可以根据会展评估的标准、结论制定会展行业的规章和制度。同时，对于一些评估良好的会展项目，会展行业管理机构可进行重点扶持，帮助它们做强、做大，以形成品牌优势；对于一些评估结果较差、缺乏市场前景甚至重复举办的会展项目，会展行业管理机构可予以严格控制，以达到规范会展市场秩序和促进行业良性竞争的目的。

3）会展评估对参展商和观众的意义

许多展会为了吸引更多的参展商和观众，在前期做了许多虚假宣传，甚至出现了骗展或展会蒸发的现象，从而侵害了参展商和观众的利益。产生这些现象的一个重要原因就是会展市场的评估体系还没有建立起来，缺乏权威的会展评估制度，不能对每个会展活动的主办单位或承办单位的资质进行评价。因此，对参展商和观众而言，会展评估也意义重大。

9.1.3 会展评估的目的

会展评估的目的是通过对展馆面积、参展商数量、观众人数、经济效益等指标的考核，了解会展项目的质量与效益，从而树立品牌会展，规范行业竞争。具体而言，会展评估的目的包括以下几个方面：

（1）对会展项目的整体运作及相关成果进行客观真实的评价，为项目招商、招展提供基础数据支撑。

（2）对会展项目历年的相关数据进行纵向比较，分析会展项目存在的问题、发展趋势及发展建议。

（3）与国内外类似的会展项目进行横向比较，分析并借鉴它们的优势。

（4）为会展项目的品牌建设提供支持。

（5）为参展商参展提供数据支持。

（6）为会展行业管理机构提供基础数据。

（7）为会展场馆出租方提供背景资料等。

9.2 会展评估的内容和标准

9.2.1 会展评估的内容

会展评估的内容主要包括以下几个方面：

（1）会展项目的历史和影响。会展项目举办的历史长，通常意味着知名度高、影响力大、质量高。同样，历年主要参展商的知名度及其在各自行业中的代表性，也是衡量会展项目影响力的重要指标。例如，某会展项目已经举办过几届；在过去几届中，参展商有哪些，以及参展商在行业中的知名度等。

（2）会展项目的主题。会展项目的主题是否明确、会展项目是否能较好地服务于会展举办城市的地方经济等问题，可分别由观众和新闻媒体加以评估，并通过问卷调查的方式获得数据。例如，观众和新闻媒体对会展项目主题是否明确的回答；观众和新闻媒体对会展项目能否服务于地方经济的回答。

（3）会展项目的规模。成功的会展项目必然具备一定的规模，规模大的会展项目可以吸引更多的专业观众，而这正是保证参展商达到参展目的的最主要的因素。评估会展项目的规模时，主要看参展商和观众的数量以及会展场馆的规模等数据。参展商数量包括参展商总数、海外参展商的数量等；观众数量包括观众总数、专业观众的数量等；会展场馆规模包括展馆面积、展位数量等。参展商的数据可由参展商报名材料统计获得；如果是国际性展会，还需要统计海外参展商的数量。观众和专业观众根据各展会的实际情况决定是否需要加以区分，因为某些展会可能只有专业观众，某些展会则当地居民普遍参加。所有观众的数据可根据出售的门票数量加以统计；专业观众的数据可根据专业观众的报名材料加以统计，也可根据对参展商的调查加以估计，或者通过对现场观众的抽样问卷调查加以统计。

（4）展品的质量和品牌。这是指对参展商品的质量和品牌进行评估。这方面的评估数据可以通过问卷调查的方式从观众和新闻媒体方面获得。

（5）广告宣传的力度。举办会展应有强大的宣传阵容，宣传力度越大，越能吸引专业观众，可能达成的交易额和协议额也越高。这项内容可通过广告投入的数量和金额进行评估。

（6）参展商的收益。参展商的收益是指商业性展会所达成的直接交易金额或签订的协议金额。根据具体情况的不同，某些展会可能只具备其中一项内容，某些展会则可能同时具备上述两项内容。

（7）会展组织者的收益。会展组织者的收益来自多个方面，包括向参展商收取的参展费、向观众收取的门票费、广告收入，以及其他方面的收入等。当然，并不是每个会展项目都具备上述收入来源，会展组织者的收益应根据不同会展项目的具体情况来确定。

（8）展馆提供商的收益。如果展览场馆属于会展主办方自身所有，则不需要考虑这一项；如果展览场馆是会展主办方承租的，则承租费用即展馆提供商的收益。

（9）会展服务商的收益。会展服务商是指除会展组织者之外，为会展项目提供服务的专业服务商。会展服务商的收益包括运输服务商的收益、餐饮服务商的收益、设计搭建服务商的收益和其他服务商的收益。

（10）会展项目的组织与服务水平。会展项目的组织水平主要是指会展组织者对整个会展项目的组织协调能力、维持良好秩序的能力、处理紧急或突发事件的能力等。会展项目的服务水平主要是指运输、餐饮、住宿、安保、清洁、保险等各项服务的优劣。这方面的评估数据可以通过问卷调查的方式从参展商、观众和新闻媒体等方面获得。

（11）观众满意度。观众满意度可以通过对现场观众的抽样问卷调查获得，视具体情况也可区分普通观众满意度与专业观众满意度。

（12）新闻媒体的报道。新闻媒体的报道是对会展项目进行评估的一个重要方面。对新闻媒体报道的分析可以从两个方面进行：一是新闻媒体报道的次数，包括会展项目举办地的媒体、高一级行政区域单位乃至国家级的新闻媒体等的报道次数，新闻媒体的报道次数可以说明会展项目的影响力；二是新闻媒体的报道中对会展项目的评价，报道的内容是正面的还是负面的，也能反映会展项目的效果。

9.2.2　会展评估的标准

我国商贸性展览会的评估标准可参照《专业性展览会等级的划分及评定》（SB/T 10358—2012）中的指标和数值。

会展链接9-1

专业性展览会等级的划分及评定

SB/T 10358—2012
代替 SB/T 10358—2002

1.范围
本标准规定了对专业性展览会等级划分和评定的原则、要求和方法。

本标准适用于在中国境内举办的以经济贸易活动为目的的专业性展览会的等级划分及评定。

2. 规范性引用文件

下列文件对于本文件的应用是必不可少的。凡是注日期的引用文件，仅注日期的版本适用于本文件。凡是不注日期的引用文件，其最新版本（包括所有的修改单）适用于本文件。

GB/T 19001　质量管理体系　要求

GB/T 28001　职业健康安全管理体系　要求

3. 术语和定义

下列术语和定义适用于本文件。

3.1　专业性展览会

在固定或规定的地点、规定的日期和期限内，由主办者组织、若干参展商参与的，通过展示促进产品、服务的推广和信息、技术交流的社会活动。

3.2　特殊装修展位面积

由参展商自行或委托专业机构专门设计并特别装修的展览位置及其所覆盖的面积。

3.3　展出净面积

专业性展览会用于展出的展位面积总和，以平方米（m²）表示。

3.4　特殊装修展位面积比

特殊装修展位面积总和与展出净面积的比值，以百分比（%）表示。

3.5　参展商

参加展览并租用展位的组织或个人。

3.6　专业观众

从事专业性展览会上所展示产品的设计、开发、生产、销售、服务的观众，以及用户观众。

注：这里所指的产品可以是有形的产品（如机械零件），也可以是无形的产品（如软件、服务等）。

3.7　等级

用于划分专业性展览会质量差异的级别设定。用英文大写字母AAA、AA、A表示。

4. 等级的划分、依据和评定方式

4.1　专业性展览会的等级评定分为三个级别，由高到低依次为AAA级、AA级、A级。

4.2　等级的划分以专业性展览会的主要构成要素为依据，包括展览面积、参展商、观众、展览的连续性、参展商满意率和相关活动等方面。

4.3　专业性展览会等级的具体评定标准，按照附录（附录内容可扫描二维码查看）执行。

4.4　专业性展览会的等级是由专业机构依据统一的评定标准及方法评定产生的，其评定结果表示该专业性展览会当前的等级状况，有效期为3年。具体评定方式按专业性展览会评定机构制定的评定程序和评定实施细则执行。

4.5 评定机构以文本的形式提出专业性展览会的等级，并出具由评定机构签章的专业性展览会等级证明文书。

4.6 专业性展览会等级证明文书应清晰列明专业性展览会的等级、专业性展览会的名称、专业性展览会主办（承办）方、连续举办届数、有效期限等。

4.7 专业性展览会等级的评定采取自愿的原则，主办（承办）方按有关程序向评定机构提出申请，由评定机构予以评定。

5.安全、卫生、环境和建筑的要求

专业性展览会举办场馆的建筑、附属设施和管理应符合现行的国家、行业和地方的消防、安全、卫生、环境保护等有关法规和标准。

6.专业性展览会等级评定条件

6.1 AAA级

6.1.1 展览面积

6.1.1.1 展出净面积不少于10 000平方米。

6.1.1.2 特殊装修展位面积比至少达到50%。

6.1.2 参展商

行业内骨干企业参展展位面积与展出净面积的比值不少于20%。

6.1.3 观众

展览期间专业观众人次与观众总人次的比值不少于60%。

6.1.4 展览的连续性

同一个专业性展览会连续举办不少于6次。

6.1.5 参展商满意率

参展商满意率的评价按"参展商满意率调查表"的调查结果进行，其中总体评价结论为"很满意"和"满意"的数量总和，应不低于参展商总数的80%。

6.1.6 相关活动

专业性展览会期间组织与专业性展览会主题相关的活动。

6.2 AA级

6.2.1 展览面积

6.2.1.1 展出净面积不少于8 000平方米。

6.2.1.2 特殊装修展位面积比至少达到40%。

6.2.2 参展商

行业内骨干企业参展展位面积与展出净面积的比值不少于10%。

6.2.3 观众

展览期间专业观众人次与观众总人次的比值不少于50%。

6.2.4 展览的连续性

同一个专业性展览会连续举办不少于4次。

6.2.5 参展商满意率

参展商满意率的评价按"参展商满意率调查表"的调查结果进行，其中总体评价结论为"很满意"和"满意"的数量总和，应不低于参展商总数的75%。

6.2.6 相关活动

专业性展览会期间组织与专业性展览会主题相关的活动。

6.3 A级

6.3.1 展览面积

6.3.1.1 展出净面积不少于5 000平方米。

6.3.1.2 特殊装修展位面积比至少达到30%。

6.3.2 参展商

行业内骨干企业参展展位面积与展出净面积的比值不少于5%。

6.3.3 观众

展览期间专业观众人次与观众总人次的比值不少于40%。

6.3.4 展览的连续性

同一个专业性展览会连续举办不少于3次。

6.3.5 参展商满意率

参展商满意率的评价按"参展商满意率调查表"的调查结果进行，其中总体评价结论为"很满意"和"满意"的数量总和，应不低于参展商总数的70%。

6.3.6 相关活动

专业性展览会期间组织与专业性展览会主题相关的活动。

7.专业性展览会等级评定附加项

7.1 负责专业性展览会具体组织管理工作的主办（承办）方通过GB/T 19001质量管理体系认证。

7.2 展馆方通过GB/T 19001质量管理体系认证、GB/T 28001职业健康安全管理体系认证。

7.3 装修和搭建的主要承办方通过GB/T 19001质量管理体系认证、GB/T 28001职业健康安全管理体系认证。

7.4 展览运输的主要承办方通过GB/T 19001质量管理体系认证、GB/T 28001职业健康安全管理体系认证。

注：专业性展览会等级评定附加项不作为专业性展览会等级评定的必要条件，达到的项目在评定时可以加分。

此外，UFI还有一套成熟的会展评估体系，对参展商、专业观众、展会规模和水平、成交量等进行严格评估，达到标准的，或被接纳为成员，或准予刊登在年度展会目录上，并向全世界推广。由于UFI的权威性，被认可的展会在吸引参展商、专业观众等方面具有很大优势，一旦展会的名称与UFI联系在一起，该展会就会被认为是最高品质的象征。

行业广角9-1

专业性展览会等级的划分及评定标准（附录）

9.3 会展评估的步骤

会展评估一般分为制定评估标准、收集数据和资料、统计分析、撰写评估报告几个步骤（如图9-1所示）。

| 制定评估标准 | → | 收集数据和资料 | → | 统计分析 | → | 撰写评估报告 |

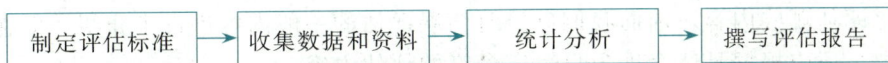

图9-1 会展评估的步骤

1）制定评估标准

制定评估标准是会展评估工作的第一步，也是会展评估工作的基础和前提条件。制定评估标准的总体要求是：明确、客观、具体、协调、统一。

（1）明确：评估标准必须明确，否则就没有意义。

（2）客观：评估标准必须客观。评估标准定得过高或过低，都不利于会展评估工作。

（3）具体：量化评估标准，使之可衡量。

（4）协调：会展利益各方，包括主办单位、参展商、观众等之间的目标应该协调一致，而不应该是冲突的。

（5）统一：制定评估标准时要从长远考虑，评估标准一旦制定完成，就不要轻易更改，应坚持连续使用，保持评估标准的统一性，从而使评估标准更具有衡量价值。

2）收集数据和资料

收集数据和资料是会展评估工作中工作面最广、工作量最大的环节。收集数据和资料的主要方式有：收集现成资料、组织座谈会、发放调查问卷、深度访谈等。

3）统计分析

统计分析是会展评估工作的主要步骤之一，一般包括三个部分：统计、比较、分析。

首先，将所收集的数据统计整理成系统的、有用的评估材料。

然后，根据评估标准进行比较。

最后，分析出会展项目存在的问题等。

4）撰写评估报告

评估报告即会展评估结果，是反映情况、说明问题的一系列数字、比例和陈述。评估报告通常按照会展评估方案的要求撰写。

9.4 会展评估计划的制订及实施

9.4.1 会展评估计划的制订

首先要确定是否需要对会展项目进行评估，因为并非所有的会展项目都需要进行评估。对于政治性、文化性、公益性的展览，其目的并不是获得直接的经济效益，其影响也不是短期内能够显现出来的，因此一般并不需要进行专业的会展评估；对于商业性的展览，则大多需要进行专业的会展评估。会展评估无论是由会展主办方或承办方进行，还是由独立的第三方进行，都应制订详细的评估计划。会展评估计划主要包括以下几个方面的内容：

（1）评估哪些内容。前面我们已经对会展评估的一般内容进行了介绍，但在会展评估实践中，还应根据具体会展项目决定最终的评估内容。

（2）需要哪些数据和资料。根据需要评估的内容，确定需要哪些数据和资料。其中，数据是指可以量化的部分，资料是指需要做出主观判断的部分。用于收集数据的表格和调查问卷都必须在会展项目开始之前完成设计、制作，并送至会展场馆妥善保存。

（3）如何、何时、何人收集数据和资料。首先，对于每一项数据和资料，都需要明确通过何种方式或途径获取。其次，对于每一项数据和资料，还需要明确在什么时间开始收集，或在什么时间段进行收集。最后，必须明确由什么人具体执行数据和资料的收集工作。可以由一个人负责其中一项或几项，如量化数据的获得相对简单，工作量也较小，一个人就能完成；也可以由几个人共同负责一项工作，如问卷调查的工作量较大，需要多人共同完成。总之，应根据工作量的大小、难易程度、时间差异来安排数据和资料的收集工作。

（4）如何分析数据和资料。如何对收集到的数据和资料进行分析，也应提前明确下来。我们通常采用层次分析法和德尔菲法分析数据和资料。

（5）最终的评估报告采取何种形式。最终的评估报告采取何种形式，应根据会展项目的具体情况来确定。非正式的评估甚至不需要被总结成书面报告，不过有一份书面记录通常还是很有好处的，至少会展组织者应该写出一份基本的评估报告。

如果使用定量评估方法，则可以用图表来反映评估结果。如果使用定性评估方法，则可以用描述性的语言来反映评估结果。一些阅读报告的人只对大致的结论感兴趣，还有一些人则希望得到相关的细节，所以在确定最终的评估报告采取何种形式时要考虑不同受众的需求。

9.4.2 会展评估计划的实施

1）数据收集

会展项目评估指标体系中的大多数量化指标都较容易获得。会展项目的举办次数、场馆面积的大小、参展商的数量、展馆提供商的收入等数据在会展项目正式开始之前便可获得；参展商、会展主办方、会展服务商的收益可以在会展结束之后从相关单位获得。至于观众的数量，有多种情况：如果出售门票，则观众的总数等于出售门票数；如果该会展项目不出售门票，则观众总数可根据经验估算；如果需要统计专业观众的数量，则可以通过对现场观众的抽样问卷调查获得。媒体报道次数的数据，需要派专门人员加以监控统计。满意度数据以及其他需要做出主观判断的数据，可以通过问卷调查、座谈会或者个别访问的方式获得。

2）问卷调查

问卷调查是一种常用的调查方法，既可用来获得定量数据，也可用来获得定性描述。尽管业内对问卷的长度及问题的数量并没有严格的规定，但问卷还是应该尽量做到简洁、明了。每个问题都应该有明确的目的且确有必要，否则不仅会浪费调查人员的时间和精力，而且会使被调查者失去耐心。问卷在使用之前必须经过测试，以保证问卷中的每一个问题都清楚明了，方便被调查者回答。问卷的问题有封闭式和开放式两种，比较常见的情况是将封闭式问题和开放式问题结合在一起使用，并以封闭式问题为主。

会展链接9-2

第130届中国进出口商品交易会参展商调查问卷

您好！我们是中国进出口商品交易会（简称广交会）组委会办公室，正在进行一项有关参展机构的调查，以更好地服务展商。谢谢您的支持。

1.您参加广交会的主要目的是？（多选题）

☐A.老采购商关系维护

☐B.寻找新的采购商

☐C.了解同行产品

☐D.来不来无所谓

2.除了参加广交会，您做外贸订单还有哪些主要渠道？（多选题）

☐A.其他展会

☐B.外贸B2B平台

3.您觉得广交会现场的采购客户能够满足您的需要吗？

☐A.不能满足，需要加大邀约力度

☐B.差不多可以

4.您觉得广交会现场有诚意的采购客户基本上都和您沟通过吗？

☐A.找不到我的展位

☐B.基本上来过

☐C.太多，应付不了

5.您觉得您和采购商的现场交流顺畅吗？

☐A.英语采购商交流顺畅，小语种有困难

☐B.都有困难，请翻译是件麻烦事

☐C.没问题

6.您觉得展会前是否有必要和采购商有些初步的产品信息和采购意向的沟通？

☐A.没必要，现场就能满足

☐B.无所谓

☐C.有必要，让采购商提前了解产品，可以提高现场沟通效率

7.您觉得您目前采用的布展和导购员是否吸引到了您想要的采购商？

☐A.效果不好，需要加强

☐B.差不多可以了

☐C.很好，基本上不会漏掉到会的采购商

8.您和采购商做成生意后会经常联系吗？

☐A.经常联系，如邮件、电话等

☐B.偶尔联系，问下有无新订单

☐C.只有展会见

9.您向老采购商发新产品推荐信，会收到回复吗？

□A.基本不发，客户有需要会找我

□B.偶尔会发，发了也很少回复，没效果

□C.经常发，客户很喜欢收到这些信息，并沟通下单

10.新客户有采购意向，要去你们厂里看，你认为是件麻烦事吗？（多选题）

□A.不麻烦，很方便安排，正好可以增进了解

□B.额外开销没办法，采购商要看了才放心

□C.提供一些第三方验厂报告就可以解决

11.您与货代合作愉快吗？

□A.不好，价格高，服务差，但是没精力去找更好的

□B.各家都差不多，对我影响不大

□C.很好，价格低，服务周到

□D.运输由买家负责，我不关心

12.您在接到订单时会购买保险防止诈骗吗？

□A.不会购买，不可能受骗

□B.如果价格不高考虑购买

□C.安全第一，每次都买

13.您在赶订单时遇到过资金流转困难，去申请贷款解决采购原料问题吗？

□A.没有，不差钱

□B.没有，没必要，上游厂商给账期，背对背交易

□C.贷款困难，私人拆借

□D.与银行关系很好，申请贷款很容易

14.您做过电商吗？

□A.没有

□B.做过，没什么用

□C.已经做了很多年，效果很好

15.如果您正在做电商，您觉得电商应该主要解决什么问题？（多选题）

□A.询盘太少

□B.成交率太低，大多垃圾询盘

□C.操作便捷性，能线上完成收款发货

□D.没做过电商

16.广交会期间如果有与您相关的采购商见面会，您会参加吗？

□A.不会，没时间

□B.无所谓，看情况

□C.愿意参加

资料来源　根据网络资料整理。

3）现场采访

对于需要做出主观判断的问题，现场采访也是一种比较好的形式。采访时，既可以在规定的时间里提出封闭式问题，也可以提出开放式问题。这种方法需要采访者有丰富

的经验，并且需要大量的时间，但是可以得到一些与问卷调查不同的数据。

当然，无论是现场采访的形式还是问卷调查的形式，都要确保得到足够的样本，以保证样本具有一定的代表性。同时，在最终的评估报告中，应该说明回收问卷的数量或采访的人数占发放问卷数量或全体人数的比例。

4）数据处理与分析

所有数据都收集完成后，就可以按照事先确定的方法进行数据处理与分析了。首先，可以得出一个总体的判断，即本次会展项目质量如何；其次，要分析各个指标的完成情况及逻辑关系，从而对各方面工作的好坏有一个基本评价；再次，要进一步分析其原因，即指标完成好或坏的原因分别是什么；最后，提出改进意见和建议。

价值引领 9-1 　　　　　发展会展经济　加快统一大市场建设进程

市场是商品、服务交换的场所，是具有买卖交易意向的社会群体和个人，是价值实现的地方；会展是商品、服务交易的媒介，通过集聚人流、物流促成交易，实现价值。会展就是市场，会展与市场浑然一体，具有统一大市场的禀赋属性。

首先，会展定时定点举办，是顺应经济社会发展的需要，精心策划组织，在固定时间和固定地点打造的市场。其次，会展连通国际、国内，集聚各类发展要素，促成要素、商品、服务跨业主、跨区域、跨国界转移配置，提高要素使用效能，扩大交易规模。再次，会展是交易成本更低且交易效率更高的市场。会展把散布在不同时间、不同区位的交易机会聚集一起，让买卖双方充分沟通交流、多方比较体验，让价值规律现场直观体现、充分发挥作用，达成交易或交易意向，带来交易成本的节约和交易效率的提高。最后，会展还是带有公共平台性质的市场，通过无差别服务、无歧视待遇提供，会展参与各方可以平等感受现场氛围，公平分享信息资源和交易机会，自主选择合作对象。

从市场运行机理分析，会展紧密联系着供给和需求，在社会生产和消费之间构建起桥梁，将产品、服务、技术信息传递给消费者，将市场需求信息传递给生产者，为生产更多、更好符合市场需求的商品、服务和技术提供依据；会展促进货畅其流，物尽其用，加快商品、服务市场运转，提高要素、资源使用效能，推动要素与资源、商品与服务在更高水平和更高层次实现效能均衡。所有这些都与全国统一大市场建设的目标要求不谋而合，与统一大市场的功能效用高度一致。

资料来源　储祥银.会展助力全国统一大市场建设［EB/OL］.［2023-06-19］. http://www.hweelink. com/articles/2734.html.

思政元素：中国特色市场体系　国内国际双循环　制度自信

思政感悟：会展是构建现代市场体系的重要平台，统一大市场是建设高标准市场体系的坚强支撑。一个重要平台，一个坚强支撑，都是中国特色市场体系建设的重要内容。在构建国内国际双循环相互促进的新发展格局的过程中，会展是促进国内循环和国际循环融会贯通的润滑剂，是连通生产与消费、供给与需求、国际与国内的桥梁，是为现代化强国建设服务的功能性平台，是高水平对外开放的重要载体和推手。广交会、进博会、服贸会等都是中国展会的典范，也是需要精心打造、长期培育的开放性市场和公共会展服务平台。依托这些平台，我们可以让全世界分享中国发展成果，推进世界共同发展，实现市场更高水平的动态均衡，从而更好地满足人们对美好生活的追求。

9.5　会展评估报告的撰写

9.5.1　会展评估报告的撰写要求

会展评估报告的撰写要求主要有：

（1）语言简洁，有说服力。

（2）将调研过程中各个阶段收集的全部有关资料组织在一起，不能遗漏重要资料，也不能将一些无关资料写进去。

（3）仔细核对全部数据和资料，务必使资料准确无误。

（4）对会展评估活动所要解决的问题提出明确的结论或建议。

9.5.2　会展评估报告的内容

一般来说，会展评估报告的内容主要包括以下几个部分：

（1）评估背景。在评估背景中，要对评估的由来或受委托进行该项评估的具体原因加以说明。说明时，最好以有关的背景资料为依据。

（2）评估方法。评估方法中应该包括以下内容：

①评估对象。

②样本容量。

③样本结构。

④资料采集方法。

⑤实施过程及问题的处理。

⑥资料处理方法及工具。

（3）访问完成情况。说明访问完成率及部分未完成或访问无效的原因。

（4）评估结果。评估结果可以用若干统计表和统计图来呈现。此外，图表中的数据隐含的趋势、关系和规律也必须加以客观描述，也就是说，要对评估结果加以说明、讨论和推理。评估结果包含的内容必须能够反映出评估目的，并且能够突出所要反映的重点内容。

（5）结论和建议。用简洁易懂的语言阐述结论，如解释评估结果说明了什么问题、有什么实际意义等，必要时可引用相关背景资料加以解释、论证。建议是针对评估结论提出的，如可以采取哪些措施以获得更好的效果，或者提供有针对性的行动方案来解决存在的问题。

行业广角9-2

中国国际高
新技术成果
交易会第三
方调研报告

9.5.3　会展评估报告的应用

会展评估报告撰写完成，并不意味着整个会展评估工作已经结束，因为如果把会展评估报告放在一边而不再采取任何行动，那么撰写会展评估报告就没有任何意义了。所以，我们还必须考虑会展评估报告的应用问题，即哪些人应该得到会展评估报告。

首先，无论会展评估报告是由会展主办方或承办方自己做出的，还是由会展行业协会或专业的评估机构做出的，会展主办方或承办方都应该首先得到会展评估报告。因为对会展项目进行评估的一个首要目的就是对本次会展项目进行总结，并为会展主办方或承办方以后举行展会提供借鉴。

其次，会展行业协会应该得到一份会展评估报告，以便对会展项目的质量、效益与影响等做出判断，并为今后会展主办方再次申办该会展项目提供审批依据。

再次，参展商也应该得到一份会展评估报告。参展商通过阅读会展评估报告，可以决定今后是否需要继续参加这一会展项目。会展主办方与承办方为了吸引参展商今后继续参加该会展项目，也应主动做好信息反馈工作，在把会展评估报告及时传达给参展商的同时，收集参展商的反馈意见，以便进一步提高会展项目的质量。

最后，展馆提供商以及会展服务商可能也希望得到会展评估报告。为了便于今后继续合作，会展主办方或承办方也可根据实际情况决定是否向展馆提供商以及会展服务商提供会展评估报告。

行业广角9-3

关于会展评估的几个重要概念

情景模拟9-1

场景：假设你是某展会的评估人员，要求你拟订一份会展评估计划，并向会展主办单位提交。

操作：

(1) 根据有关理论知识和参考范例拟订评估计划。

(2) 把评估计划制作成PPT。

(3) 向老师和全班同学（扮演会展主办单位）提交，接受提问。

(4) 教师点评。

知识掌握

◉ 选择题

1）AAA级专业性展览会展览期间专业观众人次与观众总人次的比值应不少于（　　）。

A.60%　　　　　　　　　　　　　　B.50%

C.40%　　　　　　　　　　　　　　D.30%

2）制定展会评估标准的总体要求是（　　）。

A.明确　　　　　　　　　　　　　　B.客观

C.具体　　　　　　　　　　　　　　D.协调

E.统一

3）AAA级专业性展览会展览期间行业内骨干企业参展展位的面积与展出净面积的比值应不少于（　　）。

B.30%

C.40%　　　　　　　　　　　　　　D.50%

在线测评9-1

选择题

◉ 简答题

1）什么是会展评估？会展评估的意义和目的是什么？

A.20%

2）会展评估的内容通常包括哪些？

3）我国专业性展览会等级划分的依据是什么？

4）会展评估的程序有哪些？

5）会展评估报告编写的要求是什么？

知识应用

◎案例分析

西湖国际博览会的品牌评估

首届西湖国际博览会于 1929 年在杭州举办，旨在"促物产之改良，谋实业之发达"。首届西湖国际博览会一经举办便产生了轰动效应，与历史上著名的芝加哥世界博览会、巴黎万国博览会和费城世界博览会并称为国际性庆典。此后，由于历史原因，西湖国际博览会停办了 70 年。

自 2000 年起，杭州恢复举办一年一届的西湖国际博览会，办会宗旨为"发展会展业和招商引资的平台、精神文明建设的载体、老百姓和中外游客的节日"。

西湖国际博览会的恢复举办是在杭州市经济、社会快速发展与城市功能重新定位的大背景下进行的，主要经历了起步探索阶段（2000—2003 年）、调整成长阶段（2004—2005 年）、创新发展阶段（2006 年至今）三个时期。西湖国际博览会坚持"国际化、市场化、专业化、品牌化"的发展方向，充分发挥杭州市的资源优势和产业优势，积极开发相关经济和社会资源，打造品牌项目，培育品牌企业，走市场化道路，从而提升了自身的国际影响力，提高了杭州的国际关注度。

西湖国际博览会的举办有力地促进了杭州的城市发展，直接促进了杭州包括会展经济在内的整体经济的发展及产业结构的优化，全面整合了杭州现有的自然、历史、文化、产业等资源，有效集聚了国内外知名企业、知名产品、知名品牌，集聚了商流、物流、技术流、人才流、信息流、资金流等资源，推进了包括广告设计业、金融保险业等在内的现代服务业的结构调整和产业升级，带动了旅游文化等关联产业的结构调整和持续发展，改善了城市生态环境，增强了杭州城市的综合服务能力。

便民、利民、为民、乐民是西湖国际博览会区别于其他博览会的一大特色。西湖国际博览会积极倡导文明和谐，推广文明礼仪教育实践活动，极大地提高了市民的文明素养。

西湖国际博览会的评估工作分会议、展览、节庆活动三大板块进行。为了使评估工作公正、客观，使评估结果准确、可靠、实用，评估应遵循五项基本原则：等级系统、动态发展、实事求是、兼顾经济和社会效益、定性与定量相结合。

对会议、展览、节庆活动三大板块举办效果的评估均从四个方面进行考察：项目组织力度、工作丰度、效果优度、质量信度。评估应结合相应的指标进行，以会议项目组织力度为例，首先从会议项目举办是否达到既定目标、项目管理制度是否完善、政府重视度、企业参与度、协会参与度、会后评估工作的完备度等方面进行具体评估，然后根据各指标的历年情况进行打分，最后做出定量评价。

在对会议项目的评估过程中可以发现，随着经验的不断积累，会议项目在组织力度、工作丰度、质量信度、效果优度等方面均达到了令人满意的水平，尤其是会议的专业性、轰动性，都已达到了较高的水平。

在对展览项目的评估过程中可以发现，展览项目各项关键指标（包括展览面积、参展商数量、专业观众数量、贸易成交额等）均呈现逐渐增长的态势，历年展览项目量化评估总分也在不断攀升。同时，应注意进一步完善展览场馆的硬件设施，提高展览的市场化水平以及管理的规范化水平。

在对节庆活动的评估过程中可以发现，节庆活动的组织力度、执行质量均有较好的表现，说明节庆活动日趋成熟、质量不断提高。节庆活动在大众心中的影响力大、参与度高，说明了西湖国际博览会获得了很好的社会效益，但是在"广博"与"精专"关系的处理方面，尚需要进行科学、合理的把握。

资料来源　过聚荣. 西湖国际博览会评估报告 [R]. 上海：上海交通大学会展经济发展研究中心，2008.

问题：

（1）请收集有关西湖国际博览会的资料，对其历史和现状做出综述。

（2）请参考本案例的评估原则和方法，对本地某会展活动进行评估。

◉实践训练

撰写一份会展评估报告。

要求：在对会展项目进行调研的基础上，撰写一份会展评估报告，以小组的形式提交作业。

第 10 章

会展常用文案写作

第 10 章

学习目标

知识目标

• 了解参展合同、场馆租用合同、服务合同的内容。
• 熟知招展函、专业观众邀请函、参展商手册的主要内容。
• 了解展会会刊、新闻稿的内容。

技能目标

• 能够编写招展函、专业观众邀请函、参展商手册。
• 能够撰写新闻稿。

素养目标

• 培养爱岗敬业、知行合一的职业素养。
• 坚定文化自信，传承和弘扬中华优秀传统文化。

知识导图

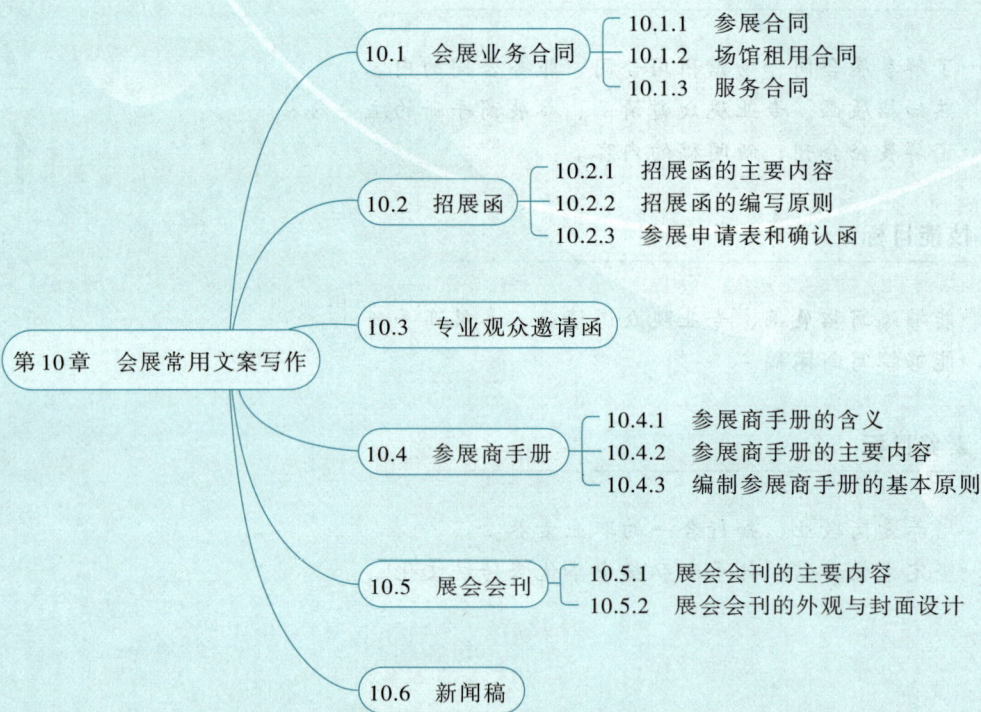

| 引例 | 会展合同纠纷 |

　　甲公司为了推广新品牌，与展览公司签订了一份会展合同。合同约定，甲公司为展览公司提供一定数量的赞助费用于举办展览活动，同时约定展览公司有义务向甲公司提供会展服务，包括展位搭建、工作人员服务、网络宣传等。但是合作过程中，甲公司发现展览公司不仅没有按照约定提供相应的服务，而且泄露了甲公司的商业机密，导致甲公司的品牌形象严重受损。因此，甲公司主张展览公司违约，要求展览公司赔偿相关损失。

　　资料来源　佚名.会展合同纠纷解决的案例［EB/OL］.［2023-06-06］.https://www.aifahao.com/zhishi/20230606/516423.html.

　　这一案例表明：甲公司和展览公司在合同签订过程中，由于条款订立得不够具体、清晰、明确，从而产生了纠纷。在会展实务中，涉及很多文案写作，如果编写得不够严谨和具体，就可能会导致局面混乱，甚至会引来法律纠纷。所以，我们要重视会展合同及其他有关文案的写作。

10.1　会展业务合同

　　在会展实务中，会展主办单位与参展商、场馆方、各种服务商之间会签订各种合同或协议，因此了解会展业务合同是相当重要的。会展业务合同主要包括参展合同、场馆租用合同、展具租赁合同、展品运输合同、展位搭建合同等。

　　会展业务合同的内容由当事人双方约定，它是对合同当事人权利和义务的具体规定。一般而言，会展业务合同主要包括以下条款：①当事人的名称和地址；②标的；③数量；④质量；⑤价款或报酬；⑥履行期限、地点和方式；⑦违约责任；⑧解决争议的方法。

　　上述条款在通常情况下是应当具备的，但并不是说每一份合同都必须具备以上所有条款才能成立。在订立合同时，应尽可能做到周全、翔实、完备。下面我们主要介绍对会展主办单位来说比较常用的合同。

10.1.1　参展合同

　　参展合同是界定会展主办单位和参展商之间权责问题的法律关系文本。参展合同在具体起草时所遵循的原则和应考虑的问题与一般合同没有太大区别。一份参展合同主要包括以下内容：

　　（1）当事人身份。当事人身份就是会展主办单位和参展商双方的基本资料，如名称、地址、联系电话等。

　　（2）展会举行的时间和地点。总体来说，合同中列出的日期就是展会对观众开放的时间。布展和撤展的具体时间在参展商手册中予以规定。如果展会场地不止一个，则要把这些场地都列出来。

　　（3）展会类型。定义展会的类型，如"只对专业观众开放"或者"对公众开放"。

同时，附加的会议和其他活动也要进行简要说明。

（4）展位描述。详细描述展位情况，需要考虑以下事项：

①展位数量、楼层总体规划图。

②面积大小，即说明展位所占的实际面积。

③展位规格，即对展位空间的描述。

④识别障碍物，如最低天花板的高度等。

（5）参展费用、支付条件和日期。如果需要支付预付款（或押金），则要说明预付款的金额、余款的数额及结清时间。此外，在合同中还要说明，如果参展商无法按期支付费用，主办单位有权取消其参展资格。

很多办展单位还在参展费用中附带了其他服务项目，如运输货物、搭建展台、铺地毯等，这些都要在合同中予以说明。

（6）退展及退款规定。对于参展商退展及退款的情况，合同中要进行清楚明确的规定。例如，如果参展商在分期付款后发生了退展行为，那么已付款项应如何处理；如果参展商取消了部分展位，那么参展商又该负什么责任等。

（7）无法举办展会的规定。这一条款也称不可抗力条款。规定该条款的目的就是免除会展主办单位由于无法控制的外因而使展会无法举办所带来的责任。

（8）允许展出的产品或服务。对参展商可以展出和不能展出的产品做出规定。

（9）责任/赔偿限定和保险。参展商丢失货物、展出材料受损或者由于各种原因导致参展人员受到伤害等，往往都不可避免，会展主办单位要防止上述索赔要求以及由于参展商的行为而引起的任何其他问题的出现。如果参展商受到了由于自身原因引起的伤害，那么免责条款能够保护会展主办单位的利益。

会展主办单位应提醒参展商，展会不负责其工作人员、展品和展出材料等的安全，最好能投保有关险种。

（10）会展主办单位相对于参展商的权利。下列情况一般应该在合同中指明为参展商违约，会展主办单位有权解除合同或者不允许参展商继续参展：

①参展商把展位转让或准备转让给另一方；

②参展商申请破产或者宣告破产，以及类似的情况；

③参展商不遵守合同中的条款以及展会的规章制度。

（11）国家的有关法律、法规。要求参展商遵守国家的有关法律、法规。

（12）其他条款。一般是合同纠纷的解决方式。例如，是否要求仲裁或者其他形式的解决方法；发生纠纷时，在哪个地方的法院审判等。

（13）合同双方当事人签章。这是合同的结尾部分，也就是落款部分，一般由合同当事人签名或盖章，并写明合同订立的时间。这是合同是否生效的重要环节。

需要注意的是，参展合同是为了在特定时间举行特定活动而创立的一个工作文件，仅起草一份普遍适用的参展合同是不可取的，因为不同的情况需要不同的处理方式。每次举办展会前，会展主办单位都应该对参展合同进行再次审核，如果有必要的话，还应该进行适当的修改和调整。

此外，有些事项要在参展合同中注明，还有些事项最好在参展商手册中注明或者以其他沟通方式提出。也就是说，在刚刚起草合同时，还不明确的规章制度或者还需要改变的事项，最好在参展商手册中写明。这些随后发布的规定同样具有法律约束力，只要它们是合理的并且不会改变合同的实质性条款即可。例如，很多展会把参展商手册作为参展合同附件，参展商手册同样具有合同效力。

行业广角 10-1

上海市会展业参展合同（示范文本）

10.1.2　场馆租用合同

随着会展市场竞争的日益加剧，展会主办单位和场馆之间的关系也变得复杂起来，由于场地问题而导致展会失败甚至取消的现象时有发生。因此，在举办展会之前，会展主办单位和会展中心签订一份场馆租用合同是必不可少的。

场馆租用合同一般包括以下内容：

（1）展会布展、撤展的时间和展期。

（2）租用方使用的场地空间。

（3）场地租用的金额及支付方式。

（4）展会期间场馆设施（如空调、照明、清洁等）的运作和管理。

（5）工作规范及国家相关法规。

（6）场馆设施、设备损坏的有关问题。

（7）其他条款。

（8）违约责任。

行业广角 10-2

上海市会展业展馆租赁合同（示范文本）

10.1.3　服务合同

大多数展会都需要独立的服务商提供有关服务，这些服务包括展位搭建、展品运输、餐饮、住宿、旅游等。

会展主办单位和服务商之间也需要建立法律关系。每一方对对方、对参展商的权责都应该认真考虑并在合同中写明。服务合同一般包括以下内容：

（1）界定当事人。

（2）对提供的服务进行详细描述。应该使用会展业中常用的条款，如果有特殊要求，则应进一步说明。

（3）服务费用以及支付方式。双方要确定为参展商提供的服务项目的收费标准以及支付方式；同时，必须解决预付保证金以及付款优惠规定方面的问题。会展主办单位签订合同后，应把服务商提供的各种服务项目及收费标准详细告知参展商，以供参展商选择。

（4）会展主办单位从服务中得到的利益。所有利益都应该在书面协议中注明。

（5）保险项目。合同中应要求服务商承担某些项目的责任并投保。

（6）要求服务商遵守各项法律和所有与会展有关的规章制度。

（7）免责赔偿条款。服务商和会展主办单位都必须为其疏忽行为负责，合同中应明确界定双方在伤害事件中的责任以及赔偿方法。

（8）不可抗力问题。与服务商签订合同时，应考虑到最坏的情况。例如，由于不可抗力，服务商不能提供服务时双方的责任。在这种情况下，规定共同承担损失是合理的。合同中应详细说明责任如何分担、如何赔偿。

在草拟合同时，一方面，要保证服务商的独立地位；另一方面，会展主办单位要进行足够的控制，以确保各项工作以正确的方式开展。最好的方式是确立可衡量的结果导向条款，而不是定义服务商如何工作。

10.2 招展函

招展函的主要作用是向目标参展商说明展会的有关情况，引起参展商对展会的兴趣。招展函是进行展会营销的核心资料之一，也是目标参展商了解展会情况的主要信息来源。招展函一定要充分展示展会的独特定位和创新之处，尤其要突出专业观众的层次、结构和数量。

招展函有两种写作版本：一种是详细版本；另一种是简要版本。详细版本内容全面，无须用其他附件补充说明；简要版本则仅告知举办展会的主要信息，参展商咨询时再发放参展商手册。以上两种写作版本都可以挂在网上，供有意向参展的单位浏览或下载。

10.2.1 招展函的主要内容

一般来说，招展函的主要内容包括以下几个方面：

1）展会的基本内容

（1）展会名称和标志。展会名称一般用比较大的字体写在展会招展函封面最醒目的位置上，旁边是展会的标志和展会的简称；如果展会是国际性的，还要注明展会的英文名称。

（2）展会举办时间和地点。展会举办的时间一般置于招展函的封面或放在招展函的内页，只不过封面的"举办时间"是展会的正式展览时间，而内页的"举办时间"往往还包括展会的布展、撤展时间，以及对专业观众和普通观众开放的时间等。举办地点也置于封面，具体地址一般置于内页。

（3）办展单位。办展单位包括展会的主办单位、承办单位、协办单位和支持单位以及海内外协作单位等，办展单位名称一般写在招展函的封面或封底上。

（4）办展背景及目标。简要说明举办展会的起因以及计划将展会办成什么样、规模有多大、观众有多少等；同时，要介绍展会的历史和发展概况，以及人们参加该展会的情况。

（5）展会特色与定位。用简洁的语言高度概括展会的特色与定位。

（6）展品范围。详细列出展会的展品范围，以供参展商参考。

（7）价格。列出展位的各种价格，包括标准展位价格、光地价格等。对于标准展位，一般还要对其基本配置进行详细说明。

2）市场状况介绍

结合展会的内容，对展会题材所涉行业的市场状况进行简要介绍，如行业的生产、销售、进出口状况及发展趋势等，同时还要简单介绍办展所在地的市场状况。

3）参展资格和条件

要列明只有具有相关资质的单位才能参加展会。

4）展会招商和宣传推广计划

（1）展会招商计划。简要介绍展会计划邀请专业观众的方法、范围和渠道。如果展会已经连续举办多次，那么对展会专业观众进行分析得出的结论，对于说服参展商参加展会将起到较大的作用。

（2）展会宣传推广计划。介绍展会宣传推广的方法、范围和渠道，以及展会计划如何扩大其影响等。展会宣传推广计划是参展商较关注的项目，需要详细说明。

5）展会相关活动

简要介绍展会期间的相关活动安排，包括技术交流、商务会议、专题研讨、旅游活动等。

6）服务项目

搞好服务是提高展会竞争力和吸引力的重要手段之一。招展函中应详细列出展会提供的各种有偿服务和免费服务。

7）参展办法

（1）办理参展手续。明确参展商办理参展手续的程序、方法。

（2）付款方式。列出收款人的单位名称、开户银行和账号、付款方式、应付定金的数额和付款时间等。

（3）参展申请表。招展函后一般附有参展申请表，一旦目标参展商计划参展，就可以填写该表，并将该表传真或邮寄回展会组委会，以预订展位。

（4）联系方式。列出办展单位的地址、电话、传真、电子邮件、网址等，供参展商联系之用。

8）相关图片

除上述内容外，招展函中还会附上一些图片，如展馆平面图、展馆地区交通图、往届展会图片等。

10.2.2　招展函的编写原则

编写招展函时应遵循以下原则：

（1）语言简洁明了。招展函应简洁明了、重点突出、行文流畅，使目标参展商能够在最短的时间内捕捉到最有价值的信息，忌语言晦涩、冗长。

（2）内容准确全面。招展函应将关键信息（如时间、地点、价格等）准确无误地传达给目标参展商，不能夸大其词，以免参展商到达现场后感到失望。

（3）形式美观大方。招展函的文字、图片等的布局要美观大方，使人赏心悦目，能够在众多的招展函中脱颖而出，同时还要注意实用性与低成本相结合。

（4）便于邮寄和携带。招展函的样式要便于邮寄和携带；否则，不但会给招展工作带来不便，还会增加办展成本。

10.2.3 参展申请表和确认函

参展申请表又称参展注册申请表、参展回执、参展报名表等，是参展单位向主办单位申请参展并租赁展位的文件。

参展申请表由办展单位统一印制，随同招展函一起发布，由申请参展的单位按要求填写，并在报名截止时间之前提交。

参展确认函又称参展确认书，是主办单位收到参展单位的参展申请表并经过审查，确认其具备参展资格后，向其发出的同意参展的文件。

1）参展申请表的内容

（1）参展单位的基本情况，包括单位全称、联系人、地址、邮编和联系方式等。

（2）展品的名称、性质和数量。

（3）拟申请展位的规格、位置、数量、展位费；认刊费及其他广告费。

（4）如果需要在交纳展位费后再确认其参展资格，可要求填写付款方式和日期。

（5）提交参展申请表的方式（邮寄、传真或网上提交）和截止时间。

（6）备注条款。有的参展申请表还附有参展合同的条款，如付款后参展单位能否撤销展位、因不可抗力取消展会是否退还展位费，以及展位安排的原则、参展单位的承诺等。这部分内容由主办单位事先确定，它具有格式条款的性质，对双方均有约束力。表10-1是××博览会参展申请表示例。

表 10-1　　　　　　　　　　**××博览会参展申请表示例**

单位全称			楣板中文名称	
联系人			楣板英文名称	
地址			邮编	
联系方式	电话		传真	
	网址		电子邮件	
参展展品				
参展方式	3米×3米标准展位_____个 位置_____楼			展位费：_____元
	光地_____平方米 位置_____楼			场地费：_____元
	会刊版面_____版			认刊费：_____元
	其他广告			广告费：_____元
费用总额	（大写）			付款日期： ____月____日
参展工作 人员数			户名： 账号： 开户行：	

续表

备注：

1.本回执的部分内容将用于博览会会刊、楣板，文字务必准确、清晰。

2.本回执填写清楚并签字盖章后，按回执联系方式确认的地址邮寄至博览会展务部门，也可以先传真后邮寄。

3.参展单位承诺，其展品如涉及侵犯知识产权问题，经济责任和法律责任由参展单位自行承担，因此给本次博览会主办单位造成损失的，主办单位有权提出索赔。

4.收到参展单位的参展申请表后，双方通过传真方式进行展位确认。展位安排原则上按参展申请表及汇款收到的时间先后确定。如因总体布局的需要，博览会展务部门有权变更展位。

5.参展单位应在展位确认后7个工作日内将本表所述的费用汇至约定账户，逾期视为自动放弃展位。若中途退展，所交费用不予退还。

6.收到参展单位的汇款后，博览会展务部门会将展位确认书传真至参展单位。参展单位人员报到时凭展位确认书领取参展证及办理有关手续。

7.如因不可抗力等原因致使本次博览会推迟或取消，博览会仅承担退还已交展位费的责任。

8.参展单位人员在参展过程中如有违反法律和社会公共道德的行为，博览会有关部门有权加以阻止。情节严重的，有关部门有权采取必要措施，由此造成的后果由参展单位自行承担。

联系方式：

地址： 邮编：

电话： 传真：

电子邮件： 网址：

联系人：

公司印章： 填写日期：

2）参展确认函的内容

参展确认函的内容一般比较简单。如果参展确认函是主办单位在收到参展商的参展申请表而未收到展位费的情况下发出的，则除了要确认参展商的参展资格和展位外，还要告知参展商付费的方法和期限；如果参展确认函是在同时收到参展商的参展申请表和展位费的情况下发出的，则确认参展商的参展资格和展位即可；如果需要签订参展合同或办理其他手续，则要告知具体时间和地点。以下是××展览会参展确认函示例：

××展览会参展确认函

××公司：

贵公司的"××展览会参展申请表"以及展位费预付款××元人民币均已收到，我们真诚地接受贵公司的展位租赁申请，请于××年×月×日至×日9：00至17：00携此确认函前来××展览中心办理布展手续并布展。

感谢贵公司的大力配合和支持！

××展览会组委会

××年×月×日

10.3　专业观众邀请函

专业观众邀请函是一种邀请特定的组织或个人参观展会、进行业务洽谈的文案，是招商的主要方式。

专业观众邀请函主要包括以下内容：

（1）展会概况。主要包括展会名称、举办时间和地点、办展单位的名称和标志、展品范围、参加展出的新产品和展会招展情况，一般还会对一些行业知名企业的参展情况进行重点通报。

（2）回顾上一届展会所取得的成绩。例如，上一届展会的参展商数量和质量、专业观众的数量和质量、成交金额和社会影响等。

（3）本届展会的亮点。主要介绍本届展会的特点和优势等。

（4）展会相关活动。列举展会期间举办的相关活动的时间、地点和主题。

（5）参观回执。包括参观申请的方法和联系人等，以方便观众预先登记。

制作专业观众邀请函的目的在于吸引观众到会参观，而最吸引专业观众的是参展商的知名度、展品的创新程度以及行业的发展信息等。因此，专业观众邀请函一定要突出参展商的数量、层次，展会期间有什么样的配套活动，如论坛、新产品发布会、招商交流会等，这些都是专业观众感兴趣的内容。

10.4　参展商手册

10.4.1　参展商手册的含义

参展商手册是汇集展会的基本信息、服务项目以及参展注意事项的文件，又称展览服务手册、参展指南、展览手册、参展说明书等。参展商手册的内容详尽，既能指导参展商做好参展准备，又便于办展单位对展会现场进行管理，还是办展单位对参展商的服务承诺，很多情况下它也是参展合同的一部分，对双方都具有约束力。

10.4.2　参展商手册的主要内容

参展商手册应当涵盖招展函的全部内容，涉及举办展会的各个环节。

（1）前言。这主要是对参展商参加本展会表示欢迎，说明本手册编制的原则和目的，提醒参展商在筹展、布展、展览和撤展等环节要自觉遵守本手册的相关规定。前言一般要求言简意赅。

（2）展会的基本信息。这包括展会的名称、举办地点、展览时间、办展单位、展会指定搭建商、展会指定运输代理、展会指定旅游代理、展会指定接待酒店等。

时间上要写明布展时间、开幕式举行时间、对专业观众和普通观众开放的时间、撤展时间、参展工作人员作息时间等，并将以上时间尽量精确到小时。

要具体列出展会的主办单位、承办单位、支持单位和协办单位等；同时，要标明展会组委会成员名单（包括名誉主任、顾问、副主任、委员的姓名和现任职务）、执行委员会组成人员名单、组委会下设的机构及其分工。

另外，还要具体列明展会指定搭建商、指定运输代理、指定旅游代理、指定接待酒店等的联系方式、联系人、地址等，以便参展商在需要时联系各有关单位。

（3）展览场地的基本情况。这包括展馆及展区平面图、到展馆的交通图、展览场馆的基础技术参数等。绘制展馆及展区平面图时，要注意标明展馆各种服务设施的所在位置、展区和展位划分的详细情况、展馆的内部通道和出入口等；绘制到展馆的交通图时，要注意标明展馆在该城市的具体位置、到展馆可以利用的各种交通工具和交通路线、各指定接待酒店在该城市的具体位置等；展览场馆的基础技术参数包括地面承重、馆内通风条件、货运电梯容量、展馆室内空间高度、展馆入口高度和宽度、展馆的水电供应状况等。

（4）参展规则。这包括报到、登记、注册的注意事项，有关证件办理、使用和管理规定，展馆现场交通规定，展位清洁规定，展品储存规定，安全使用水、电、气的规定，现场展品销售规定，知识产权保护规定，现场展品演示规定，以及参展工作人员就餐规定等。

（5）展位搭建指南。这包括标准展位配置说明、特装展位的搭建要求等。由于标准展位的面积、基本结构和配置都是一样的，因此对标准展位来说，主要是对展位的标准配置做出说明，列明参展商使用标准展位的注意事项。此外，还要说明当参展商需要增加其他非标准配置时，应当如何处理。

特装展位是非标准展位，其面积、结构和配置与标准展位不同。参展商手册要对搭建特装展位做出一系列专门的规定，如使用材料、动火作业、消防安全和铺设电线等的规定。

（6）展品运输指南。这是对参展商将展品及有关物资运到展览场所所做的相关规定和提示，以便相关人员能够及时了解展品运输中的各环节，及时应对紧急问题，从而保证展品运输的安全性，避免展品在运输、装卸和展台就位的过程中出现损坏与丢失。展品运输指南包括境外展品运输指南和境内展品运输指南等，指南中要对展品的运输方式和运输路线、各种货物的交付期限、货运文件的准备和交付、收费标准、包装、海关报关、回程运输、可供选择的服务等做出具体说明。同时，展品运输指南也要对参展展品的唛头、运输保险提出相关规定和建议，对超重、超限展品的运输、装卸做出相应的提示。

（7）其他服务指南。这包括旅游服务指南、广告服务指南等。对于旅游服务指南，要详细列出各指定接待酒店的档次、协议优惠价格、地址、联系人、联系电话和传真、与展馆的距离等；要列出海外观众和参展商入境的签证办法、会展期间及前后可供选择的商务考察活动和观光休闲旅游线路等。对于广告服务指南，要写明会展期间可提供的各种形式的广告服务项目的名称、收费标准等。

（8）相关表格。这是指参展商在筹展和布展过程中需要使用的各种表格，如光地展台装修申请表、特装展位搭建申请表、施工人员身份登记表、展品和展具运输车证申请表、刊登会刊广告申请表、现场广告申请表、酒店住宿确认表、租用展具申请表、照明用电申请表等。对于以上各种表格，办展单位一定要注明填妥返回的最后截止日期。

参展商手册编制成功以后，可以印刷成册，提前寄给参展商；也可以将其内容发布在展会的专门网站上，供参展商浏览和下载。如果展会有海外参展商，还要将参展商手册翻译成外文。

10.4.3 编制参展商手册的基本原则

参展商手册是会展主办单位指导参展商做好筹展、布展、展览和撤展工作的一份重要文件。在编制参展商手册时，要全面考虑、仔细斟酌，同时应遵循以下原则：

（1）详细全面。参展商手册的各项内容要尽量详细、具体，具有可操作性。

（2）简洁准确。对参展事项的说明和叙述应当言简意赅，同时文字表述要准确，不要让人产生歧义；要使用行业熟悉的语言，所用专业术语要规范。

（3）便于阅读。参展商手册内容的编排要符合参展商筹展的程序，以方便参展商找到有关内容。如果是国际性展会，则参展商手册内容的编排和制作要尽量做到符合国际参展商的需要，对于外文文本，其翻译一定要准确。

（4）美观。参展商手册的排版、印刷、用纸等都要美观，以展示展会的实力和品牌。

10.5 展会会刊

展会会刊一般由组委会统一编制，会刊中刊登场馆平面图，以及各参展商的中英文名称、单位简介及主要产品/业务、联系方式和展位号等内容；同时，还将插入一定数量的广告专页。展会会刊不仅便于专业观众查找参展商，便于参展商之间互相拜访、洽谈，而且是主办单位宣传展会的重要工具。

10.5.1 展会会刊的主要内容

一般而言，展会会刊的主要内容包括：

（1）前言。前言部分一般简明扼要地介绍展会的重要意义和已经取得的成绩、本届展会的创新之处以及筹备工作的基本情况，最后感谢参展商和相关机构的支持，以及欢迎参展商与专业观众参加、参观展会。

（2）办展单位。列出展会的主办单位、承办单位、协办单位、批准单位、支持单位、特别支持单位、合作媒体和官方网站等，以营造一种办展单位阵容庞大和具有权威性的气氛。

（3）联系方式。详细列明主办单位、搭建商、运输代理、签证申请、展会现场管理和酒店预订等各个环节的联系人，从而为参展商和专业观众提供方便。

（4）展会的基本信息。介绍展会的名称、举办地点、开幕式、展会的时间安排（包括布展时间、展出时间和撤展时间）等。说明展出时间时，要将专业观众和普通观众分开。

（5）展馆信息。主要列出展会举办地点的地理位置和展馆的平面分布图。其中，平面分布图一般包括展位号、参展商所在位置、通道、会议室、主办单位接待办公室、餐厅、洗手间、停车场和出入口等。

（6）相关活动。列明展会各种配套活动的内容、举办时间及地点。一般来说，相关活动的介绍顺序为新闻发布会、展会开幕式、参展商联谊会、论坛及相关活动、闭幕式等。

（7）广告插页。由于受众具有很强的针对性，因此参展商在会刊上刊登广告往往能取得较好的效果。在设计会刊的广告插页时，主办单位要明确广告的位置、广告数量和广告价格等具体事宜，然后联系有意向的参展商。一般来说，广告文案和设计都由参展商提供。

（8）参展商名录。简单列出各参展商的名称及展位号，有些会刊还提供参展商的简介。编制参展商名录时，应根据展位号顺序、公司名称首字母顺序或产品分类来建立索引，以方便观众查找。

（9）调查表和备忘录。一些展会主办单位还在会刊最后设计了专门的展会评价调查表和备忘录，以供自身开展调查和参展商做记录之用。展会结束时，主办单位可以将调查表收回，从而对展会的品质进行分析，改进下一届展会的工作。

10.5.2　展会会刊的外观与封面设计

国内展会会刊大多设计成16开或32开，以便于携带。封面上一般印有展会的名称及标志、举办时间及地点等。另外，展会会刊一般都采用与展会识别系统设计一致的主色调。

会展链接 10-1

会刊封面和封底的设计

1）封面设计

封面在会刊的整体设计中具有举足轻重的地位，是会刊视觉传达设计的重点。好的封面设计能够吸引观众的目光，使观众一见钟情、爱不释手，从而在无形中实现了信息的有效传递。封面设计一般包括展会名称、会标、主办单位、"会刊"或"特刊"等文字元素的设计，以及体现会刊内容、性质、体裁的装饰形象、色彩和构图的设计。

（1）构思设计。首先应该确立为展会内容服务的形式，要采用最感人、最形象、最容易被视觉接受的表现形式。所以，封面的构思就显得十分重要。设计者要充分领悟展会的性质、风格，做到构思新颖、切题、有感染力。

（2）文字设计。文字部分是整个封面设计的重点，主要包括展会名称（中英文）、主办单位以及展会举办地点、举办时间等。一般除展会名称外，其他文字均选用印刷体。展会名称常用的字体有书法体、美术体和印刷体三大类。

（3）图片设计。图片以其直观、明确、视觉冲击力强、易与读者产生共鸣等特点，成为封面设计要素中的重要组成部分。图片的内容丰富多彩，最常用的是当地的优美风光（自然或人文景观）、上届展会的美好场景、主办单位形象、与展品相关的图形等。所选用的图片至少要与下列三条中的一条相符：第一，图片的内容与当地的社会、人文、自然氛围相符；第二，图片的内容和色彩与本次展览的性质相符；第三，图片的内容能够反映会展主办单位的形象和特色。

（4）色彩设计。色彩的处理也是会刊封面设计的一项重要内容。得体的色彩表现和艺术处理，能在观众的视觉中产生夺目的效果。因此，色彩的运用在封面上要有一定的分量。一般来说，设计者应根据展会性质合理选择色彩关系。设计体育用品类展会会刊的封面时，色彩应强调刺激、对比，追求冲击力；设计艺术类展会会刊的封面时，色彩要具有丰富的内涵，要有深度，切忌轻浮、媚俗；设计时装类展会会刊的封面时，色彩要富有个性。

2）封底设计

一般来说，会刊封底的整个版面都是留给参展商的，这里的广告费用相对要高一些。封底的设计与会刊内页的广告设计并没有太大区别，但由于封底处于整本会刊的视觉表面，因此其对广告插图的精度和版面设计的要求较高。另外，封底在广告色彩的设计上也有一定讲究，它需要与封面的色彩设计相呼应，从而使整个会刊看上去是一个和谐的整体。如果封面是暖色调而封底是冷色调，那么这样的色彩关系是不合适的。

当然，也有很多会刊的封底在设计时并不放置广告，而是对封面设计的一个延伸，其色调与封面的色调一致，内容大多是对封面内容的加强与补充。

资料来源　钱小轮. 会刊封面、封底及内页设计［J］. 中国会展，2006（9）.

10.6　新闻稿

展会一般都有负责新闻工作的机构，设有新闻中心，提供所需要的新闻服务。新闻中心通常会组织一系列新闻工作和活动，主要是发布新闻稿、提供新闻资料袋、举行记者招待会和产品报告会等。

新闻稿的种类主要有综合新闻稿、专题新闻稿、新产品新闻稿、活动新闻稿等。

新闻资料主要用于宣传，其目的是使潜在的参展商了解展出项目，以引起其兴趣。有关展会的各种情况都可以成为新闻的题材，主要包括：展会的基本情况，如举办时间、内容、性质等；市场的规模、特点、潜力；组织者的联系方式和地址、参展手续、申请截止日期等。

需要注意的是，新闻稿的内容应该符合新闻的要求，是新闻媒体感兴趣的、有报道价值的；否则，新闻媒体不可能采用。新闻稿的写作结构通常如下：

1）标题

标题即新闻的题目，其主要形式有：

（1）多行标题。它由引题、正题和副题组成。多行标题的特点是容量大、表现力强。正题高度概括新闻的中心内容，在标题中印刷字号最大、位置最突出；引题标在正题前面，用于引出正题，为正题交代背景、说明原因、烘托气氛、揭示意义等，印刷字号仅小于正题；副题标在正题后面，主要起补充作用。

（2）双行标题。它由引题和正题或正题和副题组成。

（3）单行标题。它以一行简洁明了的文字反映新闻的主旨。

2）导语

导语是新闻稿开头的第一段文字或开头的第一句话，用于概括信息中主要的事实或揭示主题，具有吸引读者、引导阅读的作用。导语的写作要做到简短生动、内容准确。

3）主体

主体是对导语的进一步解释、叙述，是发挥和深化主题的重要部分。

4）背景

背景是衬托新闻事实的材料，主要用于交代新闻事件的环境和条件，有助于读者理解新闻内容和深化新闻主题。背景在新闻稿的结构中没有固定的位置，也不是必需的组成部分。

5）结尾

结尾也不是新闻稿必需的组成部分，意尽则言止。如果主体部分已经将事实交代清楚，就不必画蛇添足了。但好的结尾能够深化主题，有助于读者对全文的理解，能够增强新闻稿的可读性和感染力。

新闻稿是新闻发布单位就某一新闻事件提供给所有媒体使用的统一的新闻稿。收到通稿的新闻单位可以在不改变新闻内容的前提下对稿件进行缩编等处理。所以，在编写新闻稿时，往往应从展会的各个方面挖掘题材，全方位描述展会，供新闻记者从中摘取他们感兴趣的内容。

知识掌握

⊙ 选择题

1）在编写招展函时应遵循的原则有（   ）。

A.简洁明了   B.内容准确全面

C.形式新颖   D.便于邮寄和携带

2）编制参展商手册时应遵循的原则有（   ）。

A.详细周全   B.简洁准确   C.便于阅读   D.美观

3）展会新闻稿的标题形式有（   ）。

A.多行标题   B.双行标题   C.单行标题   D.无标题

在线测评10-1

选择题

⊙ 简答题

1）参展合同一般包括哪些要素？

2）招展函包括哪些主要内容？

3）编制招展函要遵循哪些原则？

4）参展商手册一般包含哪些内容？

5）展会会刊的主要内容有哪些？

知识应用

◉ 案例分析

为世界经济增长注入新动能

——第二届全球数字贸易博览会取得丰硕成果

2023年11月23日至27日，第二届全球数字贸易博览会（简称第二届数贸会）在浙江杭州举办。作为推动数字贸易发展的重要平台和促进全球数字经济合作的国际公共服务产品，第二届数贸会以"数字贸易 商通全球"为主题，突出专业化、国际化、市场化三大特色，来自25个国家和地区的1 018家企业线下参展，367家企业通过数贸会云平台在线上参加展览。

与会各方充分利用数贸会平台，共商合作，促进全球数字贸易交流；共促发展，培育数字贸易新机；共享成果，为世界经济增长注入新动能。

促进全球数字贸易交流

来自68个国际组织和境外商协会的代表、63个国家和地区的国际政要及驻华使节出席数贸会，进一步扩大了数字贸易国际交流的"朋友圈"。

论坛活动集聚了100多名跨国公司高管和500多名海内外专家学者，共同探讨全球数字贸易发展趋势和合作路径。与会的国际嘉宾纷纷表示，愿同中国一起拓展经贸合作新空间。

在第二届数贸会上，为助力数字金融服务实体经济，推动数字金融赋能数字贸易高质量发展，多家政府部门和企业共同发起了《数字金融赋能中小企业数字贸易发展倡议书》，呼吁更多政府部门和企业加入数字金融赋能数字贸易倡议，为中小企业发展添砖加瓦，开拓"数字时代"新局面。

首次举办的"丝路电商日"活动吸引了15个"丝路电商"伙伴国和"一带一路"国家代表参加，代表们实地考察杭州数字贸易发展情况，感受到了数字贸易的影响力。

培育数字贸易新机遇

数字贸易正在为国际贸易提供高质量供给，为全球经济增长注入新的动力。第二届数贸会参展企业包括51家世界500强企业和53家数字贸易百强榜单企业。据了解，相关企业纷纷拿出拳头产品，全面展现数字贸易领域的最新成果与场景。可对电站和工厂自动巡检的机器人、基于脑机接口技术的仿生假肢、多模态AI卫星等一批新技术、新产品亮相本次展会，为生产制造、医疗服务、产品销售、物流等多个领域的企业数字化转型提供了丰富的解决方案，吸引了大批境内外采购商。

记者看到，观众可以在展览会现场进行诸多专业前沿的数字互动体验。数字新闻官"谷小雨"、提供伴游服务的机器狗等成为网红打卡点。每一名注册参展的观众都拥有专属"数字身份"，可以现场参与AI图文创作、AR驾驶等互动新体验。

在第二届数贸会上，杭州高新区（滨江）有25家企业参展，覆盖数字技术、数字金融、数字内容等多个领域。"我们要发挥国家自主创新示范区和自由贸易试验区的叠加优势，坚持开放引领、推进制度创新，为数字经济注入强劲动能。"杭州高新区（滨江）区委常委、管委会副主任、副区长高翀说。

浙江嵊州云电商信息科技产业园是集传统电商、跨境电商、代运营服务、人才培训、金融服务、仓储物流等模块于一体的综合性电商产业园，负责人操叶安表示，第二届数贸会带给我们更多发展数字经济的信心，接下来我们将进一步抓住行业的风口，把握未来发展主动权，共享数字经济发展红利。

浙江省商务厅厅长韩杰表示，浙江将以数据为关键要素，加快发展数字经济，推动数字经济与实体经济深度融合，并进一步提高数贸会专业化和国际化水平，探索推进数字贸易领域制度型开放。

汇聚数字贸易新动能

第二届数贸会期间，100项创新类首发、首秀、首展集中呈现，涵盖了数字技术、数字服务、数字文娱、数智出行等领域，带来了集"新技术、新应用、新体验"于一体的数字贸易创新盛宴。

几分钟实现"复刻"的AI数字孪生直播技术、仅需25天就能建成的拼装型数据中心、国内首个数字人律师大模型、具备越野性能的新型房车等一批优秀创新成果首次亮相。

数贸会正在成为引领全球数字贸易发展的风向标。在第二届数贸会上，开幕式、10场主题论坛和94场配套活动累计发布各类行业报告、实践案例、规则标准、合作倡议等成果120项，推动形成更多数字贸易发展全球共识。

资料来源　李中文，江南，刘军国，等. 为世界经济增长注入新动能——第二届全球数字贸易博览会取得丰硕成果［N］. 人民日报，2023-11-28（6）.

问题：本例的新闻稿有什么特点？

◉ 实践训练

以本地的某一展会为背景，为其编写一份招展函。

参考文献及网站

［1］卢小金. 参展商实务［M］. 4版. 大连：东北财经大学出版社，2022.

［2］杨春兰. 会展概论［M］. 4版. 上海：上海财经大学出版社，2021.

［3］杨立钒，杨坚争. 电子商务基础与应用［M］. 11版. 西安：西安电子科技大学出版社，2019.

［4］杨劲祥. 节事活动营销［M］. 重庆：重庆大学出版社，2015.

［5］许传宏. 会展策划［M］. 3版. 上海：复旦大学出版社，2014.

［6］杨顺勇，施谊. 会展项目管理［M］. 上海：复旦大学出版社，2009.

［7］向国敏. 会展文案［M］. 上海：华东师范大学出版社，2008.

［8］马勇，吴虹. 会展项目管理［M］. 重庆：重庆大学出版社，2007.

［9］王春雷，陈震. 展览会策划与管理［M］. 北京：中国旅游出版社，2006.

［10］过聚荣. 会展导论［M］. 上海：上海交通大学出版社，2006.

［11］龚维刚. 会展实务［M］. 上海：华东师范大学出版社，2006.

［12］毛权军，王海庄. 会展文案［M］. 上海：复旦大学出版社，2006.

［13］毛金凤，韩福文. 会展营销［M］. 北京：机械工业出版社，2006.

［14］刘松萍，李晓莉. 会展营销与策划［M］. 北京：首都经济贸易大学出版社，2006.

［15］李莉. 会展服务礼仪规范［M］. 长沙：湖南科学技术出版社，2005.

［16］俞华，朱立文. 会展学原理［M］. 北京：机械工业出版社，2005.

［17］镇剑虹，吴信菊. 会展策划与实务［M］. 上海：上海交通大学出版社，2005.

［18］龚平，赵蔚平. 会展概论［M］. 上海：复旦大学出版社，2005.

［19］马洁，刘松萍. 会展概论［M］. 广州：华南理工大学出版社，2005.

［20］丁萍萍. 会展实务［M］. 北京：高等教育出版社，2004.

［21］向国敏. 现代会议策划与实务［M］. 上海：上海社会科学院出版社，2003.

［22］方美琪，胡翼亮. 网络营销［M］. 北京：清华大学出版社，2003.

［23］中国贸易新闻网，https://www.chinatradenews.com.cn.

［24］中国会展网，https://www.cnexpo.com.

［25］中国义乌国际小商品（标准）博览会官方网站，http://www.yiwufair.com.

［26］中国国际高新技术成果交易会官方网站，https://m.chtf.com.

［27］中国国际进口博览会官方网站，https://www.ciie.org/zbh/index.html.

［28］中国进出口商品交易会（广交会）官方网站，https://www.cantonfair.org.cn.

［29］中国国际供应链促进博览会官方网站，https://www.cisce.org.cn.

［30］中国-东盟博览会官方网站，https://www.caexpo.org.cn.